Alex Baur

Der Fluch des Guten

Alex Baur

Der Fluch des Guten

Wenn der fromme Wunsch regiert –
eine Schadensbilanz

münsterverlag

Impressum

2. Auflage, 2019

Umschlagsgestaltung:	Daniel Eggspühler
Umschlagsillustration:	Jan Feindt
Satz:	Stephan Cuber, diaphan gestaltung, Liebefeld
Druck und Einband:	CPI books GmbH, Ulm
Verwendete Schriften:	Adobe Garamond Pro, Artegra Sans Condensed
Papier:	Umschlag, 135 g/m², Bilderdruck glänzend, holzfrei; Inhalt, 90 g/m², Werkdruck bläulichweiss, 1,75-fach, holzfrei

ISBN 978-3-907146-54-5
Printed in Germany

www.muensterverlag.ch

Inhaltsverzeichnis

Was ist und was sein sollte

»Ich mag keinem Club angehören,
der mich als Mitglied aufnimmt.«
(Groucho Marx)

Der 19. Dezember 2018 dürfte als schwarzer Tage in die Geschichte des deutschen Journalismus eingehen. Zuerst über seine Online-Plattform und später auch in der gedruckten Ausgabe enthüllte das deutsche Nachrichtenmagazin *Der Spiegel* einen Skandal in eigener Sache: Eine ganze Reihe von Berichten des gefeierten Reporters Claas Relotius waren schlicht erfunden; Menschen und Orte, die Relotius über die Jahre in dramatischen Details portraitiert hatte, existierten in Wirklichkeit nicht, Gespräche, die er zitierte, wurden nie geführt; die Geschichten waren entweder seiner Phantasie entsprungen oder aus irgendwelchen Online-Quellen zusammengeklaut.

Die Fallhöhe hätte grösser nicht sein können. Mit 33 Jahren hatte Claas Relotius so ziemlich alle Preise und Würden eingeheimst, welche die Branche zu vergeben hat. Heute wissen wir: Alles Lug und Trug, reichlich garniert mit billigem Sozialkitsch. Doch wie bei jedem tolldreisten Betrug stellte sich unweigerlich die Frage: War das wirklich bloss das Werk eines diabolisch-genialen Hochstaplers, der da ein Heer von gutgläubigen Menschen – Chefredakteure, Kollegen, Dokumentalisten, Juroren und vor allem auch Millionen von

Lesern – schamlos genarrt hatte? Oder waren seine Opfer am Ende nicht willige Mitläufer? Oder gar seine treusten Komplizen?

Der Relotius-Skandal erinnert mich an eine meiner Gerichtsreportagen aus den späten 1980er Jahren. Es ging um einen Zürcher Grosshändler, der über die Jahre rund 150 Tonnen billiges Springbock- und Antilopenfleisch aus Südafrika für teures Schweizer Reh- oder Hirschfleisch verkauft hatte. Der einträgliche Schwindel flog zufällig auf, wegen Unstimmigkeiten in der Buchhaltung – und nicht etwa, weil sich ein Abnehmer je beschwert hätte. Im Gegenteil, die Metzger und Wirte reklamierten erst, als sie wieder echtes Reh- und Hirschfleisch geliefert bekamen.

Wie der Fleischhändler vor Gericht erklärte, seien es die Abnehmer gewesen, die ihn auf die schiefe Bahn gebracht hätten. Nach der Reaktorkatastrophe von Tschernobyl im Jahr 1986 sei es infolge eines Importstopps aus Osteuropa beim Wildfleisch zu Lieferengpässen gekommen. Um seine Kunden nicht zu verlieren, habe er in der Not mal eine Lieferung Springbock als Reh etikettiert. Niemand habe je reklamiert, keiner habe sich gefragt, warum *er* stets liefern konnte, wenn bei der Konkurrenz die Lager an heimischem Wild längst leergefegt waren. Das Fleisch aus Südafrika sei zart und bekömmlich gewesen, so dass niemand mehr etwas anderes haben wollte. Also habe er einfach geliefert, was die Kunden von ihm verlangt hätten.

Mag sein, dass hier ein Betrüger seine Machenschaften beschönigte. Aber es ist doch bemerkenswert, wie alle Alarmsignale ignoriert wurden, wie keiner sehen wollte, was nicht sein durfte. Immerhin verdienten seine Abnehmer am Betrug kräftig mit. Waren sie tatsächlich Opfer – oder nicht eher Mittäter?

Dieselbe Frage stellt sich auch im Relotius-Skandal, allerdings in einer ungleich grösseren Tragweite. Hat wirklich keiner gemerkt, dass die Märchen des Wunderjungen Relotius zu gut waren, um wahr zu sein? Hat man auf der Redaktion den Betrug nicht zumindest billigend in Kauf genommen, zumal man selber davon profitierte? Und vor allem: War Relotius wirklich ein Einzelfall? Wenn bei ihm alle Kontrollen versagten, warum sollten sie bei anderen funktionieren? Hat Claas Relotius vielleicht bloss etwas übertrieben bei dem, was alle andern auch, bloss etwas diskreter tun?

Anders als der Springbock-Skandal ist der Fall Relotius einiges mehr als ein Etikettenschwindel um das zartere Fleisch. Medienberichte haben einen grossen Einfluss im öffentlichen Leben, sie können Regierungen stürzen, politische Entscheide beeinflussen und Trends setzen. Der Fall scheint all jenen Recht zu geben, die schon lange »Lügenpresse« und »fake news« rufen.

Der Relotius-Skandal traf eine ganze Branche, die seit Jahren dramatisch an Reichweite und Glaubwürdigkeit verliert, im denkbar schlechtesten Moment. Die Fake-Reportagen drehten sich zu einem guten Teil um politisch und weltanschaulich heiss umstrittene Themen wie Migration, Asyl oder Rechtspopulismus. Und es war auch stets klar, auf wessen Seite Reporter Relotius stand. Mit dem heutigen Wissen lesen sich seine preisgekrönten, vor Mitgefühl und Empörung nur so triefenden Geschichten wie Persiflagen auf die linksliberalen Klischees.

Dass die Medien-Branche überwiegend auf links gepolt ist, haben Umfragen immer wieder und in aller Deutlichkeit gezeigt. Wenn nur Journalisten wählen könnten, wären die Grünen in Deutschland die weitaus stärkste politische Kraft, gefolgt von den Sozialdemokraten; konservative Parteien würden ein Schattendasein fristen, rechte Bewegungen wie die AfD gäbe es gar nicht erst. Die Realität sieht bekanntlich etwas anders aus. Das ist nicht nur in Deutschland so. Der Linksdrall im Journalismus ist ein globales Phänomen. Ein Vergleich von Umfragen aus 17 Ländern hat ergeben, dass grüne und feministische Ideologien in Redaktionsstuben etwa dreimal stärker vertreten sind als in der Bevölkerung; die nationalkonservative Haltung ist um das sechsfache weniger präsent.[1]

Vermutlich liegt der Hauptgrund bei der urbanen Bildungsschicht, in der sich die meisten Journalisten bewegen. In diesen Kreisen ist ihre Haltung durchaus mehrheitsfähig. Nur repräsentiert diese *Intelligenzija*, wie eh und je, bloss einen Teil des Volkes. Und es ist auch nicht so, dass die selbsternannten Eliten unbedingt klüger wären als das Fussvolk und alles klarer sehen. Doch, und hier liegt das Hauptproblem, viele Journalisten haben sich selbst eine höhere Mission zugeteilt. Sie begnügen sich nicht damit, die Dinge abzubilden, wie sie sind; sie orientieren sich vielmehr an dem, wie die Welt sein sollte – *ihrer Meinung nach* sein sollte. Und wenn sie der Wahrheit etwas nachhelfen, dann können sie es stets mit dem guten Zweck rechtfertigen. Lüge ist ein hässliches Wort, lieber verklärt man die kleinen Schummeleien, die in der Summe aber doch zu gewaltigen Zerrbildern führen können, als *soziales Engagement* oder *publizistische Verantwortung*.

Rudolf Augstein, der legendäre Gründer des Spiegels, bezeichnete das deutsche Nachrichtenmagazin einst als »Sturmgeschütz der Demokratie«. Aus historischer Sicht mag die vielzitierte Metapher verständlich erscheinen. *Der Spiegel* entstand 1947 aus den Aschen der Nazi-Tyrannei. Man muss sich trotzdem fragen: Wer wird hier eigentlich publizistisch unter Beschuss genommen? Ist es am Ende nicht das Publikum? Ist das Sturmgeschütz eine mildere Variante des Stürmers, einfach in die Gegenrichtung? Ist es wirklich die Aufgabe der Medien, die Menschen zu besseren Menschen zu erziehen? Wer gibt ihnen dieses Recht?

---

1 The left-liberal skew of Western media, Emil Kirkegaard, Noah Carl et. al.

Eines steht fest: Wo gestürmt wird, wird nicht mehr verhandelt und um das bessere Argument gerungen, da geht es nur noch um Herrschaft und Übermacht.

In seinen Anfängen verstand sich *Der Spiegel,* die wohl mächtigste publizistische Stimme der deutschen Nachkriegszeit, als Gegengewicht zum herrschenden Establishment. Da war wenigstens noch eine Portion Dialektik drin. Doch diese Zeiten sind vorbei. Das einstige Demokratiegeschütz erinnert heute eher an eine Lichtorgel des grünliberalen Mainstreams, die, weitgehend im Gleichklang mit den amtierenden Machthabern, ihre Laserkanonen auf alles richtet, was rechts der Mitte steht. Wehe dem, den der Bannstrahl trifft. Er ist nicht einfach anderer Meinung, sondern eine Gefahr für die Gesellschaft. Der muss bekämpft, bekehrt oder zum Schweigen gebracht werden.

Der Spiegel steht damit nicht allein. Die ökologische Welle setzte in den 1970er Jahren ein und sie erreichte gegen Ende des letzten Jahrhunderts mit dem Ozonloch, Tschernobyl und dem Waldsterben erste Höhepunkte. Dahinter steckt ein tiefes und durchaus begründetes Misstrauen gegenüber dem grenzenlosen Wachstum und den technologischen Revolutionen. Voller Bange fragen sich viele Menschen, wo das alles hinführt, ob man diese rasenden Entwicklungen irgendwie bändigen und unter Kontrolle bringen könnte.

Jede Entwicklung darf, ja muss hinterfragt werden. Zweifellos hat das rasante Wachstum der Nachkriegszeit seine Schattenseiten. Zweifellos wurden Fehler gemacht, die korrigiert werden müssen. Das Problem der grünen Welle ist, dass sie längst kryptoreligiöse Züge angenommen hat, die eine rationale Auseinandersetzung schwierig machen. Ihr Ziel ist nicht die Optimierung eines Systems, sondern ein fundamentaler Wandel. So ziemlich alle traditionellen Werte und Autoritäten – die Familie, die Nation, der Respekt gegenüber den Ahnen, Eltern und den Älteren, der Wettbewerb, das Leistungsprinzip, das Streben nach Gewinn – werden zurückgewiesen. Woran sich die Gemeinschaft stattdessen orientieren soll, ist weniger klar. Irgendwie hat es mit Solidarität zu tun.

Die 16-jährige Greta Thunberg, die seit ihrem Auftritt an der Weltklimakonferenz im Dezember 2018 im polnischen Katowice über alle Kanäle den CO_2-Weltuntergang predigt, ist eine leuchtende Ikone dieser Bewegung. Der medial inszenierte und orchestrierte Greta-Hype erinnert an den kleinen Nikolaus, in dessen Gefolgschaft anno 1212 tausende von Kindern und Frauen von Köln gegen Süden zogen, um das Morgenland von den Ungläubigen zu befreien. Der Kinderkreuzzug endete vorzeitig in Genua. Viele starben auf dem Weg zur Weltrettung, einige endeten in der Sklaverei oder als Bettler, das Heilige Land erreichte keiner. So betrachtet mag der Wirbel um den schulschwänzenden Teenager aus Schweden als harmloses Spektakel daherkommen. Erschütternd ist hingegen die einfältige Ergriffenheit, mit der praktisch alle Massenmedien vor Greta in die Knie fielen um ihr jedes Wort von der Lippe zu lesen, als handelte es sich um biblische Prophezeiungen.

Es liegt mir fern, die Zukunftsängste von Teenagern zu verspotten. An sich ist es erfreulich, wenn sich die Jugend mit den Fragen der Zeit auseinandersetzt und die Erwachsenen herausfordert. Ungesund wird die Sache erst, wenn die Rollen vertauscht werden, wenn die Eltern, Lehrer und Politiker der Herausforderung aus dem Weg gehen und den siebenmalklugen Grünschnäbeln nach der Pfeife tanzen. Statt die Klimastreiks an den Schulen für eine echte – sprich kontradiktorische – Debatte über die Möglichkeiten und Grenzen der Wissenschaft und der Politik zu nutzen, werden die Weissagungen des Weltklimarates (IPCC) und die geforderten Massnahmen im gemischten Chor als unverrückbare Dogmen gepriesen, so als handelte es sich um einen Katechismus des Vatikans.

Tatsächlich sind die auf die Strassen getragenen Ängste der Schüler keine spontane Reaktion auf eine reale Bedrohung, sondern vielmehr die Frucht eines seit Jahren auch und gerade an den Schulen gebetsmühlenartig verbreiteten Klima-Dogmas. Dabei sind die Modelle des IPCC nicht mehr als mit zahllosen Unbekannten, Ungewissheiten und Widersprüchen behaftete Hypothesen, die ständig revidiert werden müssen. Mehr kann man von der Wissenschaft – zumal in einem hoch komplexen Thema wie dem Klima – nicht erwarten. Was heute als Stand des Wissens gilt, kann morgen schon überholt und widerlegt sein. Und das wäre auch nicht weiter tragisch, wenn man der Wissenschaft nicht etwas zumuten würde, was sie gar nicht erfüllen kann.

Es gibt viele Gründe, uns um unsere Atmosphäre zu sorgen. Viel alarmierender als das prophezeite menschgemachte klimatische Armageddon ist jedoch die messianische Penetranz, mit der es an den Schulen, in den Medien und in der Politik als einzige denkbare Wahrheit verkündet wird. Das dialektische Prinzip der freien Rede und Widerrede, die wohl grösste Errungenschaft der Aufklärung, gilt beim Klimawandel nicht mehr. Wer Zweifel anmeldet, ist nicht einfach anderer Meinung, sondern ein »Leugner«, ein bösartiger Mensch also, der mit Hohn, Ausgrenzung und Verachtung bestraft wird. Eine Wissenschaft aber, die sich nicht ständig selber in Frage stellt und sich nicht hinterfragen lässt, hat ihre wichtigste Tugend verloren, und damit auch jede Glaubwürdigkeit.

Ideologie, Politik, wirtschaftliche Interessen und Wissenschaft sind in der Klimafrage zu einem amalgamartigen Komplex verschmolzen, der sich nicht mehr auseinanderdividieren lässt. Wenn der UNO-Rat der Klimaweisen an seinen Modellen herumschräubelt, den Meeresspiegel um ein paar Millimeter steigen oder die Temperatur um ein Zehntelgrad sinken lassen, werden sofort Forderungen laut, auch wenn kein Mensch voraussagen kann, was es wirklich bedeutet und wieviel wir effektiv dagegen unternehmen können. Statt zu informieren, betreiben die Medien Kampagnen, rufen zum Halali gegen Sündenböcke wie etwa das Flugzeug. Dass die Fliegerei gemäss der internationalen Energieagentur IEA gerade mal für 2,69 Prozent der menschgemachten CO_2-Emissionen verantwortlich ist (Tendenz leicht sinkend)[2] und damit wohl keinen grossartigen Einfluss auf das Klima hat, wird dabei grosszügig übersehen.

Klima-Alarmisten werden einwenden, dass es eine absolute Sicherheit nie geben kann und dass man etwas tun muss, bevor es zu spät ist. Was ist denn schlecht daran, wenn wir unsere Umwelt weniger belasten? Diese Argumentation ist nicht falsch, aber sie greift zu kurz. Denn jede einschneidende Massnahme bringt fast immer auch unerwünschte Konsequenzen mit sich. Man kann den Treibstoff schon so verteuern, dass nur noch die Reichen sich einen Flug oder ein Auto leisten können. Doch würden wir nicht genau dadurch ein soziales Ungleichgewicht schaffen, das sich niemand ernsthaft wünscht? Auch eine Rationierung der Mobilität und der Energie ist denkbar. Doch solche Regulierung führen, wie uns die Geschichte lehrt, zu planwirtschaftlichen Monstern, bürokratischen Leerläufen und ökonomischen Einbussen. In den Industrieländern wäre eine Rezession vielleicht noch zu verkraften, aber sicher nicht in den Entwicklungsländern, wo die Mehrheit der Menschheit lebt. Jedes Prozent Wachstum rettet in diesen Breitengraden tausende von Menschenleben.

Der grüne Totalumbau der Wirtschaft ist nach meiner Meinung ein verantwortungsloses Experiment, das ungleich höhere Risiken in sich birgt als der menschgemachte Klimawandel. Wir wissen herzlich wenig über die komplizierten Mechanismen des Klimas, aber mit planwirtschaftlichen Modellen, die mit sturer Regelmässigkeit

---

2 www.klimaschutz-portal.aero/klimakiller-nr-1/

grandios scheiterten, haben wir doch einige Erfahrungen gemacht. Man kann auch anderer Meinung sein. Doch von solchen Einwänden ist selten die Rede.

Statt echte Debatten zu befeuern, heizen die Medien bei der klimatischen Götterdämmerung ein was das Zeug hält. Seit *Der Spiegel* auf einem legendären Cover 1986 den Kölner Dom (36 Meter über dem Meeresspiegel) in den durch schmelzende Pole verursachten Fluten versenkte, hat der Fluss an alarmierenden Meldungen kaum nachgelassen. Das Szenario ist schon deshalb absurd, weil das Schmelzen des schwimmenden Eises am Nordpol ein Nullsummenspiel wäre, da sich das Volumen des Wassers nur minimal ändert; und um das Eis am Südpol zum Verschwinden zu bringen, müsste es derart viel heisser werden, dass ein steigender Meeresspiegel das kleinste Problem wäre. Realistischer wäre das Wegschmelzen der Gletscher in Grönland; das hätte wohl spürbare Auswirkungen, doch die Stadt Köln wäre davon sicher nicht betroffen.

Doch solche Differenzierungen sind Gift für die süffige Schlagzeile. Dass eine Tierart vielleicht an zwei bis drei Grad mehr Wärme leidet und sich die Lebensräume über die Jahrzehnte verschieben, ist keine Geschichte. Nein, Wahlrösser begehen kollektiven Selbstmord, wie etwa in der Netflix-Produktion »Our Planet« berichtet wurde, die Eisbären sterben gleich ganz aus (tatsächlich ist die Eisbären-Population am Wachsen). Glaubt man den alarmistischen Meldungen, ist die Welt am verdorren (tatsächlich haben die Grünflächen gemäss Satelliten-Messungen der NASA in den letzten Jahrzehnten weltweit markant zugenommen, mutmasslich dank der erhöhten CO_2-Konzentration in der Atmosphäre[3]). Jedes Unwetter, jede Hitzewelle, jeder Hurrikan und jede Überschwemmung wird

3 climate.nasa.gov/news/2436/co2-is-making-earth-greenerfor-now/

als Vorbote der Klimakatastrophe gedeutet; fegt jedoch eine Kältewelle übers Land, mahnen die Experten, dass man das Wetter nicht mit dem Klima verwechseln sollte.

Ich bin seit über drei Jahrzehnten mit Leidenschaft Journalist. Die meisten Kollegen, mit denen ich oft sehr eng zusammengearbeitet habe, sind anständige Menschen. Sie unterscheiden sich kaum vom Rest der Bevölkerung. Es ist auch nicht so, dass der zynische Umgang mit der Wahrheit eines Claas Relotius in der Branche akzeptiert wäre. Fast alle meine Kollegen, gleichgültig welchem politischen Lager zugetan, reagierten mit Konsternation auf den Betrug. Im trauten Kreis hört man durchaus selbstkritische Töne. Im Prinzip ist man sich einig, dass Agitation und Propaganda Feinde des Journalismus sind. Die Einsicht ins Unrecht wäre durchaus vorhanden, es mangelt wohl eher am Vermögen, die Konsequenzen daraus zu ziehen.

Das Elend beginnt bei der Redaktionskonferenz am runden Tisch. Ein Blatt oder eine Sendung wird entworfen, Themen werden selektioniert, Schwerpunkte gesetzt, Stossrichtungen definiert, Aufträge verteilt. Bei den einen ist es ein Chef, der die Linie vorgibt, andere entscheiden im Kollektiv, was nicht unbedingt heisst, dass es demokratischer zu und her ginge. Leithammel gibt es in fast jeder Gruppe. Das Hauptproblem liegt anderswo: Wüsste man im vornherein, was Sache ist und was bei einer Recherche herauskommt, könnte man getrost darauf verzichten. Man könnte die in der Konferenz entworfene Geschichte vom Büro aus machen. Und das tun leider viele auch.

Es gibt wohl Geschichten, bei denen von Anfang an klar ist, wo und wie sie enden. Doch spannend und erkenntnisreich wird es erst, wenn die Dinge im Zuge der Recherche eine Wendung nehmen, die man nicht erwartet hätte. Nur ist es dann nicht mehr die Geschichte, die man an der Konferenz beschlossen hatte. Vielleicht ist alles etwas komplizierter, als man es sich vorgestellt hatte, vielleicht ist es aber auch das Gegenteil davon. Was nun? Ja dann.

Über all die Jahre hat mich dieses Dilemma auf Schritt und Tritt begleitet. Theoretisch: Der Wahrheit sind wir verpflichtet, nichts als der Wahrheit! Realistisch: Je lauter die hehren Prinzipien beschworen werden, desto mehr Anlass zu Misstrauen. Die Erfahrung hat mich gelehrt, dass dort, wo es wirklich unangenehm wird – wenn Gewissheiten plötzlich wackeln, wenn sich die Realität der im Kopf bereits entworfenen Geschichte in den Weg stellt – nur wenige Journalisten die Kraft aufbringen, weiter zu recherchieren und ihre ungehörigen Erkenntnisse dann auch noch ungefiltert zu veröffentlichen. Und wenn sie es tun, ist es der Karriere selten förderlich.

Ein bisschen Widerrede ist wohl erlaubt, ja erwünscht. Schliesslich steigert das die Glaubwürdigkeit. Man signalisiert Unabhängigkeit. Aber wehe einer rüttelt an den Fundamenten des Vertrauten. Dann runzeln nicht nur die Chefs die Stirn, sondern auch die Kollegen. Dann gibt es tausend Einwände und Bedenken – Zweifel, die so oft fehlen, wenn vermeintlich Bekanntes bestätig wird. Wer sich auf den gewohnten Trampelpfaden bewegt, steht immer auf der sicheren Seite. Es gibt viele Wege, subtile oder auch rabiatere, um unpässliche Ein- und Ansichten zu entschärfen, zu vernebeln, zu verstecken, zu eliminieren oder gar in ihr Gegenteil zu verkehren. »Das nächste Mal wirst du mutiger sein«, so redet man sich dann vielleicht ein, wenn man nach Redaktionsschluss das schlechte Gewissen mit einem Bier wegspült. Wie ein Alkoholiker, der sich bei jedem Glas schwört, dass es das letzte war.

Dass man die Schlussfolgerung vorwegnimmt und hernach selektiv die passenden Grundlagen zusammenschustert, die zum gewünschten Schluss führen (statt umgekehrt), ist ein nur allzu menschliches Laster. Es ist keineswegs uns Journalisten vorbehalten. Zirkelschlüsse gibt es überall – in Liebesbeziehungen, Gerichtsurteilen, politischen Debatten, in der Kunst und leider auch in den Wissenschaften. Im Journalismus wirkt sich die selektive Wahrnehmung besonders fatal aus. Was wir von den Medien an Allgemeinwissen vermittelt bekommen, prägt unser aller Weltbild massgeblich und damit indirekt auch unser Handeln – im grossen Ganzen wie im kleinen Detail.

Nur Dummköpfe erfinden Fakten, um die Wahrheit zu verdrehen. Sie fliegen früher oder später auf. Viel heimtückischer sind die kleinen Unterschlagungen, die suggestiven Adjektive und die tendenziösen Nebensätze, welche für die gewünschte Stimmung sorgen und einen falschen Eindruck erwecken. Nebensächlichkeiten werden aufgebauscht, was nicht ins Bild passt, geht einfach vergessen. So entstehen die wirklich perfiden und schwer zu widerlegenden *fake news*.

In einer freien Gesellschaft werden Vorurteile und Fehlschlüsse in einem nie endenden Wettbewerb um das bessere Argument korrigiert. Die Wahrheit triumphiert nie, sagte einst Max Planck, ihre Gegner sterben nur aus. In der Regel funktioniert das ganz gut. Doch es gibt Chimären, die sich hartnäckig halten, auch wenn die Widersprüche längst offenkundig sind. Es ist wie in einer verfahrenen Liebesbeziehung: Wir wollen das Offenkundige nicht wahrhaben, wohlwissend, dass die Ernüchterung umso härter sein wird, je länger wir uns an der Illusion festklammern.

Irgendwann zerschellt aber jede Illusion an der Realität. Stehen wir dann vor den Trümmern unserer Ideale und fragen uns augenreibend, wie wir alle Alarmsignale so lange ignorieren konnten, ist die Antwort stets dieselbe: Der Wunsch war Vater des Gedankens. Statt uns zu orientieren an dem, was ist, liessen wir uns leiten von dem, was sein sollte. Es ist so banal, dass wir es kaum zu sagen wagen. Und trotzdem – oder gerade deshalb? – tappen wir immer wieder und wieder in dieselbe Falle.

Davon handelt dieses Buch: Vom übermächtigen Verlangen, scheinbar Gutes zu tun, unbesehen der Wirkung, die effektiv erzielt wird; vom verführerischen Rauschgift des Gefälligen, das mächtiger ist als jede Vernunft, selbst wenn uns längst klar sein sollte, dass wir das Gegenteil von dem erreichen, was wir wollten und sollten; vom selbstverliehenen Gefühl der moralischen Überlegenheit, das uns scheinbar immun macht gegen alle Zweifel und Zweifler und uns einen Freipass gibt, selber gegen die hohen Ansprüche zu verstossen, die wir an andere stellen; und nicht zuletzt von all den Wichtigtuern, den Ablasshändlern und Schlangenölverkäufern, die sich auf dem Markt des Seelenheils tummeln.

Ich nenne es den Fluch des Guten.

Jede Epoche hat ihren Fluch. Es gab Zeiten fürchterlicher Kriege; Zeiten, in denen Seuchen, Dürren oder andere Plagen ganze Landstriche entvölkerten; Zeiten, in denen im Namen irgendeiner Religion Völker ausgerottet wurden. All das gibt es auch heute noch, doch in geringerem Ausmass. An sich leben wir sogar in einer recht freundlichen Zeit. Den Menschen geht es so gut wie noch nie zuvor.

Auch und gerade in den meisten Entwicklungsländern ist die Lebenserwartung markant gestiegen. Bildung und medizinische Grundversorgung sind für viele Menschen selbstverständlich geworden. Dank Internet haben wir selbst in den entlegensten Winkeln der Erde Zugang zum kostbarsten Gut, das es überhaupt gibt: Wissen und Information. Noch nie zuvor standen die Chancen besser, die schlimmsten Geiseln der Menschheit – Hunger, Krankheiten, Gewalt und Unrecht – zu besiegen. Doch statt die Chance beim Schopf zu packen, stehen wir Menschen uns selber im Weg.

1992 verkündete der amerikanische Politologe Francis Fukuyama in seinem epochalen Bestseller *Das Ende der Geschichte* die Überwindung der Ideologien. Der Kalte Krieg war soeben relativ glimpflich zu Ende gegangen. Die Supermächte einigten sich auf die atomare

Abrüstung, die Stellvertreterkriege rund um den Erdball wurden eingestellt. In der real existierenden Welt hatte sich der Sozialismus selbst überwunden. Der freie Markt, so schien es, hatte seine Überlegenheit auf allen Ebenen bewiesen. Der Weg schien frei für eine erspriessliche Zukunft ohne links und rechts.

Doch Fukuyama hat sich geirrt. Mit dem Ende des kommunistischen Blocks fing der Kampf der Ideologien erst recht an. Und er tobt heftiger denn je. Die Positionen sind im Kern dieselben wie eh und je: Progressiv gegen Konservativ, Regulierung gegen Freiheit, Planwirtschaft gegen Markt, Globalismus gegen Nationalismus, Globalisierung gegen Protektionismus, Umverteilung gegen Wettbewerb. Es ist das altbekannte Schema von links gegen rechts. Und es hat durchaus seine Berechtigung. Denn jedes Prinzip hat seine Kehrseite.

Das ewige Ringen um Prinzipien ist mühsam, aber unverzichtbar. Man kann die Verschärfung der Tonlage auch als gesunde Reaktion auf die postmoderne Beliebigkeit und Alternativlosigkeit deuten. Es gibt immer zwei Sichtweisen. So ist es, um einen aktuellen Brennpunkt zu nennen, unsinnig, die Migration als grundsätzlich gut oder als grundsätzlich schlecht zu qualifizieren. Die Zuwanderung kann Menschen verschiedener Herkunft zusammenbringen und befruchtend wirken; eine unkontrollierte Massenzuwanderung führt dagegen längerfristig fast zwangsläufig zu Segregation, Hass und Terror, wie uns die Geschichte lehrt. Nationalismus ist schlecht, wenn er zur Rechtfertigung von Aggression und Unterdrückung dient; Nationalismus ist gut, wenn er den Menschen eine Heimat, Sicherheit und Ordnung gewährt. Das Asylrecht schützt Opfer politischer Willkür vor Verfolgung, aber leider auch Schlaumeier und Kriminelle. Die Sozialhilfe ist ein Segen in der Not, sie kann aber zum Fluch werden, wenn sie Abhängigkeiten schafft. Steuern sind eine gewinnbringende Investition, soweit sie dem Gemeinwohl dienen; sie können aber auch schädlich sein, wenn sie die Fleissigen bestrafen und asoziales Verhalten belohnen. Die Liste liesse sich fortführen.

Das Leben an sich ist dialektisch. Es fängt an bei Adam und Eva. Nur Gegensätzliches kann Neues zeugen. Unter Gleichem herrscht unfruchtbare Einöde. Wo stets alle einer Meinung sind, regiert die Einfalt. Harmonie lebt von der Spannung, wo sie fehlt, macht sich Langeweile breit. Der Kompromiss ist stets die Frucht einer Kontroverse, welche den Samen zur nächsten Auseinandersetzung bereits in sich trägt. Endgültig ist allein der Tod.

Natürlich ist es sinnvoll, Probleme pragmatisch zu lösen. Konservative werden sich instinktiv eher nach dem orientieren, was ist, Progressive nach dem, was sein sollte – und irgendwann rauft man sich zusammen. Doch wer glaubt, die Lösung befinde sich stets in der goldenen Mitte, macht es sich zu einfach. Auch die politische Mitte kann totalitäre Züge entwickeln, wenn sie die absolute und alleinseligmachende Vernunft für sich beansprucht. So hat die bisweilen hysterische Ausgrenzung und Verdammung der so genannten Rechtspopulisten, wie wir sie zurzeit in der westlichen Welt erleben, etwas höchst Undemokratisches in sich. Ob uns Donald Trump, Jair Bolsonaro, Matteo Salvini, Viktor Orban oder Alice Weidel gefallen, ob wir ihre Meinungen teilen und ihren Stil goutieren oder auch nicht – sie wurden in ihrer Funktion gewählt, und so lange sie sich an die demokratischen Regeln halten, haben wir uns mit ihren Positionen auseinanderzusetzen.

An sich würde man meinen, dass in den gebildeten, urbanen und progressiven Kreisen die tolerantesten Menschen anzutreffen sind, während sich die ungehobelten und eher konservativen Hinterwäldler auf dem Land am liebsten unter ihresgleichen bewegen und alles Fremde ablehnen. Meine Erfahrung hat mich eher das Gegenteil gelehrt. Eine gross angelegte Studie des bekannten und weissgott nicht rechten amerikanischen Magazins *The Atlantic* [4] scheint es zu bestätigen. So ist es für Eltern, welche den Republikanern nahestehen, tendenziell weniger ein Problem, wenn sich der Nachwuchs einen Partner aus dem demokratischen Lager anlacht, als umgekehrt. Wer sich als Rechter unter die fast ausschliesslich weissen, wohlhabenden und akademischen Kreise der Grossstadt Boston verirrt, wird sehr einsam leben. Ein Linker jedoch, egal welcher Hautfarbe, den es in das abgelegene Jefferson County zieht, hat gemäss der Studie gute Chancen, mit offenen Armen empfangen zu werden, obwohl das ländliche Kaff grossmehrheitlich Donald Trump wählte.

Die Verweigerung unangenehmer Debatte, die ideologische Erstarrung und die Arroganz der vermeintlichen Besserwisser haben viel mit Bequemlichkeit zu tun. Es ist mühsam und verfänglich, sich mit dem auseinanderzusetzen, was ist. Viel einfacher aber auch unverbindlicher ist es, sich an dem zu orientieren, was sein sollte. So legen wir uns eine Realität zurecht, wie sie uns gefällt. Der Wohlstand hat uns träge und egoistisch gemacht. Im Überfluss haben wir verlernt, das Notwendige vom Wünschenswerten zu unterscheiden. Man kann es Dekadenz nennen. Dass etwas gut gemeint ist, reicht uns völlig aus. Es beruhigt unser Gewissen. Wenn wir Enthaltsamkeit predigen und trotzdem in die Malediven jetten oder die Kinder mit dem SUV zur Schule karren, verschaffen wir uns mit einem CO_2-Almosen an *MyClimate* locker Ablass für das Seelenheil. Diese Doppelmoral ist in der Soziologie unter dem Titel »self-licencing« bekannt und recht gut erforscht: Das Bekenntnis zum Guten wird als gute Tat verbucht, als Bonus quasi, der es einem erlaubt, auch mal zu sündigen und gegen jene moralischen Ansprüche zu verstossen,

4 The Atlantic, 4. März 2019, The Geography of Partisan Prejudice, www.theatlantic.com/politics/archive/2019/03/us-counties-vary-their-degree-partisan-prejudice/583072/

die man von der Allgemeinheit einfordert. Ein Zeichen der Solidarität oder ein humanitäres Label erleichtern das Gewissen. Was wirklich hinter dem Etikett steckt, ob es am Ende auch zu einem guten Resultat führt, interessiert weniger. Hauptsache wir fühlen uns gut.

Das ist der Nährboden, auf dem der Fluch des Guten gedeiht und seine Blüten treibt.

Das Motiv zieht sich wie ein roter Faden durch meine Reportagen aus aller Welt. Ob in den Reaktorruinen von Fukushima oder auf dem *Ground Zero* in Nagasaki, in den Kupferminen von Sambia oder bei den Hebammen in den peruanischen Hochanden, im altehrwürdigen Gerichtssaal zu Genf oder auf der Wahlkampftournee mit einem vermeintlichen Völkermörder im Dschungel von Guatemala – vor Ort bin ich immer wieder auf verstörende Geschichten gestossen, die alles auf den Kopf stellten, was mir bis dahin gewiss erschien. Nichts ist so trügerisch wie der Schein des Guten. Vermeintliche Helden entpuppten sich als selbstsüchtige Scharlatane, angebliche Bösewichte als Wohltäter. Je genauer man hinschaut, desto mehr verwischen sich die Konturen. Wer das Gute will, muss manchmal Schlechtes tun. Wer nur gut sein will, wird fast zwingend scheitern.

Dieses Buch dreht sich um drei thematische Schwerpunkte, die auf den ersten Blick wenig gemein haben mögen: Energie, Justiz und Wirtschaft. Es sind die Grundpfeiler, ohne die es keine Zivilisation gibt. Zweifelsohne könnte man noch vieles erwähnen, was ebenfalls notwendig, ja unverzichtbar ist – etwa die Kunst, die Erziehung, die Infrastruktur, Gesundheit, Forschung oder die öffentliche Sicherheit. Doch nichts von all dem ist denkbar, wenn die Basis fehlt. Wenn der Tank leer ist und kein Strom mehr fliesst, läuft überhaupt nichts mehr; wo kein vertrauenswürdiger und respektabler Richter für Ordnung und Frieden sorgt, regieren Faustrecht, Willkür und Chaos; wo kein Mehrwert produziert wird, folgen Elend und Hunger früher oder später. Alles andere kommt danach. Doch just bei den Fundamenten unserer Zivilisation sind heute Bewegungen im Gange, die an tektonische Verschiebungen gemahnen und deren Auswirkungen wir nur erahnen können.

Ich gehe in diesem Buch so ans Werk, wie ich es als Journalist immer getan habe: Ich orientiere mich zuerst einmal an ganz konkreten Geschichten, recherchierte vor Ort, spreche mit den Menschen und suche wo immer möglich nach Informationen aus erster Hand. Getreu dem Groucho Marx[5] zugeschriebenen Motto »*Ich mag keinem Club angehören, der mich als Mitglied aufnimmt*« war ich stets um meine Eigenständigkeit und Unabhängigkeit bemüht. Natürlich ging auch ich immer mit einer Ausgangsthese an jede Recherche und jede Reportage heran. Doch meist sah die Realität anders aus, als ich sie mir vorgestellt hatte; und nicht selten führte mich das Hinterfragen meiner eigenen Vorurteile zu verrückten Geschichten, die alles auf den Kopf stellten und jede Fiktion übertrafen.

Den so genannten Entwicklungsländern galt seit jeher mein besonderes Interesse. Es kann uns nicht kalt lassen, wenn die einen um das nackte Überleben kämpfen, während den anderen der Überfluss zur Last geworden ist. Die Migrationsströme aus dem Süden haben uns vor Augen geführt, wie schnell die Probleme der anderen auch zu unseren werden können. In weiten Kreisen hat sich ein Konsens durchgesetzt, dass man die unkontrollierte Zuwanderung bei ihren Wurzeln bekämpfen müsste, also dort, wo sie entsteht. Doch der gute Vorsatz reicht nicht. Um zu wissen, was zu tun wäre, muss man vorerst wissen, was ist.

---

5 Es gibt zahlreiche Versionen über die Entstehung und zur exakten Formulierung dieser gemeinhin als »Groucho-Marx-Paradoxon« bekannten Sentenz, welche der amerikanische Comedian in einem Telegramm formuliert haben soll.

Abgesehen davon können wir in den Entwicklungsländern einiges lernen. In Weltgegenden, wo der Strom nicht so selbstverständlich aus der Steckdose kommt, die Milch aus dem Supermarkt und das Geld aus dem Bankomaten, sind die grundlegenden Dinge des Lebens, zu denen wir den Bezug weitgehend verloren haben, oft klarer zu erkennen.

Entscheidend sind am Ende nicht die Systeme, sondern die Menschen, die sie anwenden. Auf der ganzen Welt bin ich auf mehr oder minder verlogene Frömmler gestossen, die das Gute predigen, aber eigentlich sich selbst meinen, und auf Fromme, die ihnen gutgläubig oder auch eigennützig folgen. Überall und immer wieder habe ich aber auch aufrechte Menschen getroffen, die sich nicht von wohlfeilen Versprechen, sozialem Druck und moralischer Erpressung beindrucken liessen, sondern ihrem eigenen kritischen Verstand folgten und notfalls dafür auch Ungemach in Kauf nahmen. Ihnen ist dieses Buch gewidmet.

Der Fluch des Guten

»Der Weg zur Hölle ist mit guten Vorsätzen gepflastert, nicht mit schlechten. Alle Menschen haben gute Absichten.«

(George Bernard Shaw)

Theoretisch sind wir uns alle einig: Kriege sind schlecht, Umweltschutz ist gut; Armut und Willkür gehen uns alle etwas an und müssen überwunden werden; die elementaren Menschenrechte sind nicht verhandelbar; Rassismus und Fremdenhass vergiften und bedrohen das Zusammenleben. Doch wehe, wenn die guten Vorsätze in die Praxis umgesetzt werden. Was gut gemeint war, erweist sich oft als Teil des Problems und steht der Lösung im Weg. Trotzdem lassen wir uns immer wieder vom Schein des Guten verführen und verweigern uns der Realität, die sich dahinter verbirgt. Die Ursachen des Wunschdenkens mögen allzu menschlich sein, die Folgen sind oft tödlich.

Es war die erste Dienstreise des Papstes Franziskus, und sie sollte ein deutliches Zeichen setzen: Ich bin ein Vertreter der Armen und der Völkerverständigung! Am 8. Juli 2013 liess sich der vier Monate zuvor gewählte Pontifex Maximus von Rom auf die kleine Insel Lampedusa fliegen, um dort einen Kranz ins Meer zu werfen und eine Rede zu halten, die weltweit für Aufmerksamkeit sorgte. Papst Franziskus rief auf zur Solidarität mit den Immigranten und Kriegsvertriebenen, welche täglich in Fischkuttern auf Lampedusa anlegten. Die Insel liegt nur 200 Kilometer von der nordafrikanischen Küste entfernt im Mittelmeer, gehört aber politisch zu Italien, also zur EU. Immer wieder kenterten überfüllte Boote, Hunderte bezahlten die Reise übers Mittelmeer mit dem Tod.

Der Weckruf von Papst Franziskus »gegen die globalisierte Gleichgültigkeit« verfehlte seine Wirkung nicht. Es war der Auslöser der Operation *Mare Nostrum,* welche die italienische Küstenwache in Zusammenarbeit mit der Kriegsmarine drei Monate später, am 18. Oktober 2013, startete. Theoretisch verfolgte *Mare Nostrum* zwei Ziele: die Immigranten sollten noch während der gefährlichen Fahrt übers offene Meer abgefangen und in einen sicheren Hafen gebracht werden; zweitens sollten die Schlepper, die mit dem illegalen Treiben Millionen scheffeln, identifiziert und zur Rechenschaft gezogen werden.

Mare Nostrum veränderte das gefährliche Treiben auf dem Mittelmeer, allerdings ganz anders, als geplant. Die zumeist libyschen Schlepper verlegten sich schnell darauf, ihre menschliche Schmuggelfracht statt in Schiffskuttern in billigeren und noch gefährlicheren Schlauchbooten loszuschicken, welche die Überfahrt niemals schaffen würden. Aber das mussten sie auch nicht. Es reichte, wenn sie es bis zu den italienischen Schiffen schafften, die ausserhalb des libyschen Hoheitsgebietes patrouillierten. Dort übernahm *Mare Nostrum* die Migranten.

Die Folgen des päpstlichen Willkommens-Grusses und der Rettungseinsätze lassen sich in Zahlen messen. Schafften 2012 noch 12 897 Migranten die Überfahrt zwischen Nordafrika und Italien, waren es im folgenden Jahr mehr als dreimal so viele (42 925)[6]. Angestiegen war aber auch die Zahl der Ertrunken und Vermissten. Beim UNO-Hochkommissariat für Flüchtlinge (UNHCR) und der internationalen Migrationsagentur IOM erkannte man das Dilemma offenbar und erfasste nun die vorher nur geschätzte Zahl der Todesopfer systematisch.

2014 vervierfachten sich die Überfahrten auf der zentralen Mittelmeerroute noch einmal auf 170 011 Migranten. Die Zahl der Todesopfer verfünffachte sich von geschätzten 600 im Vorjahr auf 3165 Opfer. Mit anderen Worten: Die Todesrate stieg überproportional, von 1,4 auf 1,9 Prozent. Wie viele Immigranten auf dem gefährlicheren Weg durch die Sahara nach Libyen ausgeraubt, vergewaltigt oder ermordet wurden, wissen wir mangels zuverlässiger Daten nicht.

Auch wenn die Statistik vor dem Jahr 2014 noch nicht sehr zuverlässig ist, zeigt sie doch eine klare Tendenz: *Mare Nostrum* reduzierte die Todesgefahr nicht, sie erhöhte sie. Dafür gibt es eine logische Erklärung. Viele Schlepper-Boote kenterten nun, sobald sie das offene Meer erreichten; und jenen, die es etwas weiter schafften, ging bald der Treibstoff aus. Bisweilen begleiteten die Schlepper ihre menschlichen Fuhren mit Jetskis, um die Aussenbordmotoren der sinkenden Boote einzusammeln, bevor sie diese ihrem Schicksal überliessen. Der vorsätzliche Schiffbruch war Teil eines zynischen Kalküls. Der italienischen Marine blieb nichts anderes übrig, als die glücklichen Unglücklichen zu bergen und übers Meer nach Italien

---

6 Quellen: Guardia Costiera, Raporto annuale 2017 sul attivita nel Mediterraneo Centrale, UNHCR sowie IOM (missingmigrants.iom.int/region/mediterranean?migrant_route%5B%5D=1376)

zu bringen. Sie nahm den Schleppern damit den schwierigsten und teuersten Teil der Arbeit ab, gratis und franko.

Mare Nostrum bewirkte also das Gegenteil von dem, was man erreichen wollte. Die Kampagne wurde im Herbst 2014 folgerichtig eingestellt. Doch statt nach neuen Wegen zu suchen, erhöhte man die Dosis der schädlichen Medizin. Nun trat die Europäische Union mit der *Operation Triton* auf den Plan. In Zusammenarbeit mit der EU-Grenzschutz-Behörde *Frontex* wurden die Rettungsaktionen auf das ganze Mittelmeer ausgeweitet. Die ersten Rettungsschiffe von Hilfswerken wurden eingebunden. Auch hier liess der Erfolg nicht lange auf sich warten.

2015 reisten, zusätzlich angespornt durch den Willkommensruf der deutschen Bundeskanzlerin Angela Merkel, über eine Million Immigranten via Mittelmeer in den Schengen-Raum ein. Der Fokus verlagerte sich vorübergehend auf die Passage Türkei-Griechenland und die so genannte Balkanroute. Der Ansturm auf der zentralen Mittelmeerroute ging nur leicht (minus 10 Prozent) zurück. Doch im Prinzip war es dasselbe, ob vor Griechenland, Italien oder Spanien: Statt die illegale Einwanderung abzuwehren, agierten die Grenzschützer als Gehilfen der Schlepper.

Auf Druck der Transitstaaten und der Bevölkerung in den Zielländern wurde die Balkanroute Ende 2015 geschlossen. Zu hart wollte die EU dann aber doch nicht auftreten, sie entschädigte die Türkei mit Milliardenzahlungen, damit sie die Grenzen dicht machte. Man kann es auch so sehen: Europa exportierte die Drecksarbeit gegen harte Devisen. Immerhin zeigte sich nun aber doch, dass das angeblich Unmögliche durchaus möglich war, wenn man nur wollte. Es war eine Frage des politischen Willens. Die illegale Migration ist kein Naturphänomen. Sondern ein knallhartes Geschäft, das den Gesetzen der Ökonomie folgt und das man steuern kann.

2016 verlagerte sich der Fokus wieder zurück auf die gefährliche Passage zwischen Libyen und Italien. Die *Operation Triton* wurde in die noch umfassendere *Operation Sophia* überführt. Neu an Sophia war vor allem, dass nun private Hilfswerke – so genannte NGO, wie *Médecins sans Frontièrs*, *Sea Watch* oder *Jugend rettet* – einen grossen Teil der Seerettungen übernahmen. Namentlich die in Malta ansässige amerikanische Firma *MOAS* investierte Millionen in eine topmoderne Infrastruktur und ergänzte das Businessmodell der provozierten Seenot mit einem professionellen Fundraising. Je mehr Menschen auf dem Mittelmeer ertranken, desto dramatischer die zumeist völlig kritiklosen Medienberichte, desto üppiger flossen die Spenden.

Wieder liess der Erfolg nicht auf sich warten. Er war verheerend. 2016 wurden auf der Italienroute sämtliche Rekorde gebrochen. 181 373 Immigranten schafften die Überfahrt. Die Zahl der registrierten Todesopfer erreichte die erschütternde Marke von 4581 Ertrunkenen und Vermissten. Die Todesquote stieg erneut, nun um rund einen Drittel, von 1,9 auf 2,5 Prozent der Migranten. Anders als in früheren Jahren flaute das Geschäft im Herbst und im Winter nur noch mässig ab. Allein im November 2016 registrierte das Flüchtlings-Hochkommissariat UNHCR 718 Tote vor der nordafrikanischen Küste. Die selbstberufenen NGO-Retter machten es möglich, dass die Schlepper nun auch in der kalten und stürmischen Jahreszeit ihre Menschenfrachten auf die Reise ins Nichts schickten, wenn auch unter erhöhter Gefahr. Doch Kritik blieb weitgehend aus. Die Toten liessen sich im vorweihnächtlichen Spendengeschäft hervorragend vermarkten.

Im Laufe der Zeit hatten sich die Rettungsschiffe der Hilfswerke immer näher an die afrikanische Küste begeben. Bisweilen kreuzten sie sogar innerhalb des 12 Seemeilen breiten libyschen Hoheitsgebietes. Italienische Staatsanwälte fanden Hinweise, wonach die Helfer direkt mit den Menschenhändlern kooperierten, was diese allerdings dementierten. Doch eine direkte Koordination war nicht einmal unbedingt nötig. Dank Satellitenpeilung konnten die libyschen Schlepper die NGO-Schiffe, die vor der Küste auf sie warteten, mit dem öffentlich zugänglichen App *Marine Traffic* auf ihrem Laptop bequem orten und ihnen die Schiffbrüchigen entgegenschicken.

Im Sommer 2017 geriet die Lage ausser Kontrolle. Von Flüchtlingen konnte schon lange keine Rede mehr sein. Bereits die Kriegsvertriebenen aus Syrien, die 2015 noch 41 Prozent der Migranten ausmachten, waren kaum Asylsuchende im Sinne des Gesetzes. Die meisten von ihnen hatten zuvor in der Türkei Schutz gefunden, eine Gefahr für Leib und Leben bestand für sie nicht mehr. Die Immigranten, die ab 2016 auf der Italien-Route nach Europa drängten, stammten vorwiegend aus afrikanischen Ländern wie Nigeria, Guinea, Elfenbeinküste, Gambia, Senegal, Eritrea oder Mali, in denen keine Kriegswirren herrschten. Eine Minderheit war von Afghanistan und Bangladesch um die halbe Welt nach Libyen gereist. Ihre Aussicht, in Europa als Verfolgte anerkannt zu werden, waren gering. Sie spekulierten darauf, dass man sie mangels Papiere, wegen administrativer Überforderung, aus humanitären Gründen oder wegen ihres jugendlichen Alters nicht in ihre Heimat zurückschaffen könnte. Aus menschlicher Sicht mag das nachvollziehbar sein, doch mit Flucht und Asyl hat das rein gar nichts mehr zu tun. Da die Immigranten mehrere Tausend Dollar für die Reise aufbringen mussten, ist auch nicht anzunehmen, dass sie bitterer Armut entflohen.

Im Sommer 2017 zog Italien erstmals die Notbremse. Und plötzlich funktionierte auch hier das angeblich Unmögliche. Zusammen mit der libyschen Küstenwache dämmte die italienische Marine das Schlepperwesen auf dem Mittelmeer innerhalb weniger Wochen markant ein. Auch Libyen liess sich seine Kooperation teuer vergelten. Italien bildete libysche Grenzwächter aus und rüstete diese mit Schiffen und Treibstoff aus. Was hinter den Kulissen gekungelt wurde, lässt sich nur gerüchteweise in Erfahrung bringen. Offenbar wechselten einzelne Schlepper die Seiten und mutierten zu Grenzwächtern. Fein waren die Deals sicher nicht. Aber wirksam.

Die *Guardia Costiera*, welche die Rettungseinsätze auf dem zentralen Mittelmeer von Rom aus koordiniert, beschränkte nun die Einsätze der NGO-Schiffe. Sie sollten nur mehr als letzte Option zum Einsatz gelangen. Die libysche Küstenwache hatte fortan Priorität, sie brachte die Migranten nach Afrika zurück. Einzelne NGO zogen sich zurück, *MOAS* verlegte die Aktivitäten vor die Küste Burmas. Doch nicht alle hielten sich an die Order aus Rom. Zwischen NGO-Schiffen und der libyschen Küstenwache kam es immer wieder zu veritablen Wettläufen um Rettungseinsätze.

Im Juni 2018 verweigerte der neu gewählte italienische Innenminister Matteo Salvini dem NGO-Schiff *Aquarius* mit 629 afrikanischen Migranten den Zugang zu italienischen Häfen. Acht Tage lang irrte das Schiff übers Mittelmeer, bis es im Hafen von Valencia anlegen durfte. Der mediale Aufschrei war enorm, doch die Halbwertszeit gering. Als eine Woche später die holländische *Lifeline* mit 234 Migranten ein ähnliches Schicksal ereilte wie die *Aquarius*, wurde kaum noch darüber berichtet. Die *Lifeline* durfte schliesslich in Malta anlegen, wurde aber umgehend beschlagnahmt.

Das Vorgehen der italienischen Regierung war zweifellos hart. Aber die Zahl der illegalen Überfahrten auf der zentralen Mittelmeerroute sank um satte 80 Prozent, von 119 369 (2017) auf 23 370 (2018) Personen. Vor allem ging im gleichen Zeitraum auch die Zahl der Toten und Vermissten zurück, allerdings etwas weniger stark, nämlich von 2853 auf 1314. Auf den ersten Blick mag man daraus schliessen, dass sich die Todesgefahr statistisch erhöhte. Allerdings wissen wir nicht, wie viele Migranten von der Libyschen Küstenwache aufgefangen und nach Afrika zurückgebracht wurden. Tatsache ist: Die Zahl der Todesopfer wurde mehr als halbiert.

Die afrikanischen Zuwanderer, die statt bei einem europäischen Sozialamt in einem libyschen Auffanglager landeten und im besten Fall mit einem Sonderflug in ihre Heimat zurückgeschafft wurden, sind nicht zu beneiden. Viele von ihnen hatten sich für die Reise in den Norden in Schulden gestürzt und kehren nun mit leeren Händen heim. Doch viel mehr Menschen werden die gefährliche Reise gar nicht erst antreten. Und damit wird auch das trostlose Massensterben in der Sahara und auf dem Mittelmeer eingedämmt.

Als der Papst 2013 nach Lampedusa reiste, wollte er zweifellos Gutes tun. Die Wirkung seines Aufrufs war indes verheerend. Der klerikale Popstar aus Argentinien und seine nicht immer ganz so barmherzigen Helfer lockten Tausende von Menschen in einen schrecklichen Tod. Sie sind auch mitverantwortlich für die Ablehnung der Migranten, die sich namentlich in Italien und Deutschland breit machte. Die Stimmung kippte nicht, weil die Italiener oder die Deutschen über Nacht zu Fremdenfeinden geworden wären; sondern weil sie vom Massenansturm Folgen befürchteten, die weder für die Einheimischen noch für die Zuwanderer gut waren.

Als die italienische Regierung *Mare Nostrum* ins Leben rief, tat sie dies im Willen, etwas Gutes zu tun. Tatsächlich hat sie aber skrupellosen Menschenhändlern in die Hände gearbeitet und zur Eskalation beigetragen, die für noch mehr Leid sorgte. Das war spätestens 2014 klar. Doch man wollte nicht sehen, was nicht sein durfte – und erhöhte im Namen der Menschlichkeit die Dosis der tödlichen Hilfe. Je weiter die unheilvolle Entwicklung fortschritt, desto schwieriger war sie zu bremsen.

Die Zuwanderung aus Entwicklungsländern ist ein dornenvolles Thema. Migration ist weder gut noch schlecht. Sie kann fruchtbar und bereichernd sein, für beide Seiten. Wenn die Gastländer die Zuwanderer aber nicht mehr integrieren können, wenn sich Ghettos bilden, die Gegensätze unversöhnlich werden und die Arbeitsmärkte übersättigt sind, schlägt die Völkerverständigung schnell in Ablehnung und Hass über. Es gibt nichts Verheerenderes als ein geteiltes Land, in dem sich Bevölkerungsgruppen bekämpfen und in letzter Konsequenz gegenseitig abschlachten. Dann helfen alle mahnenden Worte und Appelle nicht mehr.

In Europa wie in den USA ist die Haltung zur »Flüchtlingsfrage« längst eine Art Lackmustest, der die Gesellschaft in zwei unversöhnliche Lager teilt. Entweder steht man auf der Seite der Hardliner, als deren höchste Inkarnation der US-Präsident Donald Trump gilt; oder man schlägt sich den Softies zu, verkörpert durch die deutsche Bundeskanzlerin Angela Merkel. Wer sich zwischen die Fronten begibt, riskiert von beiden Seiten unter Beschuss zu geraten. Und wie bei jedem Glaubenskrieg stehen alle auf der Seite der Guten; die Bösen, das sind stets die andern.

Die Moral ist gleichsam die Giftwaffe in diesem Grabenkrieg. Die Hardliner machen die Softies für jedes Delikt verantwortlich – für jeden Verkehrsunfall, jeden Diebstahl und natürlich erst recht jede Vergewaltigung und jeden Mord – welches einem Zuwanderer zugeschrieben wird. Wer dem entgegenhält, dass man nicht eine ganze Gruppe für die Missetaten einzelner verantwortlich machen sollte, setzt sich dem Vorwurf aus, er würde Opfer verhöhnen und Verbrechen verharmlosen. Das Moralin-Gas der Softies sind die Menschenrechte. Wer vor Überfremdung, der Unvereinbarkeit islamischer und westlicher Grundwerte oder den explodierenden Sozialausgaben warnt, wird als Menschenfeind, Populist oder, immer beliebt, als Nazi disqualifiziert.

Es wäre gleichwohl billig, sich mit der wohlfeilen Formel »beide Seiten sind schlecht« aus der Debatte zu stehlen. Die Hauptverantwortung tragen immer jene, die an den Hebeln der Macht sitzen.

Dass es überhaupt zur Verkrampfung kam, wie wir sie heute erleben, haben die kulturellen und politischen Eliten und nicht zuletzt auch die Medien zu verantworten. Über Jahrzehnte haben sie sämtliche Alarmsignale ignoriert, jede echte Kontroverse unter den dicken Teppich des politisch Korrekten gekehrt. Wohlig hatte man sich an den Fressnäpfen der Institutionen eingerichtet, selbstverliebt verschanzte man sich hinter dem Schutzschild der eigenen moralischen Überlegenheit, klammerte sich an grossartige humanistische Ideale und Absichtserklärungen, selbst als diese von der real existierenden Welt längst zur Karikatur verkommen waren.

Es gibt heute kaum noch eine Oscar-Zeremonie ohne politische Manifeste. Wenn Pop-Sänger gegen das Elend in Afrika anschreien, Tennis-Cracks für den Regenwald schwitzen, böse Buben fürs Klima und gegen den Rassismus rappen, Models gegen Sexismus über den Laufsteg trippeln, Millionäre an Charity-Diners Checks für die Orang-Utans zeichnen, dann ist ihnen der Applaus stets gewiss. Doch je lauter gejubelt wird, je einfältiger die Zustimmung, desto mehr Skepsis ist angezeigt. In aller Regel sind die von PR-Beratern geplanten Aktionen alles andere als selbstlos. Sie dienen vorweg der Imagepflege. Eine Packungsbeilage über Gefahren und Nebenwirkungen fehlt.

Seltsamerweise zeigt die Erfahrung, dass jene, die am eifrigsten mit dem moralischen Zeigefinger auf andere zeigen, weniger streng urteilen, wenn es um ihr eigenes Verhalten geht. So ergab eine Umfrage in Deutschland, dass die Wähler der Grünen öfter mit dem ach so verpönten Flugzeug unterwegs sind als die Anhänger aller anderen Parteien[7]. Die ökobewussten und weltoffenen Herrschaften aus den schicken Vierteln sind vornehmlich mit dem SUV unterwegs

---

7 »Bahn predigen, Business fliegen« Der Spiegel, 12.11.2014 www.spiegel.de/wirtschaft/unternehmen/gruenen-waehler-halten-rekord-bei-flugreisen-a-1002376.html

und meiden Schulen mit hohem Ausländeranteil für ihren Nachwuchs, einen Luxus, den sich das tendenziell rechtslastige Proletariat in der Agglomeration kaum leisten kann.

Nun mag man einwenden: Was spricht dagegen, das Gute mit dem Nützlichen zu verbinden? Es ist wiederum die praktische Erfahrung. Sie zeigt, dass der Eigennutz am Ende meistens doch überwiegt, während die komplizierte Wahrheit auf der Strecke bleibt. Der gute Zweck verbietet jede Kritik. Niemand findet es gut, wenn andere leiden, die Biosphäre verschandelt oder eine Tierart ausgerottet wird. Doch die Immunität des Guten ist eine Falle. Zu oft werden in der kollektiven Beschwörung bloss Vorurteile bewirtschaftet und zementiert, die nicht selten der Kern des Problems sind.

Ist es wirklich klug, wenn die einen abrüsten, während andere sich hochrüsten – oder provozieren sie damit nicht gerade damit den nächsten Krieg? Werden die Bösen wirklich automatisch besser, wenn die Netten mit dem guten Beispiel vorangehen? Nützt es der Umwelt und dem Klima wirklich, wenn wir Kernkraftwerke einmotten, die wind-solare Revolution ausrufen und, bis die Vision Realität wird (oder auch nicht) unseren Strom wieder mit Kohle, Öl oder Gas produzieren? Geht es den Armen wirklich besser, wenn wir die Reichen mit Verachtung strafen und ihnen möglichst viel wegnehmen? Sind die Industrieländer wirklich schuld am Elend in den Entwicklungsländern, weil irgendwann in grauer Vergangenheit die Urahnen der einen die Urahnen der andern ausgebeutet haben? Gibt es so etwas wie eine kollektive Erbschuld? Kann es sein, dass die Entwicklungshilfe so selten konkrete Erfolge vorweisen kann, weil es diese Erfolge nicht gibt? Wer gibt uns eigentlich das Recht, den Menschen in den ehemaligen Kolonien vorzuschreiben, was für sie gut und richtig sein soll? Sind wir überhaupt in der Lage, die Probleme der andern zu lösen?

Uns steht heute mehr Wissen zur Verfügung als je zuvor. Doch die Fülle ist zugleich eine Last. Wir stützen uns auf Informationen, deren Gehalt wir kaum überprüfen können, weil sie schon so oft kopiert und verfremdet wurden, dass die Quelle nicht mehr erkennbar ist. Nicht nur Wahrheiten, sondern auch Chimären verbreiten sich im Internet viral. Es ist schwierig, die Übersicht zu wahren in einer Welt, die von Tag zu Tag komplexer erscheint.

Im Chaos steigt das Bedürfnis nach Gewissheiten, an denen man sich orientieren kann. Nur gibt es, zumindest im Abendland, glücklicherweise keine Autorität mehr, keinen unfehlbaren Papst und keinen Ältestenrat, der die alleinseligmachende Wahrheit verkündet. Die freie Gesellschaft setzt auf den freien Wettbewerb um das bessere Argument. Würde man meinen. Doch die Errungenschaften der Aufklärung sind nicht mehr so selbstverständlich, wie sie auch schon waren.

Gerade bei den drängendsten Fragen unserer Zeit – das Verhältnis zwischen den Geschlechtern, Migration, Umweltschutz, soziales Gefälle, Bildung, Arbeitsfrieden – geben Moralisten mit erhobenem Zeigefinger den Ton an. Wer den angesagten Meinungen und Vorurteilen widerspricht, wird in die soziale Quarantäne verbannt, mit Hohn, böswilligen Unterstellungen und Verunglimpfungen zum Schweigen gebracht. Oder ganz einfach ignoriert. Die modernen Inquisitoren brauchen keine Daumenschrauben und keine Scheiterhaufen mehr. Ihre Methoden sind sanfter, aber nicht minder effizient. Letztlich sind es die altbekannten Mittel des Mobs: Ein schwer fassbares Kollektiv, angeführt von ein paar Leithammeln – Influencer, wie man sie mitunter nennt – sekundiert von Mitläufern, gibt den Ton an. Wer nicht mit der Meute heult, wird ausgegrenzt.

Schwer fassbar sind auch die geistigen Grundlagen dieses Kollektivs. Die Heiligen Schriften, einst das Mass aller Dinge, wurden durch einen Mix aus Versatzstücken aller möglichen Lehren ersetzt. Etwas Buddhismus und Dalai Lama machen sich immer gut; dazu ein Schuss Marx im Che-Guevara-Look; Rousseaus Lehren von der unverdorbenen Natur haben eine unverhoffte Renaissance erlebt; stets beliebt sind sodann angebliche Weisheiten von Indianern und anderen Urvölkern, die man zur Not auch mal selber erfinden kann. Das alles klingt zwar nach Flower-Power. Doch wenn es dann zur Sache geht, ist der Vorrat an Peace/Love schnell aufgebraucht. Die neuen Weltverbesserer können sehr intolerant reagieren, wenn man ihre schwabbeligen Maximen in Frage stellt.

Wer etwa auf den Prinzipien des fairen Strafprozesses beharrt und an die Unschuldsvermutung erinnert, wird zum Komplizen von Kinderschändern und Vergewaltigern. Wer Multikulti in Frage stellt, gehört an den Rassisten-Pranger gestellt. Wer Geschlechter-, Rassen- oder Altersquoten ablehnt, wird als ewiggestriger Chauvinist beschimpft. Wer den freien Waffenbesitz verteidigt, gehört in die Terroristen-Ecke. Wer die Erziehung der Kinder primär als Sache der Eltern betrachtet und sich gegen die staatliche Bevormundung ausspricht, dem fehlt das soziale Gewissen. Und wehe, einer meldet Bedenken gegen die Schwulen-Adoption an – er muss ein homophober Unmensch sein.

Der Siegeszug der elektronischen Medien – zuerst im Äther und später via Internet – und die damit verbundene Visualisierung der Information hat diesen Gesinnungs-Terror zweifellos begünstigt. Bilder sind ungleich mächtiger als Worte, sie wirken in erster Linie auf der emotionalen Ebene. Für rationale Argumente und eine echte Kontroverse fehlt die Zeit. Nichts eignet sich besser zur Stimmungsmache als der vermeintliche Bildbeweis.

Während der erwähnten Migrationswelle am Mittelmeer zeigten die meisten Massenmedien anfänglich vor allem Bilder von Müttern mit Kindern, obwohl diese nur eine kleine Minderheit der Zuwanderer repräsentierten. Im September 2015 ging das Foto des ertrunkenen dreijährigen Aylan Kurdi am Strand des türkischen Badeortes Bodrum um die Welt. Das Bild wurde zum Fanal für das Migrationsdrama. Der britische Premier kündigte in der Folge die Aufnahme von 20 000 Kriegsvertriebenen aus Syrien an. Sogar im fernen Kanada löste das Bild ein politisches Erbeben aus und rückte das Thema Asyl in den Fokus der anstehenden Wahlen.

Das aufwühlende Foto von Aylan überstrahlte eine Geschichte, welche die Tragödie zwar nicht weniger schlimm macht, sie aber doch in einem anderen Licht erscheinen lässt. Die Familie Kurdi lebte ursprünglich in Damaskus und flüchtete bereits 2012 aus der Stadt, zuerst nach Alepo und später in die Türkei. Aylans Vater Abdullah arbeitete während zweier Jahre in einer türkischen Textilfabrik. Sein Auskommen war wohl karg, doch die Existenz der Familie war gesichert. Als er mit Frau und Kindern in einem Schlauchboot von der Türkei nach Griechenland übersetzen wollte, waren die Kurdis nicht auf der Flucht. Das Geld für die Überfahrt hatte Abdullah von seiner Schwester Teema erhalten, die im kanadischen Vancouver lebt. Teema Kurdi hatte ihm 1000 Dollar für ein neues Gebiss überwiesen. Einen höheren Betrag akzeptierte *Western Union* gemäss ihren Angaben nicht, angeblich wegen einer Geldwäschereinorm. Doch diese Überweisung reichte nicht für den Zahnarzt. Also beschloss Aylans Vater, das Geld in eine Überfahrt nach Europa zu investieren. In Deutschland, so hatte Abdullah Kurdi gehört, würde ihm der Staat das neue Gebiss finanzieren.

Kurzum: Die Kurdis flüchteten nicht vor dem Schrecken des Bürgerkriegs. Das Ziel der Reise waren neue Zähne. Dafür setzte Abdullah Kurdi das Leben der ganzen Familie aufs Spiel. Ob ihm das zum Vorwurf gereicht, wäre eine Frage für sich. Es ist eine schmerzvolle Frage, zumal wenn man selber im Wohlstand lebt. Die falschen Assoziationen, die das Bild des toten Aylan auslöste, befreiten uns bequem von dieser peinlichen Auseinandersetzung. Das schreckliche Bild sollte auf eine schreckliche Realität aufmerksam machen, tatsächlich lenkte es von der Wirklichkeit ab.

Ob die öffentliche Meinung vorsätzlich manipuliert wurde oder ob sich die dramatischen Bilder einfach besser verkauften, sei mal dahingestellt. Eines fällt aber doch auf: Als die Stimmung zur »Flüchtlingsfrage« in Europa kippte, verschwanden die Kinder-Motive aus den Medien. Stattdessen zeigte man nun vornehmlich Aufnahmen von jungen schwarzen Männern, die in Massen an Land stürmen und eher Ängste als Sympathien hervorrufen.

Drei Jahre später schien sich die Geschichte in Amerika zu wiederholen. Am 21. Juni 2018 zeigte das traditionsreiche *Time Magazine* auf dem Cover eine Fotomontage, die sich im Web viral verbreitete: Der mächtige Präsident Donald Trump steht mit herablassendem Blick vor der kleinen Yanela Hernandez, die weinend und anklagend zu ihm hochschaut. Das Bild des zweijährigen Mädchens aus Honduras wurde zur Ikone einer angeblich unmenschlichen Migrations-Politik. Die Trump-Administration hatte zuvor angeordnet, die Kinder für maximal 20 Tage von ihren Eltern zu trennen, wenn diese beim illegalen Grenzübertritt gefasst wurden. Sogar die republikanische Partei, ja seine Frau Melania schien sich von Trump abzuwenden. Wie ein angeschlagener Boxer torkelte der grossmäulige Präsident auf der Polit-Bühne. Seine Feinde witterten Morgenluft. War das Time-Cover so etwas wie der moralische K.O.-Schlag? Für einen Moment – nicht zum ersten und wohl auch nicht zum letzten Mal – schien es möglich, den Verhassten zu stürzen.

Der Jubel dauerte keine 24 Stunden. Bereits am folgenden Tag brachte die *Daily Mail* ein Interview mit dem Vater von Yanela, das die Anklage gegen Trump zusammenkrachen liess wie ein Kartenhaus. Javier Hernandez, der 32-jährige Vater von Yanela, arbeitet als Kapitän in Honduras und verfügt über ein geregeltes Einkommen.

Nach seiner Darstellung war es nicht die Armut, welche die Mutter mit der Zweijährigen zur gefährlichen Reise über die mexikanische Grenze motiviert hatte, sondern der *American Dream*, wie er es nannte. Seine Frau Sandra habe bereits bis 2013 illegal in den USA gelebt, sei dann aber erwischt und abgeschoben worden. Für die illegale Wiedereinreise über den Rio Grande mit Yanela habe sie einem *Coyote* 6000 Dollar bezahlt. Yanela wurde von den US-Behörden auch nie von ihrer Mutter getrennt, die beiden befanden sich wohlauf in einem amerikanischen Auffangheim. Drei weitere Kinder im Alter von sechs bis vierzehn Jahren hatte die junge Mutter in Honduras zurückgelassen. Familienfotos, welche die lachende Sandra am Steuer eines neuen Mittelklassewagens zeigen, entzaubern das Klischee des bitterarmen Flüchtlings vollends.

Der Hype um Yanela erlosch so unvermittelt, wie er aufgeflammt war. Das Bild des Mädchens und seiner Mutter war zwar real, doch es vermittelt einen komplett falschen Eindruck. Wie im Fall von Aylan ist die wahre Geschichte, die sich dahinter verbirgt, vielleicht noch trostloser als die mediale Fiktion – auf jeden Fall aber unendlich komplizierter.

Zweifellos gibt es Gewalt und Armut in Honduras. Die Migration lindert diese Übel nicht, im Gegenteil. Das wohl grösste Problem sind die sogenannten Maras: kriminelle Jugendbanden, deren Wurzeln bis in den mexikanisch-amerikanischen Krieg (1846–1848) zurückreichen. Ursprünglich waren die Maras vor allem in den Latino-Vierteln der Grossstädte in Kalifornien und Texas aktiv. Mit dem Drogenhandel und der Migration breiteten sich die Kinderbanden in den letzten Jahrzehnten über ganz Zentralamerika aus. Von den 12 000 Minderjährigen, welche die US-Behörden im Juni 2018 an der Grenze aufgefangen und vorübergehend interniert hatten, befanden sich nach Angaben des Innenministeriums (Homeland Security) gerade mal 2400, also rund ein Sechstel in Begleitung ihrer mutmasslichen Eltern – mit Betonung auf mutmasslich. Die amerikanischen Behörden hatten nämlich festgestellt, dass Kinder zusehends als Freipass für den illegalen Grenzübertritt angemietet wurden. Wenn die Kinder von ihren Begleitern getrennt und interniert werden, bis die Identitäten geklärt sind, geschieht dies nicht zuletzt auch zu deren Schutz. Abgesehen davon ist es in den USA – wie in den meisten Rechtsstaaten – verboten, Minderjährige mit Erwachsenen zu inhaftieren.

Der Menschenhandel beschert dem organisierten Verbrechen auf dem amerikanischen Kontinent längst Einnahmen, die mit jenen des Drogenhandels vergleichbar sind. Die Schlepper werden vor allem von Emigranten finanziert, welche Angehörige und Freunde in die Vereinigten Staaten nachziehen. Die Grenze zu den USA, an der Jahr für Jahr 400 Menschen in der Wüste verdursten oder im Rio Grande ertrinken, ist gefährlich. Gefährlich – davon ist leider selten die Rede – ist aber auch die Reise durch Mexiko. Die Sitten sind brutal, der Staat bietet den Illegalen kaum Schutz. Migranten müssen damit rechnen, ausgeraubt, vergewaltigt oder entführt zu werden. Wenn die Verwandten in den USA nicht zahlen, droht der Tod. Die Killer der Maras, nicht selten verwahrloste Kinder von Migranten, die man bei der Grossmutter oder einer Tante zurückgelassen hatte, sind ein Teil dieses Systems.

Präsident Trump wurde vorgeworfen, die Kinder als Waffe gegen die illegale Migration einzusetzen. Tatsächlich werden Kinder schon lange als Waffe missbraucht – von den Schleppern, den Migranten selber, und nun auch noch von Trump-Gegnern. Wenn jemand Yanela in Lebensgefahr gebracht hat, dann ihre Mutter Sandra, als sie die Zweijährige auf die gefährliche Reise durch Mexiko und im Schlauchboot über den Rio Grande mitnahm. Sie flüchtete weder vor einem Krieg noch vor einer Hungersnot, sondern für den »amerikanischen Traum«. Ihre Motive mögen nachvollziehbar sein. Doch es gibt keinen Grund, sie wie eine Unmündige zu behandeln und aus jeder Verantwortung zu entlassen, nur weil Lateinamerikaner über ein tieferes Volkseinkommen verfügen als US-Amerikaner.

Wer sind nun die Verbrecher: Jene, die sich mit dem Menschenhandel die Taschen füllen – oder jene, die dem mörderischen Treiben an der Grenze Einhalt zu gebieten versuchen? Fairerweise muss man einräumen, dass es schon Trumps Vorgänger versucht haben. Die Mittel, die Trump propagiert – von der Mauer bis zu konsequenten Kontrollen und Ausschaffungen – sind nicht neu. Neu sind bloss die markigen Worte, mit denen der Präsident auf das Anliegen aufmerksam macht, und die Widerstände, die er damit auslöst. Sein politisches Schicksal interessiert seine Widersacher offenkundig mehr als das Schicksal der Migranten.

Die mediale Schlacht um den US-Präsidenten Donald Trump ist reich an Anschauungsmaterial für optische Kriegsführung. Dieselben Medien, welche seinen Vorgänger Barack Obama gerne in der Pose des gütigen Messias zur Geltung brachten, zeigen von Trump grundsätzlich nur Bilder, auf denen er fürchterliche Grimassen schneidet. Beide Präsidenten wurden tausendfach geknipst, von beiden fanden sich zweifellos vorteilhafte Aufnahmen und abstossende. Es ist allein eine Frage der Auswahl.

In keinem Bereich wird so unverfroren, aber auch so effizient manipuliert wie mit dem Bild. Nichts ist subjektiver als der Blick durchs Objektiv. Denn Bilder zeigen stets einen aus dem zeitlichen und räumlichen Zusammenhang gerissenen Ausschnitt. Und notfalls kann man der virtuellen Realität ja noch auf die Sprünge helfen. Ich habe schon Fotografen erlebt, die Prominente bestenfalls mit einem Scherz in die gewünschte Stimmung bringen, aber auch mal beschimpfen oder gar anspucken, wenn eine zornige oder entsetzte Mine gefragt ist. Es ist nie persönlich gemeint.

Die elektronischen Medien funktionieren nach dem Prinzip des Comic-Strip. Im Mittelpunkt steht das Bild, der Platz für die Sprechblasen ist knapp. Die Message muss schrill und konzentriert sein, um gegen die Übermacht des Bildes Bestand zu haben. Für die Klärung komplizierter Zusammenhänge und Hintergründe ist kein Raum. Ein wahres Paradies für Manipulatoren.

Anlässlich der Verleihung des Golden Globe im Januar 2017 machte die Schauspielerin Meryl Streep mit einem denkwürdigen Auftritt den amerikanischen Wahlkampf zur globalen Affäre. Sie warf dem Kandidaten Donald Trump vor, sich über die körperliche Behinderung eines Journalisten mokiert zu haben. Unter Tränen rief Streep in den Saal: »Wenn die Mächtigen ihre Position benutzen, um andere zu tyrannisieren, dann verlieren wir alle.« Tosender Applaus, Fassungslosigkeit, Empörung. Leider fragte sich kaum jemand, was an der vermeintlichen trumpschen Rüppelei wirklich dran war.

Tatsächlich ist die Geschichte ziemlich kompliziert, zu kompliziert für eine Schlagzeile, und vor allem auch ungeeignet. Das Ganze begann am 21. November 2015, als Trump im Zuge der Vorwahlen behauptete, in New Jersey hätten Muslime vor Freude auf den Dächern getanzt, als die Twin Towers drüben in Manhattan einstürzten. Die *Washington Post* warf Trump in einem *Faktencheck* vor, diese Behauptung erfunden zu haben. Pikanterweise berief sich Trump in der Folge auf einen Artikel des Reporters Serge Kovaleski, der am 18. September 2001 in der *New York Times* über ebensolchen Jubel von Islamisten auf Jerseys Dächern ob dem Terror jenseits des Hudson River berichtet hatte.

Reporter Kovaleski relativierte darauf in einem TV-Interview seine eigene Reportage: Er habe sich auf Aussagen Dritter gestützt und könne sich »nicht daran erinnern«, dass ihm jemand gesagt hätte, es wären »Tausende oder Hunderte« gewesen, die auf den Dächern getanzt hätten. Trump nahm den Ball auf und mokierte sich bei seiner nächsten Wahlrede über das Rückzugsmanöver des Reporters. Er machte dabei spastische Faxen, die er immer wieder mal zum Besten gab, wenn er einen Gegner verhöhnte. Im Fall von Kovaleski wurde ihm das besonders übelgenommen. Denn der Reporter leidet an einer deutlich sichtbaren Missbildung an einem Arm, die man mit Trumps Faxen in Verbindung brachte – allerdings nur mit Tricks und viel bösem Willen. Doch an beidem mangelt es zurzeit wahrlich nicht. Findige Journalisten kopierten flugs aus Donald Trumps Faxen-Theater ein Standbild heraus und stellten es einem Video-Ausschnitt gegenüber, auf dem Kovaleskis verkrüppelter Arm deutlich zu sehen ist. Dabei entsteht der Eindruck, Trump hätte die körperliche Behinderung des Reporters nachgeäfft. Tatsächlich ist Kovaleski alles andere als ein Spastiker. Vergleicht man die beiden Videoaufzeichnungen in ihrer vollen Länge, wird schnell klar: Trump machte sich lustig über das Lavieren des Journalisten, nicht über dessen Behinderung. Doch davon wurde kaum berichtet.

Das ist der Stoff, den die Weltöffentlichkeit derzeit in barocker Fülle vorgesetzt bekommt. Was immer Trump tut oder unterlässt, der mediale Aufschrei ist ihm so sicher wie das Amen in der Kirche. Ich will den grobschlächtigen amerikanischen Präsidenten damit nicht in Schutz nehmen. Wer austeilt, muss auch einstecken. Mit atemberaubender Chuzpe bespielt er die Klaviatur seiner Gegner und bekämpft sie mit ihren eigenen Mitteln: Zuspitzen, Ausblenden, Insinuieren, Verkürzen, Provozieren, Polarisieren.

Fake News versus Lügenpresse. Die Medien gegen Trump, Trump gegen die Medien. Es ist wie bei einem spektakulären Crash: Man schaut reflexartig hin, wendet sich aber auch schnell wieder ab. Die Aufmerksamkeit ist kolossal, die Halbwertszeit gering. So schrill das Spektakel, so schnell vergisst man es wieder. Die Meinungen sind längst gemacht und werden nur noch zementiert. Jeder Angriff auf Trump bestätigt seinen Gegnern wie seinen Anhängern, was sie längst zu wissen glauben. Für die einen ist er ein Psychopath, für die andern ein Held des Antiestablishments.

Die Glaubwürdigkeit leidet auf beiden Seiten. Nur hat der amerikanische Präsident weniger zu verlieren als wir Journalisten. Spätestens acht Jahre nach seiner Wahl wird er Geschichte sein. Was er sagte, bleibt bestenfalls als Anekdote in Erinnerung. Messen wird man ihn an den Resultaten. Für uns Journalisten sieht es schlechter aus. Das Wort und die Glaubwürdigkeit sind unser einziges Kapital. Die Frage ist, ob es am Ende der Ära Trump noch eine Presse gibt, wie wir sie heute kennen.

Vielleicht ist die schrille Schlacht um Trump auch ein letzter Abgesang auf die konventionellen Medien, die in den letzten Jahren einen dramatischen Schwund an Macht und Einfluss erlitten haben. Grosse Titel sind eingegangen, andere mogeln sich mit einer Rumpfredaktion und arg ausgedünnten Ressourcen mehr schlecht als recht über die Runden.

Der unerbittliche Wettbewerb mit den sozialen Netzwerken hat die Information auf dramatische Weise demokratisiert. Donald Trump macht es vor: Er kommuniziert direkt mit dem Volk, mit sieben Tweets, die er im Schnitt täglich aus dem Weissen Haus abfeuert. Trump braucht die Journalisten nur noch als Verstärker. Wie sie seine Message interpretieren oder umdeuten, ist ihm egal, Hauptsache es kracht. Vielleicht ist es das, wofür sie ihn am meisten hassen: Trump ist ihnen immer einen Schritt voraus. Bestimmten früher die Medien als *Gatekeeper*, was in welcher Form weiterverbreitet wurde (und vor allem: was nicht), hinken sie heute den News hinterher. Der Konsument ist nicht mehr auf sie angewiesen. Die Medienmacher haben ihre Deutungshoheit verloren. Trump bläst ihnen den Marsch, setzt die Themen und sagt, wo's lang geht.

Vermutlich stehen die grossen Veränderungen in der Medienwelt, die wir heute nur erahnen können, erst bevor. Doch eines steht heute schon fest: Die Spielregeln haben sich geändert. Journalisten müssen damit rechnen, dass ihre Informationen von ihren Kunden, den Lesern und Zuschauern, kritisch überprüft und diskutiert werden. Die Zeiten, in denen eine Schar von Leitwölfen in der Branche mehr oder weniger unter sich bestimmen konnten, was wichtig und wahr sein soll, sind vorbei. Und das ist grundsätzlich gut so.

Statt über schwindende Reichweiten zu klagen, sollten wir uns fragen, was wir falsch gemacht haben und was wir ändern könnten. Offensichtlich haben viele Journalisten den Draht zu ihrem Publikum verloren. Man kann den knappen und überraschenden Sieg von Donald Trump auch als Absage an die *Political Correctness* interpretieren, von der sich viele Journalisten leiten lassen. Vielleicht wurde der Rüppelhafte gewählt, gerade weil er kein Blatt vor den Mund nimmt; gerade weil viele Menschen ahnen, dass die Bilder, die sie tagtäglich präsentiert bekommen, mit der real existierenden Welt nicht mehr viel gemein haben; weil mehr über das berichtetet wird, was sein sollte und was Journalisten für erstrebenswert halten als über das, was wirklich ist.

Die Einseitigkeit der medialen Berichterstattung hat viel mit einer Bequemlichkeit zu tun, welche über die soziale Konformität und politische Einseitigkeit hinausgeht. Auf gängige Klischees und Vorurteile zu bauen ist einfach und verführerisch. Den Dingen auf den Grund zu gehen und Widersprüche aufzuschlüsseln ist nicht nur aufwendiger, sondern auch stets mit einem Risiko verbunden. Wer das Diktat des Guten in Frage stellt, findet sich schnell in einem delikaten Konflikt.

Sind die Flüchtlinge, über die wir berichten, wirklich an Leib und Leben bedroht – oder suchen sie bloss ein besseres Auskommen? Das ist eine sehr unangenehme Frage, wenn man selber in der geheizten Schreibstube sitzt. Man möchte ja kein Unmensch sein, und schliesslich ist es doch verständlich, dass Menschen ihre Lebensbedingungen verbessern wollen. Also weichen wir der Sache aus. Wir reden uns ein, dass es auf jeden Fall gut ist, an die Solidarität der Menschen zu appellieren – und ignorieren stillschweigend, was nicht ins Bild passt.

Stimmt es wirklich, dass die Eisbären aussterben? Es gibt Erhebungen, die das Gegenteil nahelegen. Vielleicht sterben sie ja nicht gleich morgen aus, rechtfertigen wir uns, oder auch gar nicht – aber ist es etwa nicht gut, wenn sich die Leute Sorgen um die Umwelt machen und die Luft etwas weniger verpesten? Mit dem guten Zweck erteilen wir uns die Absolution gleich selber.

Ist der Filmproduzent, der gerade mit unüberprüfbaren Verdächtigungen sozial und wirtschaftlich gelyncht wird, wirklich ein sexbesessener Unhold? Haben seine angeblichen Opfer, die sich plötzlich scharenweise melden, vielleicht andere als nur edle Motive? – Um die Unschuldsvermutung sollen sich die Juristen kümmern, beruhigen wir uns. Vorerst geht es mal darum, ein Zeichen setzen – gegen all die Unholde, die ungestraft davonkommen!

Ist es denn nicht gut und nötig, mal ein Zeichen zu setzen? Nein. Zeichen zu setzen gehört definitiv nicht zu den Aufgaben eines Journalisten. Nicht nur, weil wir dadurch vielleicht die Existenz Unschuldiger vernichten, sondern weil wir auch zu falschen Schlüssen verleiten.

Es gibt natürlich auch den sozialen Druck zur politischen Konformität. In der Regel ist er subtil, aber er kennt kein Pardon. Wer etwa daran zweifelt, dass wir Menschen die Temperatur auf dem Globus regeln können, gleichsam wie den Thermostat der Zentralheizung, der ist nicht einfach anderer Meinung – er ist ein Klimaleugner! Der Begriff wird mitunter sogar von Regierungsstellen verwendet. Er leitet sich ab vom Holocaust-Leugner, einer Wortschöpfung aus den 1980er Jahren, die bislang den Neonazi vorbehalten war. Die Message ist klar: Ein Klimaleugner ist bösartig. Er ist ein schlechter Mensch, ein Hetzer, mit dem man nicht einmal reden sollte, weil er ganz gefährliche, ja vielleicht gar ansteckende Lügen verbreitet, eine Art geistiges AIDS.

Ich habe nicht vor, eine Abhandlung über die menschgemachte Klimaerwärmung zu schreiben. Weder mein Fachwissen noch der Platz würde dafür reichen. Dass es in den letzten 150 Jahren auf der Erde wärmer geworden ist, scheint belegt. Dass gewisse Gase, unter ihnen das Kohlendioxyd (CO_2), die Rückstrahlung der Erde ins All reflektieren und damit einen Einfluss auf die Temperatur in der Atmosphäre haben, dürfte eine Tatsache sein. Man kennt diesen so genannten Treibhauseffekt, ohne den auf der Erde eisige Kälte herrschen würde und ein Leben kaum möglich wäre, seit über hundert Jahren. Dass die Konzentration von menschgemachtem Kohlendioxyd in der Atmosphäre in den vergangenen 50 Jahren um rund einen Viertel zugenommen hat, lässt sich messen. Messungen in Eiskernen haben gezeigt, dass Erwärmungen der Erdtemperatur schon in grauer Vergangenheit mit einer Erhöhung des CO_2-Gehaltes einhergingen. Es scheint also auf der Hand zu liegen, dass zwischen der CO_2-Konzentration und der Erderwärmung ein direkter Zusammenhang besteht.

Alles klar soweit?

Im Juni 2000 machte Robert Matthews, ein Professor für Ingenieurwesen und Statistik an der Aston University in Birmingham, eine sensationelle Entdeckung: Die Verteilung der Störche in siebzehn untersuchten Ländern Europas deckt sich mit der Geburtenrate! Wo es viele Störche gibt, haben die Frauen viele Kinder, wo es wenige gibt, sinkt die Gebärfreudigkeit; die Verbreitung von Störchen ging in Europa generell im gleichen Mass zurück wie die Geburtenrate. Ist damit nun endlich der Beweis erbracht, dass Babys eben doch vom Storch eingeflogen werden?

Natürlich nicht. Matthews illustrierte mit seiner Untersuchung bloss, wie schnell eine scheinbar offensichtliche statistische Übereinstimmung zu falschen Schlüssen führen kann. Rollstuhlfahrer haben oft schwere Unfallschäden – doch das heisst nicht, dass Rollstühle zu schlimmen Unfällen führen und deshalb besonders gefährlich wären. Studien haben gezeigt, dass Kinder, die viel fernsehen, eine erhöhte Neigung zu Gewalt aufweisen – was aber nicht unbedingt bedeutet, das TV-Konsum zu Gewalt führt; es kann auch sein, dass Kinder, die zu Gewalt neigen, öfters vor der Glotze sitzen. Ob das einen Einfluss auf ihr Verhalten hat – und wenn ja, welchen? – wäre die nächste Frage.

Ein erhellendes Beispiel lieferte eine Studie in Seattle aus dem Jahr 1989, die zu beweisen schien, dass Fahrradhelme 88 Prozent der Kopfverletzungen verhindern[8]. Das Resultat leuchtet ein, zumindest auf den ersten Blick. Die Untersuchung zeigte aber auch, dass die Helme 72 Prozent der Verletzungen an anderen Körperteilen vermeiden. Das erscheint nun weniger logisch. Die Erklärung liegt im Risikoverhalten. Fahrradhelme wurden vor allem von Mittelklasse-Kindern genutzt, die in den Parks herum radelten. Die Kids in der Downtown dagegen setzten sich kaum Helme auf, und sie erlitten mehr Unfälle – aber nicht, weil der Helm fehlte, sondern weil sie gefährlicher lebten. Das ernüchternde Fazit: Velohelme können wohl etwas schützen, aber die viel grösseren Gefahren lauern anderswo.

Es kann zudem auch sein, dass der Helm ein falsches Gefühl von Sicherheit vermittelt. In der Schweiz zögerte etwa die staatliche *Beratungsstelle für Unfallverhütung* lange, bis sie das Helmtragen auf Skipisten empfahl. Denn man hatte festgestellt, dass Skiläufer mit Helm zu grösseren Risiken neigen und rücksichtsloser fahren. Die

---

8 www.zukunft-mobilitaet.net/116906/analyse/wirksamkeit-radhelm-studie-thompson-rivara-kritik/

Frage, ob die Risikobereitschaft die Folge des Helms ist oder ob sich Risikofreudige eher einen Kopfschutz aufsetzen, lässt sich nicht mit wissenschaftlicher Präzision belegen. Die Helm-Empfehlung setzte sich dann trotz einem Mangel an Evidenz durch. Dem berühmten Formel-1-Rennfahrer Michael Schumacher nützte sie leider wenig. Bei einem Skiunfall in den Alpen zog er sich trotz eines ausgesprochen gemächlichen Fahrstils und einem Helm 2013 derart schwere Kopfverletzungen zu, dass er für den Rest seines Lebens schwer behindert bleiben wird.

Unendlich viel komplexer ist die Sache mit dem Klima. Temperaturschwankungen gab es schon immer. Während der Römerzeit oder im frühen Mittelalter etwa waren die Alpen praktisch eisfrei. Der Berner Geologe Professor Christian Schlüchter hat nachgewiesen, dass es seit der letzten Eiszeit zwölf Phasen gab, in denen das Klima weltweit wärmer war als heute. Die Eiszeiten, die unsere Landschaften bis heute prägen, waren mutmasslich bedrohlicher für die meisten Lebewesen auf dem Planeten als die wärmeren Phasen. Der Meeresspiegel war schon viel höher, aber auch viel tiefer als heute. Zur Begründung gibt es einige Theorien: Verschiebung der Erdachse, Vulkanausbrüche, Sonnenaktivität, Einschlag von Meteoriten, Veränderung von Meeresströmungen, Niederschläge, Salzgehalt der Meere, tektonische Verschiebungen. Mit Gewissheit kann es kein Mensch sagen.

Doch wie, um Himmels Willen, sollten wir das Kommende voraussagen, wenn wir nicht einmal das Geschehene wirklich begreifen.

Die Atmosphäre besteht seit Menschengendenken zu 78 Prozent aus Stickstoff und zu 21 Prozent aus Sauerstoff. Das verbleibende Prozent setzt sich aus verschiedenen Gasen zusammen. Das famose Kohlendioxyd macht gerade mal 0,4 Promille aus. Nun verläuft der Treibhauseffekt aber nicht linear. Mit steigender Konzentration des

Gases flacht die Temperaturkurve ab. CO_2 ist zudem nur eines unter vielen Treibhausgasen, und es ist nicht einmal das potenteste. Methan etwa, das beispielsweise Reisfelder in grossen Mengen abgeben, hat eine um ein Vielfaches stärkere Wirkung. Trotzdem ist es bislang noch niemandem eingefallen, eine Drosselung des Reiskonsums zu fordern. Unmengen von CO_2 werden auch bei der Herstellung von Zement freigesetzt. Auch von einem Betonverbot war bislang meines Wissens nie die Rede.

Doch es ist noch viel komplizierter. Drei Viertel des Treibhauseffektes auf der Erde verdanken wir dem Wasserdampf. Allerdings könnten steigende Temperaturen mehr Dampf verursachen. Klima-Warnern schwant deshalb ein so genannter *Runaway-Effekt*: Mehr Wasser in der Atmosphäre könnte die Erwärmung multiplizieren. Das Wasser in der Luft kann allerdings, je nach Dichte, Aggregatszustand, Höhenlage und Sonneneinstrahlung einen kühlenden oder auch einen wärmenden Effekt auf die Erde bewirken. Auf der anderen Seite gibt es natürliche Puffer. Eine erhöhte Konzentration von Kohlendioxyd in der Atmosphäre begünstigt das Wachstum von Pflanzen auf der Erde und von Mikroorganismen im Meer, wodurch wiederum Kohlendioxyd gebunden wird.

Das einzige, was wirklich sicher ist: Das Klima ist ein hoch komplexes, von Wechselwirkungen und unzähligen lokalen Faktoren bestimmtes System, über das wir herzlich wenig wissen. Trotzdem proklamieren dieselben Forscher, die noch vor wenigen Jahren vor vorschnellen Schlüssen warnten, heute im tiefsten Brustton die Apokalypse. Die religiöse Verbissenheit, mit der mehr oder weniger wahrscheinliche Hypothesen als wissenschaftlich erforschte und erhärtete Tatsache gepredigt werden, müsste uns erst recht skeptisch stimmen.

Als der US-Umweltminister Scott Pruitt im März 2017 in einem Interview mit dem Sender CNBC erklärte, es sei umstritten, ob CO_2

der Hauptfaktor für die Klimaerwärmung sei und das Pariser Klimaabkommen kritisierte, brandete ein Sturm der Entrüstung um den Erdball. Von der *New York Times* über den *Guardian* bis zur *Frankfurter Allgemeinen* und der *Neuen Zürcher Zeitung* übertrafen sich selbst angesehene Blätter mit entrüsteten Kommentaren zum Tabubruch. In der Aufregung ging völlig unter, dass Pruitt die Klimaerwärmung an sich nicht bestritten hatte, sondern bloss eine saubere wissenschaftliche Untersuchung forderte, bevor man die Weltwirtschaft mit drastischen Massnahmen auf den Kopf stellt. Man könnte es auch Pragmatismus nennen.

Pruitts Aussage hätte den Anstoss zu einer zivilisierten Debatte geben können, welche die Klima-Warner nicht hätten scheuen müssen, wenn sie sich ihrer Argumente so sicher wären. Doch statt Pro und Contra gegeneinander abzuwägen, wurde jede Kontroverse mit moralischer Entrüstung und Verunglimpfungen abgewürgt, bevor sie in Gang kam. Dabei sieht das Pariser Klimaabkommen immerhin die weltweite Umverteilung von Dollarbeträgen in dreistelliger Milliardenhöhe vor. Es geht offenbar nicht nur um die Rettung des Planeten, sondern auch um sehr viel Geld und Macht.

Das Klima-Dogma ist das erschreckende Beispiel einer im Namen des Guten errichteten Denk- und Diskussionsblockade, die jeder freien Gesellschaft und jeder Wissenschaftlichkeit spottet. Wenn es heisst, es gäbe nichts mehr zu deuteln, 97 Prozent der Klima-Wissenschaftler seien einer Meinung, kann etwas nicht stimmen. Einhelligkeit in einer derart komplexen und rudimentär erforschten Materie ist schlicht unmöglich. Auch in der ehemaligen *Deutschen Demokratischen Republik* war man bei Abstimmung jeweils sogar zu 99 Prozent einer Meinung. Wahrhaftiger wurde der real existierende Sozialismus dadurch nicht.

Der vermeintliche 97-Prozent-Konsens, der in der Klimafrage immer wieder auftaucht, geht auf eine Studie aus dem Jahr 2013 zurück. Ein Team unter der Leitung des australischen Kognitionswissenschaftlers John Cook wertete die Zusammenfassungen (Abstracts) von 12 000 wissenschaftlichen Publikationen aus 1980 Zeitschriften aus, die die Stichwörter »Klimawandel« oder »Klimaerwärmung« enthielten. Die Auswertung ergab, dass sich 66,4 der Autoren überhaupt nicht zum menschlichen Einfluss auf das Klima äusserten. Sie wurden ausgeschieden. Von den verbliebenen Autoren waren zwar tatsächlich 97 Prozent der Meinung, dass es irgendeinen Zusammenhang zwischen CO_2 und Erderwärmung gibt. Doch diese Erkenntnis ist banal. Die entscheidende Frage – nämlich wie stark dieser Einfluss ist – blieb offen. Fast alle so genannten »Klimaleugner« unter den Wissenschaftlern, die ja lediglich das Ausmass der menschgemachten Faktoren in Abrede stellen, fallen damit unter den vermeintlichen 97-Prozent-Konsens.

Das Waldsterben, das Ende der 1980er Jahre als vermeintliche Tatsache gepredigt wurde, sollte uns eine Warnung sein. Auch damals waren sich alle einig: Der Wald stirbt! Wer den Bekehrten nicht nachbetete, galt als Unmensch. In aller Eile wurden einschneidende Gesetze erlassen. Das war wohl schön für die Lufthygiene, doch auf die Vegetation hatte das kaum einen Einfluss. Ansonsten gäbe es in den Megastädten der Entwicklungsländer, wo die Schadstoffbelastung um ein Mehrfaches höher ist als sie in Europa jemals war, längst keine Bäume mehr. Das Waldsterben wurde nach wenigen Jahren denn auch stillschweigend abgeblasen. Einfach so, als wäre nichts gewesen. Das plötzliche Schweigen der Politiker, Journalisten und Wissenschaftler war ohrenbetäubend.

Mit dem Klimawandel wurden die Propheten der Apokalypse nicht klüger, wohl aber etwas vorsichtiger: Sie haben die Weltkatastrophe so weit in die Zukunft verschoben, dass man sie nicht mehr zur Verantwortung ziehen kann, wenn es dann so weit ist – oder eben auch nicht. Wenn man ihre Voraussagen in hundert Jahren an der Realität messen wird, haben sie sich selber längst zu Staub, Dampf und Kohlendioxyd verflüchtigt.

Die Furcht vor dem Klimawandel ist im Übrigen alles andere als neu. Während der *Club of Rome* in den 1970er Jahren noch vor einer neuen Eiszeit warnte, brachte die britische Premierministerin Margareth Thatcher die Treibhaustheorie 1989 in einer legendären Rede vor der UNO in New York als eine der ersten aufs politische Parkett. Thatcher war bereits eine treibende Kraft bei der Gründung des Weltklimarates (1988). Sie befand sich damals in einem erbitterten Kampf mit den Gewerkschaften, welche die defizitäre Kohleindustrie um jeden Preis auf Kosten der Allgemeinheit am Leben erhalten wollten. Die Premierministerin propagierte die Kernenergie, die eine fast unschlagbare CO_2-Bilanz aufweist, als umweltfreundliche Alternative zur Kohle. Doch ihr Warnruf vor der Klimaerwärmung verhallte schnell. Er war dem politischen Mainstream nicht opportun.

Dies ist kein Plädoyer gegen die soziale Verantwortung oder gegen den Umweltschutz. Im Gegenteil. Es gibt viele Gründe, sorgfältig mit unseren begrenzten Ressourcen umzugehen und unseren Lebensraum nicht unnötig zu verschmutzen. Aber man muss sich stets vor Augen halten: Alles hat seinen Preis. Umweltschutz und Nachhaltigkeit muss man sich erst leisten können. Wer nichts zu verlieren hat, setzt andere Prioritäten. Eine prosperierende Wirtschaft ist die Basis für alles. Die Erfahrung lehrt uns zudem, dass geniale Endlösungen stets einen verborgenen Haken haben. Jede Aktion zieht immer eine Reaktion nach sich. Und vor allem: Der Preis für die gute Sache darf niemals die Unterdrückung kritischer Einwände oder eine Lüge sein.

Die deutsche Energiewende und der nach der Kernschmelze von Fukushima ohne jede Not überstürzt verfügte Atomausstieg, zeigen geradezu lehrbuchmässig auf, wie im Namen des Guten ein Luftschloss gebaut wurde. Bis ins Jahr 2022 will Deutschland die astronomische Summe von 680 Milliarden Euro in die Subventionierung von Solarpanelen und Windrädern buttern, um damit die Kernkraftwerke zu ersetzen. Die Energiewende dürfte damit nach den sozialistischen Revolutionen des 20. Jahrhunderts das wohl grösste planwirtschaftliche Experiment sein, das sich die Menschheit je vorgenommen hat.

Fatalerweise scheint die Sonne gerade in Deutschland aber selten dann, wenn sie sollte, und der Wind gebärdet sich erst recht launisch. Bei flachen Drucklagen weht von Dublin bis Warschau höchstens ein laues Lüftlein. Vor allem während den Wintermonaten bricht die Produktion an Alternativstrom in den so genannten *Dunkelflauten* über ganz Europa oft über Wochen oder gar Monate zusammen. Wie man den Strom in grossen Mengen ökonomisch und ökologisch sinnvoll über die Jahreszeiten hinweg speichern könnte, weiss kein Mensch. Es ist nicht ein Problem der Technologie, sondern der Naturgesetze.

Tatsächlich konnte Deutschland seinen CO_2-Ausstoss bislang aller Öko-Milliarden zum Trotz nicht senken. Was bei den vermeintlich erneuerbaren Energien an Emissionen eingespart wurde, geht bei den Kohle- und Gaskraftwerken wieder raus. Diese müssen als Backup stets in Betrieb gehalten werden, um die unsteten Erträge der flatterhaften Solar- und Windanlagen aufzufangen. Das ist weder aus ökonomischer noch aus ökologischer Sicht sinnvoll. Jeder, der auch nur über ein rudimentäres Wissen um die Physik und die Gesetze der Natur verfügt, hätte es voraussagen können. Doch je weiter das längst gescheiterte Experiment fortschreitet, desto schwerer fällt das Eingeständnis, dass man sich womöglich geirrt hat.

Der Fluch des Guten eben. Er ist mächtiger als jede Vernunft und jede Evidenz.

Um die Energiewende und den Atomausstieg dreht der erste Schwerpunkt dieses Buches. Es ist eine Geschichte um Desinformation, falsche Mythen und Trugschlüsse, in deren Zentrum der japanische Strahlenmediziner und Hochschulprofessor Shunichi Yamashita steht. Yamashita wurde 1952 in Nagasaki geboren, als Sohn einer Hibakusha, einer Überlebenden der Atombombe. Kaum einer kennt sich besser aus mit den Gefahren der nuklearen Strahlung. Yamashita forschte sein Leben lang auf diesem Gebiet – in Nagasaki, in Tschernobyl, in Fukushima – er lehrte in den USA und wirkt als Berater für die WHO in Genf. Die Feldforschung machte ihn aber auch zu einem Experten für eine oft unterschätzte Bedrohung: Die unbegründeten Ängste vor der Strahlung. Doch sein gesammeltes Fachwissen erwies sich als machtlos gegenüber den Mythen, die sich um die nukleare Gefahr etabliert haben. Und diese Ignoranz ist keineswegs harmlos. Sie dürften mehr Menschenleben gekostet haben als die nukleare Strahlung an sich.

Das zwanzigste Jahrhundert hat der Menschheit in kurzer Zeit und in atemberaubender Kadenz und auf allen Gebieten revolutionäre Erfindungen beschert, die alles in den Schatten stellten, was es früher gegeben hatte. Mit dem Flugzeug legen wir innerhalb weniger Stunden Strecken zurück, für die wir vor wenigen Jahrzehnten noch Wochen oder Monate brauchten; die Errungenschaften der Medizin haben unsere Lebenserwartung in einem Jahrhundert mehr als verdoppelt und unendlich viel Leid erspart; die Telekommunikation hat die Menschen auf eine Weise zusammengebracht, die bis dahin schlicht unvorstellbar gewesen war; die Erschliessung potenter Energiequellen wie Erdöl und Kernspaltung erlaubte die Mechanisierung und Automatisierung aller möglichen Prozesse, was wiederum einer ständig wachsenden Mehrheit der Bevölkerung einen Wohlstand bescherte, der zuvor nur einer kleinen Schicht von Privilegierten vorbehalten war.

Zugleich war das zwanzigste Jahrhundert geprägt von Kriegen und Verbrechen gegen die Menschlichkeit, wie sie bis dahin kaum vorstellbar gewesen waren. Die Shoah hat sich als Inbegriff des organisierten Grauens in die kollektive Erinnerung eingeprägt. Es war beileibe nicht der erste Völkermord in der Menschheitsgeschichte. Was die Vernichtung der Juden und Fahrenden in Europa einzigartig macht, ist die industrielle Präzision, mit der sie organisiert und durchgeführt wurde.

1961 musste sich Adolf Eichmann als einer der Organisatoren der Deportation von Juden in die Vernichtungslager von Auschwitz, Belzec, Sobibor oder Treblinka vor einem Gericht in Jerusalem verantworten. Eine Reportage-Serie über den Prozess für den *New Yorker*, aus der später ein weltbekanntes Buch wurde, stellte die Philosophin und Publizistin Hannah Arendt unter den Titel »Ein Bericht von der Banalität des Bösen«. Arendt beschreibt den »Verwaltungsmassenmörder« als biederen Bürokraten, als »Hanswurst« und menschlichen Roboter, »kein Dämon oder Ungeheuer«.

Eichmann legte viel Wert darauf, nicht nur die Befehle, sondern auch die jeweils gültigen Gesetze streng in ihrem Sinn und Geiste befolgt zu haben. Skrupel kannte er keine. »Wenn diese Sache einmal gemacht werden musste«, sagte Eichmann vor Gericht, »dann war es besser, wenn Ruhe und Ordnung herrschten und alles klappte«. Mit der »Sache« meinte er die Deportation und Vernichtung sämtlicher Juden. Sterben, so rechtfertigte er sich, mussten die Unglücklichen ohnehin. Gemessen am qualvollen Tod durch Verhungern oder durch Seuchen, dem mutmasslich etwa die Hälfte der Holocaust-Opfer anheimfielen, betrachtete Eichmann das Vergasen als humanere Variante des Sterbens. Sein Verhältnis zu den jüdischen Organisationen, die er zur Durchführung des Völkermordes als Handlanger einsetzte, beschrieb er als sachlich, bisweilen gar freundschaftlich.

War Massenmörder Eichmann etwa ein Wohltäter? Hannah Arendt musste für ihre Reportage harsche Kritik und darüber hinaus eine Art soziale Verbannung erdulden. Langjährige Freunde und Verwandte wandten sich von ihr ab. Jahrzehntelang wagte sich kein Verlag, »Die Banalität des Bösen« auf Hebräisch zu übersetzen. Sie habe Eichmanns Lügen ungefiltert kolportiert, warf man Arendt vor, ein Massenmord könne niemals »banal« sein. Und sie habe die Opfer zu Tätern gemacht, indem sie das Mitwirken der so genannten Judenräte bei der Shoah relativ prominent erwähnte.

Die Kritiker taten Hannah Arendt unrecht. Zweifellos enthält ihr 1963 verfasstes Buch einige sachliche Fehler oder Ungenauigkeiten (es wäre ja bedenklich, wenn man heute nicht mehr wüsste als damals). Doch Arendt tat in erster Linie das, was für jeden Berichterstatter eigentlich eine Selbstverständlichkeit sein sollte: Sie berichtete über das, was sie am Prozess in Jerusalem gesehen, gelesen und gehört hatte. Dass sie damit die Nazi-Verbrechen und Eichmanns Verschulden verharmlose und die Opfer zu Tätern mache, ist eine infame Unterstellung. Das Gegenteil ist richtig. Arendt lag es fern, einen Völkermord zu banalisieren, sie zeigte lediglich die Banalität auf, die hinter den Motiven, der Umsetzung und den dabei angewandten Mechanismen steckt. Niemand kann es den Opfern verübeln, dass sie, den Gesetzen des Terrors folgend, wenig Widerstand leisteten und notfalls kooperierten. Sie hatten, anders als die Täter, keine Wahl. Die Verbrechen werden dadurch nicht besser und erst recht nicht entschuldbar. Vielmehr entzaubert die »Banalität des Bösen« – gleichsam ein Pendent zum »Fluch des Guten« – das Ungeheuerliche und macht die Abgründe erst begreiflich.

Nüchtern betrachtet forderten die vom paranoiden Despoten Joseph Stalin angeordneten Säuberungen, Umsiedlungsprogramme und Zwangskollektivierungen und die damit verbundenen Hungersnöte in der Sowjetunion kaum weniger Todesopfer als Hitlers Judenwahn (Stalin hatte allerdings auch einige Jahre mehr Zeit, um seine Visionen umzusetzen). Rekordhalter des Grauens dürfte der chinesische Grosse Vorsitzende Mao Zedong gewesen sein. Je nach Quelle starben unter seiner Tyrannei bis zu 70 Millionen Menschen. Die Schlächtereien, die in Maos Namen von Kambodscha bis Peru begangen wurden, sind in dieser Rechnung nicht enthalten.

Es geht hier nicht um ein Ranking der schlimmsten politischen Verbrechen in der nach oben offenen Skala der Barbarei. Der *Bodycount* im Millionenbereich vermittelt bloss eine Ahnung von der Uferlosigkeit des Leides, das im Namen eines vermeintlich übergeordneten guten Zwecks verursacht wurde. Es wäre auch müssig, die Opfer des Faschismus und des Kommunismus gegeneinander aufzurechnen, zumal die totalitären Herrschaftsmodelle des 20. Jahrhunderts bloss oberflächlich Antagonisten waren. In ihrem Wesen waren sie miteinander verbandelt wie siamesische Zwillinge. Der Unterschied zwischen Klassen- und Rassenkampf ist letztlich semantischer Natur. Das Kräftemessen zwischen den Tyrannen und Ideologen war nicht ein Konflikt zwischen Links und Rechts, sondern unter Gleichgesinnten. Die wirklichen Feinde der totalitären Herrschaftsmodelle waren stets die Demokratie und die freie Marktwirtschaft.

Seit Menschengedenken haben machtgierige Herrscher auf der Suche nach Ruhm und Unsterblichkeit im Namen einer Gottheit ganze Völker mit sich ins Verderben gerissen. Doch Hitler, Stalin und Mao beriefen sich nicht auf Gott. Sondern auf eine rational und wissenschaftlich begründete Ideologie, die keiner höheren Instanz mehr bedurfte. Das war eine neue Dimension.

Hört man sich die Reden der grossen Diktatoren – ob Hitler oder Mussolini, Gaddafi oder Castro – heute an, erscheinen sie wie groteske Karikaturen ihrer selbst. Augenreibend fragt man sich, wie es nur möglich war, dass solche Pajasse ganze Völker und Generationen in ihren Bann rissen. Man kann das Phänomen nur begreifen, wenn man sich in die jeweilige Zeit und die Nöte der Menschen versetzt. Aus damaliger Sicht waren sie alle Idealisten. Sie versprachen das alternativlos Gute, auch wenn dafür viele Unschuldige sterben mussten. Die totalitären Herrscher und Ideologen waren der festen Überzeugung, die Gesetze der Geschichte erkannt zu haben und diese in ihrem Sinne lenken zu können. Nicht weniger als die Schaffung eines *Neuen Menschen* durch Umerziehung und Propaganda stand bei Faschisten wie Kommunisten auf dem Programm. Gott war überflüssig geworden, die grossen Führer und Vordenker waren an seine Stelle getreten.

1955 ordnete Mao Zedong die erste »Sozialistische Flutwelle« an, die von Historikern auch gerne als »Kleiner Sprung nach vorne« bezeichnet wird. Mit einer radikalen Kollektivierung von Landwirtschaft und Industrie sollte die Produktion nach planwirtschaftlichen Regeln zur Blüte gebracht werden. Doch die Realität hielt sich partout nicht an die Planvorgaben. Die Wirtschaft brach zusammen, es kam zu einer ersten Hungersnot. Im Winter 1956 ordnete Mao China deshalb die »Hundert-Blumen-Kampagne« an. Kritik am Regime wurde vorübergehend erlaubt, das Volk gar ermuntert, auf Missstände hinzuweisen. Doch es war eine Falle. Die Kritiker, die mit den Blumen aus ihren Verstecken gelockt wurden, landeten bald in Straf- und Umerziehungslagern.

Im November 1957 verkündet der Vorsitzende Chruschtschow, die Sowjetunion werde in den nächsten fünfzehn Jahren mit ihrer Stahlproduktion die USA übertreffen. Der Grosse Vorsitzende Mao mochte nicht zurückstehen und befahl seinem Volk, im selben Zeitraum die britische Produktion an Stahl und anderen Rohstoffen zu überbieten. Der kollektive Effort sollte als »Grosser Sprung nach vorne« in die Geschichte eingehen. Er folgte demselben Prinzip, das bereits beim »Kleinen Sprung« gescheitert war, allerdings in erhöhter Dosis. Es war ein Sprung in den Abgrund. Je nach Quelle starben in vier Jahren zwischen 22 Millionen (offizielle chinesische Schätzungen) und 45 Millionen Menschen (Frank Dikötter, »Maos Grosser Hunger – Massenmord und Menschenexperiment«).

Maos Lehre setzte das Primat der Politik über alles, selbst über die Naturgesetze. Wenn er den Bauern empfahl, Felder nach seinen revolutionären Vorgaben zu bestellen, dann war das ein Befehl, dem sich keiner zu widersetzen wagte. Wenn Missernten in der Folge ganze Dörfer ins Elend trieben, dann lag der Fehler nicht in Maos Theorien. Sondern bei den Bauern, welche die Anordnungen nicht mit dem nötigen revolutionären Elan umgesetzt hatten.

Der Maoismus beruht im Kern auf dem Credo, dass der Glaube Berge versetzt: Wenn alle etwas ganz fest wollen, dann wird es auch geschehen. Diese These, so weit sie auch verbreitet sein mag, spottet nicht nur jeglicher Logik, sondern auch jeder empirischen Evidenz. Wo um Himmels Willen hat sich ein Berg je auch nur um einen Millimeter bewegt, weil alle fest daran dachten? Doch die Vorstellung, wonach sich der Lauf der Welt durch einen kollektiven Willensakt lenken lasse, geistert nach wie vor durch die Köpfe der Menschen. Bei Fussballweltmeisterschaften beten, fluchen, jubeln und schreien ganze Nationen vor den Bildschirmen, im festen Glauben, dass sie damit Einfluss auf die Partie nehmen könnten. Tatsächlich spricht wenig dafür, dass der Ball auf dem Rasen sich durch diese millionenfachen Beschwörungen irgendwie beeindrucken liesse. Beim Fussball ist das harmlos. Nach dem Spiel ist vor dem nächsten Spiel. In der Politik sind die Folgen verheerend.

Während des »Grossen Sprungs nach vorne« wurde in China alles, was irgendwie mit einem individuellen Anspruch oder Besitztum zu tun hatte – das Land, die Häuser, die eigene Meinung, die Familie, freundschaftliche Beziehungen – verboten und dem Kollektiv untergeordnet. Die Kinder kamen in Tagesstätten, gekocht und gegessen wurde in der Volksküche, es gab keinen Unterschied mehr zwischen den Geschlechtern und der Herkunft. Jedes Dorf hatte, unter Androhung drakonischer Strafen, sein Plansoll zu erfüllen. Wer sich quer stellte, wurde eliminiert.

Die Planwirtschaft entfaltete in China wie überall in der Welt eine zerstörerische Wirkung, welche all die schrecklichen Flächenbombardements des Zweiten Weltkrieges in den Schatten stellte. Mit gigantischem Aufwand wurden Dämme gebaut und Kanäle gegraben, die nie funktionierten und vielmehr zur Bedrohung wurden. Die medizinische Versorgung brach zusammen, Seuchen breiteten sich aus. Da half auch ein Heer von Barfussmedizinern nicht weiter. Von der Existenzangst getrieben frisierten die Genossen, vom lokalen Parteifunktionär bis zum Minister im Zhongnanhai-Palast, ihre Erfolgsbilanzen, wo sie nur konnten. Bauern erhöhten das Gewicht ihrer Kornernte mit Sand, der in den Mühlen eine verheerende Wirkung entfaltete.

Aus Maos Sicht lag das Problem bei der Sabotage konterrevolutionärer Kräfte. In Tat und Wahrheit dürfte der aus der Not geborene Schwarzmarkt noch Schlimmeres verhindert haben. Mafias und Schattenwirtschaft sind nie die Ursache, sondern stets ein untrügliches Symptom von staatlichem Versagen. Ob in den USA während der Alkoholprohibition, auf Castros Kuba oder im südlichen Italien – wenn die Obrigkeit Regeln aufstellt, die vielleicht gut gemeint aber nicht praktikabel sind und die Bedürfnisse der Untertanen nicht mehr decken, beginnen sich diese selber zu organisieren, notfalls gegen den Staat. Und wenn der Staat das Eigentum nicht mehr schützt, dann organisieren sich die Menschen halt auf andere Weise. Gemessen an manch einem Wirtschaftsminister war Al Capone ein solider Geschäftsmann. Seltsamerweise werden die staatlich verfügten Wirtschaftsverbrechen indes selten als das wahrgenommen, was sie wirklich sind. Man attestiert den Vordenkern selbstredend, dass sie es eigentlich gut meinten, auch wenn es dann ganz anders kam.

Die meisten Opfer verursachten während der Regentschaft von Mao Zedong Hunger und Seuchen. Aber auch die Repression forderte ihren Tribut. Gemäss den Erhebungen von Frank Dikötter, der als einer der erster Ausländer Originalquellen in China auswerten durfte, wurden in den vier Jahren des »Grossen Sprungs« mindestens 2,5 Millionen Chinesen zu Tode gefoltert oder erschlagen. Das entspricht 6 bis 8 Prozent der Opfer. Doch das System war nicht nur unmenschlich. Auf die Dauer schwächte es sich selber, indem es jede Kritik und damit auch jede Korrektur ausschaltete.

An der Stahlproduktion lässt sich die Absurdität von Maos Herrschaft besonders plastisch illustrieren. Um das in Moskau angekündigte Planziel zu erfüllen, wurden in China Hunderttausende von kleinen Hochöfen errichtet. Jedes Dorf hatte sein Soll zu erfüllen. Alles, was an Eisenwaren und Werkzeugen in den Haushaltungen und Betrieben irgendwie zu ergattern war, wurde eingeschmolzen. Etwa die Hälfte von Chinas Wäldern wurde gerodet, um den nötigen Brennstoff zu gewinnen. Erosion und Bergrutsche waren die verheerenden Nebeneffekte des »Grossen Sprungs«. Der vermeintliche Stahl, der am Ende herauskam, erwies sich derweil als unbrauchbares Gemisch.

Im Frühjahr 1961 musste Mao den »Grossen Sprung« abblasen und die Kollektivierung zum Teil wieder rückgängig machen. Im Laufe des folgenden Jahres ebbte die Hungerkatastrophe ab. Es kam zu Kritik innerhalb des Regimes. Mao war politisch angeschlagen. Doch der Grosse Vorsitzende dachte nicht daran, seine Macht abzugeben. 1966 ordnete er den nächsten Sprung an: Die Kulturrevolution. Und wieder wurden, je nach Quelle, Hunderttausende, vielleicht auch Millionen von Menschen gefoltert, eingekerkert und ermordet. Maos proletarische Horden vernichteten einen grossen Teil des chinesischen Kulturerbes unwiederbringlich. Im Namen der guten Sache.

Alles graue Vergangenheit, fernab am anderen Ende der Welt? Im Frühling 1968 zogen die Studenten mit dem »Roten Büchlein« (»Worte des Vorsitzenden Mao Tse-Tung«) unter dem Arm fröhlich randalierend und Parolen skandierend durch die Strassen von Paris, Berlin oder New York. Die Kulturrevolution hatte eben ihren Höhepunkt erreicht. Die Schlächtereien in China waren im Westen bekannt, wenn auch nicht in ihrem vollen Ausmass. Es war auch klar, dass Mao Zedong den unseligen Bürgerkrieg in Vietnam angestiftet hatte und, mit sowjetischer Unterstützung, nach Kräften befeuerte. Doch das Blutvergiessen im fernen Asien interessierten die wohlgenährten Sprösslinge des westlichen Wirtschaftsbooms nur insofern, als man es der US-Regierung anlasten konnte. Dass Mao Gerechtigkeit verkündete, reichte vollauf. Was wirklich war, erschien unwesentlich.

Seltsamerweise wird Idealismus stets mit etwas Positivem verbunden, selbst wenn sich herausstellt, dass die Folgen verheerend waren. Für viele steht das Konterfei des Ernesto »Che« Guevara – die Ikone der 68er Bewegung schlechthin – nach wie vor sinnbildlich für einen an sich gerechten Kampf gegen die Unterdrückung in der Dritten Welt. Tatsächlich hat der Sprössling aus der argentinischen Oberschicht eine der langlebigsten Diktaturen von Lateinamerika mitbegründet.

Ernesto Guevara befehligte nach dem *Triunfo de la Revolución* in Havanna die Erschiessungskommandos. Er war eine treibende Kraft hinter der Kuba-Krise, welche 1962 die Welt an den Rand einer nuklearen Katastrophe brachte. Guevara war wie Mao ein glühender Verehrer von Stalin. Anlässlich eines Moskau-Besuchs brachte »Che« den Genossen Chruschtschow arg in Verlegenheit, als er darauf bestand, beim Grab seines Idols einen Kranz niederzulegen. Doch das alles perlte am Image des revolutionären Visionärs ab wie Wasser in der Teflonpfanne.

Es gehört zu den schwer fassbaren Paradoxen der Geschichte, dass der Marxismus ausgerechnet in den wirtschaftlich boomenden Industrieländern während den 1960er Jahren eine Renaissance erlebte. Die Folgen sind bis heute spürbar, auch wenn die *68er* in der kollektiven Erinnerung eher als *Generation Woodstock* erhalten geblieben sind. Es war eine Art Softversion von Marx, deren Essenz John Lennon mit seinem Ohrwurm *Imagine* 1971 auf den Punkt brachte. Stell dir vor, näselte der Ex-Beatle ins Mikrophon, es gibt keinen Besitz, keine Religion, keine Länder mehr, alle Menschen sind gleich. Millionen von Fans summten und träumten bis heute mit Lennon. Es klingt so gut, wer kann dem schon widersprechen. Doch entspricht das etwa nicht Maos Traum, der nur wenige Jahre zuvor im vielleicht schlimmsten Desaster der Menschheitsgeschichte geendet hatte?

Mit dem plötzlichen Ende des real existierenden Sozialismus und dem Fall der Berliner Mauer wurde Marx Ende der 1980er Jahre diskret entsorgt. Fast wie das Waldsterben. Von einem Tag auf den andern war er einfach weg. Aus Rot wurde Grün (sinnigerweise schon in Goethes Farblehre die Komplementärfarbe zu Rot). Doch Ideologien verschwinden nicht einfach so. Bis heute gilt Marx in breiten Kreisen als ernst zu nehmender Geisteswissenschaftler, der sich wohl da und dort geirrt, im Kern aber doch recht hatte.

An die Stelle des ausgebeuteten Arbeiters ist die ausgebeutete Natur getreten, anstelle des Proletariats im eigenen Land die Armut in der Dritten Welt; statt Klassenkampf wird Geschlechterkampf propagiert; weiblich-sanfte Solidarität soll den macho-harten Wettbewerb überflüssig machen. Doch am Kerngedanken hat sich nichts geändert. Die menschliche Evolution ist nach dieser Lesart kein natürlicher Vorgang, den man getrost dem freien Wettbewerb überlassen darf, sondern ein Prozess, der von einem starken Staat und einer geistigen Elite gesteuert und in eine wissenschaftlich vorbestimmte Richtung gelenkt wird.

In der nördlichen Hemisphäre waren die 68er-Proteste so schnell abgebrannt, wie sie aufgeflammt waren. Die progressiven Studenten von Paris, Berlin und New York traten ihren famosen *Marsch durch die Institutionen* an. So ernst war es ihnen dann wohl doch nicht mit der Revolution. Die meisten wurden zu braven Bürgern, viele schafften den Sprung in die Politik und die Verwaltung, und spätestens, wenn sie ihre eigenen vier Wände besassen, sahen sie es nicht mehr so eng mit Kollektivierung des Privateigentums, jedenfalls nicht mit dem eigenen. Mit derselben Leichtigkeit, mit der die 68er-Generation über die Verbrechen ihrer Eltern und Grosseltern im Zweiten Weltkrieg richtete, mit derselben frivolen Nonchalance setzten sie sich über ihr eigenes Scheitern und die Verbrechen ihrer Idole hinweg.

In Europa und Nordamerika hielten sich die unmittelbaren Folgen der marxistischen Renaissance einigermassen in Grenzen. Terror-Gruppen wie die *Rote Armee Fraktion*, *Weathermen* oder die *Roten Brigaden*, welche aus der 68er-Bewegung heraus geboren wurden, waren nie eine echte Bedrohung für die freie Gesellschaft. Anders in Asien, Afrika und Lateinamerika. Die Guerillas, die aus den universitären marxistischen Bewegung der 1960er Jahre entstanden waren und vom Ostblock mit allen Mitteln unterstützt wurden, rissen im Namen der sozialistischen Weltrevolution Hunderttausende von Menschen in den Tod und richteten unermessliches Leid an. Für die betroffenen Entwicklungsländer folgten zwei verlorene Jahrzehnte.

Die Realität hat den Guerilla-Mythos als grandiose Lüge entlarvt. Was als Befreiung verkauft wurde, war in Wirklichkeit eine straff organisierte und obendrein ziemlich brutale Art der Unterdrückung. Ob Vietnam oder Kambodscha, Kongo oder Angola, Kolumbien oder Guatemala, die Guerillas liessen kaum ein Kriegsverbrechen aus: Kindersoldaten, Landminen, Massenexekutionen, Entführung von Zivilisten, Geiselnahme, Folter, Zwangsprostitution. Und wo sie nicht auf dem Feld geschlagen wurden, rissen sie ganze Völker mit sich ins Verderben, wenn sie einmal an der Macht waren.

Zweifellos haben auch die staatlichen Akteure – Militär, Polizei, Geheimdienste – im Kampf gegen die Guerillas schreckliche Verbrechen begangen. Schuldige wie Unschuldige wurden gefoltert, eingesperrt oder massakriert. Doch seltsamerweise wurden nur letztere dafür auf der internationalen Bühne angeprangert. Die Verbrechen der Buschkrieger übersah man dagegen in aller Regel grosszügig. Immerhin waren es die Guerillas, die das Blutvergiessen vom Zaun gerissen hatten. Dabei ist die Guerilla – anders als es der im Begriff verborgene Diminutiv vorgaukelt – eine besonders grausame Variante des Krieges. Die Zivilbevölkerung ist ein unverzichtbarer Akteur in diesem Szenarium, das auf Dauer und Zermürbung ausgelegt ist.

Die Anführer der Guerillas waren sich sehr wohl bewusst, dass Armeen zur Verteidigung von Landesgrenzen konzipiert sind und für den Kampf gegen einen inneren Feind, der sich hinter der Bevölkerung versteckt, etwa so geeignet sind wie ein Hammer zur Reparatur eines Uhrwerkes. Die staatliche Reaktion war ein fester und unverzichtbarer Teil ihres zynischen Konzeptes: Die »Reaktion« sollte den revolutionären Boden in der Bevölkerung erst schaffen. Wer es nicht glaubt, kann das alles in den theoretischen Schriften von Lenin, Mao oder Camarada Gonzalo nachlesen. Letzterer schrieb sogar Gedichte über die »Flüsse aus Blut«, die auf dem Weg zum glorreichen Endsieg durchwatet werden müssten.

Umso unbegreiflicher erscheint das Wohlwollen, ja die unverhohlene Sympathie und Unterstützung aus Europa und Nordamerika, auf die insbesondere die lateinamerikanischen Guerillas stehts bauen durften. Die Verklärung der Terroristen zu »Rebellen« beschränkte sich keineswegs auf linke Grüpplein, sie reichte bis tief hinein in bürgerliche und liberale Kreise. Eine besonders triste Rolle spielte in diesem Komplex ein Sektor der katholischen Kirche, die so genannten Befreiungstheologen, die namentlich in Zentralamerika mitunter ganz offen mit den Guerillas kooperierten.

Die Guerilla ist ein Paradebeispiel für den Fluch des Guten. Der Mythos der edlen Freiheitskämpfer, die vielleicht bei der Wahl der Mittel etwas übertrieben haben, im Grunde aber nur Gerechtigkeit wollen und ein Produkt von sozialen Ungerechtigkeiten sind, sitzt tief in den Köpfen. Dieser Mythos ist so falsch wie die Ikone des »Che«, der seinen visionären Blick in die Unendlichkeit richtet. Sinnigerweise scheiterte schon Ernesto Guevara 1967 am Widerstand der bolivianischen Indios, die nicht von ihm – von einem weissen Argentinier! – befreit werden wollten. Er selber hat seinen tödlichen Irrtum detailliert beschrieben im »Bolivianischen Tagebuch«, das millionenfach verkauft, von seinen Fans aber offenbar entweder nicht gelesen oder nicht verstanden wurde.

In Lateinamerika sind die meisten Guerillas inzwischen Geschichte. Guatemala, Kolumbien und Peru – die drei Länder, die wohl am schwersten unter dem marxistischen Terror litten – haben sich in den letzten Jahrzehnten zu relativ stabilen Demokratien entwickelt. Während der sozialistische Erdölkrösus Venezuela im Elend versinkt, ist es Peru und Kolumbien mit der freien Marktwirtschaft gelungen, die Armutsquote von über 50 Prozent der Bevölkerung auf unter 25 Prozent zu halbieren. Doch der Frieden ist brüchig. Das toxische Erbe der Guerilla-Kriege ist noch lange nicht verdaut.

Die Terrorjahre haben Wunden hinterlassen, die so schnell nicht verheilen. Dazu gehören auch verwahrloste Institutionen und exorbitante Kriminalitätsraten. Die im Zuge der Konflikte heillos verideologisierte Justiz ist kaum in der Lage, dem Phänomen Herr zu werden. Die Gerichtshöfe in Ciudad Guatemala, Bogota und Lima sind vielmehr zu Schlachtfeldern verkommen, auf dem der schmutzige Krieg um die vermeintliche Gerechtigkeit mit anderen Mitteln seine Fortsetzung findet. Die Justiz wird so zur Bedrohung für den Rechtsstaat, den zu beschützen sie vorgibt.

Diesem schleichenden, schwer fassbaren und leider sträflich unterschätzen Phänomen ist der zweite Schwerpunkt dieses Buches gewidmet. Er dreht sich um den Fall von Erwin Sperisen. Der ehemalige Polizeichef von Guatemala wurde im August 2012 in Genf verhaftet, weil er in seiner Heimat ein Gefängnismassaker angeordnet haben soll. Was oberflächlich betrachtet nach einem klaren Fall aussah, entpuppte sich als juristischer Albtraum. Nach fünf Jahren Untersuchungshaft in totaler Isolation musste Sperisen, der bis heute kein rechtskräftiges Urteil erhalten hat, Ende 2017 freigelassen werden. Sperisen war offenkundig einer politischen Intrige zum Opfer gefallen.

Das Verfahren gegen Erwin Sperisen wurde von der *CICIG* geführt, einem internationalen Ermittler-Gremium unter der Schirmherrschaft der UNO. An ihm und einem halben Dutzend weiterer Spitzenpolitiker aus Guatemala sollte ein Exempel statuiert werden. Sperisen war nicht bloss ein Verdächtiger, der halt zu Unrecht beschuldigt wurde und nach fünf Jahren »in dubio pro reo« freigelassen werden musste. Der Prozess ist ein Lehrstück über ein kollektives Versagen.

Es war schon sehr früh erkennbar, dass die Anklage auf gekaufte Zeugen baute und einer kritischen Prüfung nicht standhalten konnte. Doch die Genfer Strafverfolger und später auch Richter liessen kaum eine juristische Todsünde aus, um das gewünschte Resultat zu erzwingen. Zeugen wurden unter Druck gesetzt und gekauft, eklatante Widersprüche stillschweigend unter den Tisch gekehrt, fundamentale Verteidigerrechte kaltschnäuzig ignoriert. Für die vermeintlich gute Sache haben sie alle Bedenken über Bord geworfen, Recht in Unrecht verkehrt. Doch je länger die Haft andauerte, je mehr Justizbeamten involviert waren, je evidenter die Willkür, desto schwieriger wurde es, den Irrtum einzugestehen. Die Jäger wurden zusehends zu Gejagten. Am Schluss ging es nur noch um Gesichtswahrung. Viele mussten es erkannt haben, doch keiner wagte die Notbremse zu ziehen.

Das Spezielle am Sperisen-Prozess ist, dass er nicht in einer Bananenrepublik über die Bühne ging, sondern in Genf – ausgerechnet in Genf, dem Hauptsitz des Internationalen Roten Kreuzes und des UNO-Menschenrechtsrates, der gefühlten Welthauptstadt der Menschenrechte. Und das ist kein Zufall: Über das internationale Recht und die UNO hat ein Politprozess aus Guatemala in Europa seine Ableger gebildet. Selten wurde die Verletzlichkeit einer von Selbstbewusstsein strotzenden Justiz brutaler vorgeführt. Es ist fürwahr ein dünnes Eis, auf dem sich die Zivilisation bewegt.

In einem hatte John Lennon recht: Es kann uns nicht gleichgültig sein, wenn auf dieser Welt die einen Menschen hungern, abgeschlachtet werden oder an behandelbaren Krankheiten sterben, während sich die andern im Überfluss suhlen. Allein die Vorstellung erscheint unerträglich. Die grosse Frage ist indes nicht, ob wir etwas dagegen unternehmen sollten – sondern was wir effektiv dagegen tun können. Und mindestens so wichtig: Was wir besser sein lassen. Denn nicht jede Hilfeleistung ist automatisch gut, nur, weil sie gut gemeint ist. Falsche Hilfe ist nicht nur nutzlos, sie schadet.

2009 sorgte Dambisa Moyo mit ihrem Bestseller *Dead Aid* (Tödliche Hilfe) für Aufsehen. Das *Time Magazine* nahm die Chemikerin und Ökonomin aus Sambia in den exklusiven Club der hundert wichtigsten Leaderfiguren der Welt auf. Noch im gleichen Jahr war Moyo der Stargast im Davoser Weltwirtschaftsforum. Allerdings scheinen viele, die sie hochjubeln, die Frau nicht richtig verstanden zu haben. Vielleicht wussten sie auch bloss nicht, wo man anfangen müsste. Denn was sie postuliert, würde eine radikale Abkehr von fast allem bedeuten, was die heutige Entwicklungszusammenarbeit auszeichnet.

Moyos Message ist im Kern eine Kriegserklärung an all die Geldoffs und Bonos dieser Welt: Hört auf mit der Hilfe nach Afrika! Die Geldflut aus dem Norden, so die Kernthese des Buches, ist ein Fluch für den Kontinent. Denn sie beschädigt die selbstheilenden Kräfte des Marktes und des Wettbewerbs, hält korrupte Regimes an der Macht, zementiert die Missstände und treibt die Menschen in eine verheerende Abhängigkeit.

Nach dem zweiten Weltkrieg lagen grosse Teile von Europa in Asche. Um die Wirtschaft wieder in Gang zu bringen, pumpten die Vereinigten Staaten zwischen 1948 und 1952 im Rahmen des *Marshall-Plans* rund 13 Milliarden Dollar – nach heutiger Kaufkraft gegen 100 Milliarden Dollar – in den Wiederaufbau des alten Kontinentes. Und siehe da. In den 1950er Jahren erlebte Europa eine Blüte, wie sie die Welt zuvor kaum je gesehen hatte. Mit dem so genannten Wirtschaftswunder wurde der *Marshall-Plan* zum Mythos: Man brauchte nur genügend Geld in eine Region zu pumpen, dann würde sich alles andere von selbst ergeben. So einfach war das.

Doch so einfach ist es eben nicht. Wenn man den *Marshall-Plan* genauer anschaut, stellt man fest: Deutschland erhielt gerade mal 10,16 Prozent der Hilfsgelder. Das war sogar etwas weniger als die Hilfe für das kleinere und weniger in Mitleidenschaft gezogene Italien (10,89%). Den Löwenanteil kassierten Frankreich (20,18%) und Grossbritannien (24,75%). Auch Griechenland wurde, gemessen an seiner Grösse, recht grosszügig bedacht (5%). Doch das Wirtschaftswunder fand vor allem in der Bundesrepublik Deutschland statt, die (neben der angehenden Weltmacht Russland) die grössten Kriegsschäden zu beklagen hatte und pro Kopf am wenigsten Hilfe erhielt. Trotzdem entwickelte sich die BRD in kürzester Zeit zur unumstrittenen Wirtschaftslokomotive Europas und verdrängte die vom Krieg direkt nur marginal beschädigten einstigen Weltmächte Frankreich und England in die hinteren Ränge.

Gerade der vielzitierte *Marshall-Plan* widerspricht der These von der heilsbringenden Geldschwemme. Trotzdem dient er bis heute als Vorbild für die Entwicklung Afrikas. Rund eine Billion – also Tausend Milliarden Dollar – an Hilfsgeldern wurden in den letzten 60 Jahren auf den Schwarzen Kontinent verfrachtet, wie Dambisa Moyo in *Dead Aid* vorrechnet. Das Resultat ist niederschmetternd. In vielen Ländern ist die Armut heute grösser als in den 1960er Jahren. Die Hilfe hat ihre Ziele offensichtlich verfehlt. Doch statt die schädliche Medizin abzusetzen und nach neuen Wegen zu suchen, hat man ständig die Dosis erhöht.

Dambisa Moyo weiss wovon sie schreibt. Die in Sambia geborene Ökonomin hat nicht nur Abschlüsse der renommiertesten Universitäten der Welt (Harvard, Oxford), sondern auch praktische Erfahrung bei der Weltbank. Und sie kommt zum bitteren Schluss, dass die Hilfsgelder die Kleptokratien Afrikas am Leben erhalten. Fürstlich mitkassiert haben auch eine halbe Million Mitarbeiter des *Internationalen Währungsfonds*, der *Weltbank*, der *Vereinten Nationen* und der vorgelagerten Nichtregierungs-Organisation (NGO). Sie alle müssen längst erkannt haben, dass die Geldschwemme nichts Gutes bewirkt. Es stellt sich die Frage, ob die Profiteure überhaupt ein Interesse daran haben, dass sich irgendetwas am Elend ändert, an dem sie so fürstlich mitverdienen.

Moyo erklärt den Mechanismus an einem einfachen Beispiel. Um die Malaria zu bekämpfen, haben Hilfsorganisationen diverse afrikanische Länder mit Moskito-Netzen überschwemmt. Kurzfristig mag die Kampagne zu einem Erfolg geführt haben. Doch sie zerstörte die heimische Produktion an Moskito-Netzen. Diese konnte mit der Gratis-Konkurrenz nicht lange mithalten. Als die Hilfslieferungen aus dem Ausland versiegten, hatten die von der tödlichen Hilfe betroffenen Länder keine eigenen Kapazitäten mehr, um ihren Bedarf an Moskito-Netzen zu befriedigen. Sie waren nun von der Hilfe aus dem Ausland abhängig wie Junkies, die um ihre tägliche Ration Heroin betteln.

Der negative Effekt der Hilfe hat viele Gesichter. Gratislieferungen von Nahrungsmitteln aus dem Ausland treiben die Landwirtschaft in den betroffenen Ländern in den Bankrott. Die Devisen aus dem Ausland, welche direkt zu den Bedürftigen fliessen, kurbeln lediglich den Konsum und den Import von Waren an, schwächen aber zugleich die eigene Produktion und verhindern damit ein nachhaltiges Wachstum. Direktzahlungen an Regierungen und Verwaltungen führen dazu, dass sich diese nicht mehr an den Bedürfnissen des Volkes orientieren, in dessen Dienst sie eigentlich stehen sollten, sondern an den oft recht eigennützigen Interessen der Geldgeber. Das Ziel ist nicht mehr der wirtschaftliche Erfolg, sondern die Bewirtschaftung von Hilfsgeldern. Statt Wachstum zu generieren, bläht die Auslandhilfe Verwaltungen auf und fördert die unweigerlich damit verbundene Korruption.

Einige Geldgeber haben dies zwar erkannt und knüpfen ihre Hilfeleistung an immer kompliziertere Bedingungen. Abgesehen davon, dass diese letztlich kolonialistische Haltung die Entwicklungsländer entmündigt und aus der Verantwortung entlässt, führt das unverdiente Geld oft zu einer schädlichen Politisierung. Entscheidend für die Verteilung der Gelder ist nicht die Realität, wie sie ist, sondern wie sie gemäss der jeweils gerade vorherrschenden Ideologie sein sollte. Die in der Theorie sicher gut gemeinten Vorgaben erweisen sich in der Praxis oft als illusorisch. Doch so lange das Geld fliesst, hat niemand ein echtes Interesse, die Fehler zu korrigieren.

Leerläufe und *Weisse Elefanten*, wie sie die Entwicklungshilfe zu Hauf produziert, sind vorprogrammiert.

Tatsächlich werden die Vorgaben und Auflagen der Geldgeber nach den Erfahrungen von Dambisa Moyo in der Praxis selten oder höchstens auf dem Papier eingehalten. Dahinter steckt nicht nur böser Wille, sondern oft auch Unvermögen. In der Regel werden die Kredite trotzdem ausbezahlt. Zum einen liegt es an der prekären Infrastruktur, die eine Erfolgskontrolle gar nicht zulässt. Zum andern sind die Hilfsinstitutionen selber das Problem: Um ihre eigene Existenz zu rechtfertigen, müssen sie ihr Geld irgendwie loswerden. Also drücken sie gerne auch mal beide Augen zu.

Und wieder kann man alles auf einen Nenner bringen: Der Fluch des Guten – das Wunschdenken, ist mächtiger als jede Vernunft.

Auch wenn es nicht gefällt: Die meisten Probleme der Entwicklungsländer sind hausgemacht, und sie können letztlich nur von den Betroffenen selber gelöst werden. Denn diese kennen ihre Realität und ihre Bedürfnisse selber am besten. Bürokratie, fehlende Eigentumsgarantien und Rechtsunsicherheit sind neben der Korruption die schlimmsten Feinde einer nachhaltigen Entwicklung: Auf Verträge ist kein Verlass, die Spielregeln sind ungewiss und können sehr schnell ändern. Ökonomisch betrachtet ist das Risiko nichts anderes als ein Preisfaktor. In ein ungewisses Umfeld investiert nur, wer mit einem schnellen und hohen Gewinn rechnen kann. Oder umgekehrt: Je mehr Garantien ein Land bietet, desto bessere Karten hat es im internationalen Wettbewerb. Das Problem ist nicht das fehlende Geld. Es sind die Rahmenbedingungen, die Investoren abschrecken.

Moyos Thesen mögen revolutionär klingen, doch im Kern plädiert sie für mehr Pragmatismus. Sie lässt dabei kein Tabu aus. Ihre These, wonach in armen Ländern ein »wohlwollender« (benevolent) Diktator einer schlechten Demokratie vorzuziehen sei, mag uns schockieren. Doch dieses für jeden Demokraten schwerverdauliche Postulat lässt sich empirisch untermauern. Moyo verweist dabei auf den polnisch-amerikanischen Politologen Adam Przeworski, der aufgrund einer langjährigen statistischen Erhebung zu einem ernüchternden Schluss gelangte: In einem Land mit einem durschnittlichen Jahreseinkommen von weniger als 1000 Dollar hat eine Demokratie eine Lebenserwartung von gerade mal 8,5 Jahren; bei einer Verdoppelung des Pro-Kopf-Einkommens verdoppeln sich die Aussichten auf Erfolg. Erst ab 6000 Dollar hat die Demokratie gute Überlebenschancen, sofern eine Mehrheit der Bevölkerung davon profitiert.

Dead Aid ist kein Plädoyer gegen die Solidarität und erst recht nicht gegen die Demokratie, im Gegenteil. Moyo hegt kaum Sympathien für Potentaten wie Augusto Pinochet (1973–1990) in Chile oder Alberto Fujimori (1992–2001) im benachbarten Peru, die sie in ihrem Buch erwähnt. Aber sie anerkennt die Tatsache, dass beide Autokraten in einem politisch hoffnungslos verfahrenen Umfeld wirtschaftliche Liberalisierung durchsetzten, die in der verfassungsmässigen Unordnung kaum möglich gewesen wären. Das rasante Wachstum, das in der Folge einsetzte, war die Voraussetzung für eine nachhaltige Entwicklung. Chile und Peru sind längst funktionierende Demokratien und gehören zu den wirtschaftlich erfolgreichsten und stabilsten Ländern Südamerikas. Profitiert haben davon nicht nur die Reichen, sondern der grösste Teil der Bevölkerung. Und das ist es, was am Ende zählt. Wie viel die Reichen haben, ist gleichgültig – entscheidend ist, dass die Armutsrate sinkt. Wer glaubt, den Armen ginge es besser, wenn die Reichen weniger hätten, fällt einem fatalen, tausendfach widerlegten Trugschluss anheim. Nachhaltiger Wohlstand wird erschaffen.

»Zuerst kommt das Fressen, dann die Moral« schleuderte der Schriftsteller Bertold Brecht vor 90 Jahren seinem Publikum in der

Dreigroschenoper entgegen. Auch wenn der Sozialist Brecht die Sentenz kaum als Plädoyer für den freien Markt verstanden haben dürfte, bringt er Moyos These doch vorzüglich auf den Punkt. Man kann es gar nicht oft genug wiederholen: Wer tagtäglich um sein Überleben kämpfen muss, der kümmert sich wenig um Nachhaltigkeit, er hat andere Sorgen und Prioritäten. Rechtsstaat und Demokratie, Sozialwerke und Umweltschutz muss man sich erst leisten können. Eine starke Wirtschaft und der Schutz des Eigentums sind die unabdingbaren Grundlagen für alles. Erst wenn die Menschen etwas zu verlieren haben, interessieren sie sich für die Zukunft.

Moyo kritisiert nicht nur, sie zeigt auch Alternativen auf. Die grössten Hoffnungen Afrikas liegen nach ihren Wahrnehmungen nicht im Westen, sondern im Osten. China, aber auch Indien und Russland haben in den letzten Jahrzehnten vor allem im Rohstoffgeschäft Milliardenbeträge in Afrika investiert. Nicht weil sie helfen, sondern weil sie Geschäfte machen wollen. Damit haben sie dem Kontinent mehr geholfen als all die Entwicklungshelfer dieser Welt zusammen.

Der Wirtschaft ist der dritte Schwerpunkt dieses Buches gewidmet. Er erzählt die Geschichte des Aufstiegs und Falls von Alberto Fujimori in Peru, den ich streckenweise aus nächster Nähe miterlebt habe. Als der Nachkomme von japanischen Einwanderern 1990 zum Präsidenten gewählt wurde, befand sich Peru im freien Fall. Ein Durchbruch der Guerillas, die grosse Teile des Landes kontrollierten, schien in Reichweite. Die Jahresinflation hatte die astronomische Sphäre von über 7000 Prozent erreicht. Mit radikalen Massnahmen gelang es Fujimori, den Terrorismus innerhalb weniger Jahre zu besiegen und die Wirtschaft wieder in Gang zu bringen.

Alberto Fujimori ist kein Held. Er log, dass die Balken krachten, verbündete sich mit Gangstern und liess Freunde fallen, setzte sich über die Verfassung hinweg und besiegte die Guerilla mit teilweise brutalen Mitteln. Neben Schuldigen wurden auch Unschuldige eingekerkert oder getötet. Nichts konnte seine Untaten rechtfertigen – ausser dem Erfolg. Unter seinem Regime nahm ein schreckliches Blutvergiessen, welches 70 000 Menschenleben gefordert hatte, ein unerwartet schnelles Ende. Als der Mann elf Jahre nach seiner Wahl Hals über Kopf in Richtung Japan flüchtete, hinterliess er eine erstaunlich prosperierende Demokratie.

Fujimoris waghalsige Mission war mutmasslich eher von der Not getrieben denn von Weitsicht. Früher oder später musste er stürzen. Die rabiate Remedur, die für Peru in jener Epoche vielleicht unumgänglich war, lässt sich auch nicht telquel auf andere Länder übertragen. Trotzdem hat Fujimori einiges richtig gemacht und die Entwicklung eines klassischen Drittweltlandes in Bahnen gelenkt, die einen Ausweg aus dem Teufelskreis der Misere zeigen. Am Beispiel von Peru lässt sich vieles in seltener Deutlichkeit aufzeigen, was von allgemeiner Gültigkeit ist.

Vor hundert Jahren, warnte der deutsche Soziologe und Ökonom Max Weber davor, die gute Absicht zum Mass aller Dinge zu machen. Der Erste Weltkrieg, der das zerstörerische Potential der modernen Zivilisation erstmals richtig fassbar gemacht hatte, war eben zu Ende gegangen. Die Hoffnungen auf eine gerechtere und friedliche Weltordnung waren überwältigend. Statt auf dem Schlachtfeld sollten die Differenzen zwischen den Nationen im neu gegründeten Völkerbund gütlich bereinig werden. Was daraus werden sollte, wissen wir heute. Weber sah es schon damals kommen.

Weber prägte den Begriff des Gesinnungsethikers. Für den Gesinnungsethiker zählt nur, wie die Dinge sein sollten. Wie sie wirklich sind, erscheint ihm zweitrangig. Die gutgemeinte Handlung wird damit zum Selbstzweck, deren tatsächlichen Folgen rücken in den Hintergrund. Weber erkannte diese Gefahr vor allem in den totalitären Ideologien, die das 20. Jahrhundert bestimmen sollten und die für den vermeintlich guten Zweck Millionen von Menschen ins Elend rissen.

Gleichsam als Alternative zur Gesinnungsethik postulierte Weber die Verantwortungsethik. Diese orientiert sich weniger an der inneren Haltung, sondern an den langfristigen Folgen einer konkreten Handlung für das Gemeinwohl. Der Verantwortungsethiker ist ein Pragmatiker. Er versucht die Dinge zu begreifen wie sie sind, bevor er sich fragt, wie sie sein sollten. Der Verantwortungsethiker hält sich im Zweifel an das Bewährte. Er hat sich damit abgefunden, dass wir in aller Regel nicht die Wahl zwischen Gut und Böse haben, sondern zwischen dem grösseren und dem geringeren Übel.

Gesinnungsethiker haben es in den Medien einfacher. Wer will schon einem feurigen Idealisten widersprechen, der die Vernichtung aller Waffen postuliert (*Hier und jetzt!*); für Windräder und Solarpanele plädiert anstelle von unheimlichen Atomkraftwerken (*Nur eine Frage des Geldes!*); mit Enthusiasmus die grosszügige Aufnahme von Bootsflüchtlingen fordert (*Wir schaffen das!*) und das Ende der Ausbeutung in der Dritten Welt proklamiert (*Wir sind so reich, weil sie so arm sind!*).

Die Botschaften der Gesinnungsethiker sind in der Regel simpel und eingängig, sie lassen sich elegant auf eine knackige Schlagzeile verkürzen. Und sie vermitteln erst noch das erhabene Gefühl, etwas Gutes zu bewirken. Wie schwierig und undankbar ist es dagegen, die komplexen und oft paradoxen Zusammenhänge aufzudröseln, die sich hinter dem Schein des Guten verbergen.

Es gibt durchaus Situationen, in denen der Zweck die Mittel heiligt. Manchmal muss der Mensch etwas an sich Schlechtes tun, um das Gute zu bewirken. Wenn die Geschäfte nicht laufen, muss der Unternehmer unter Umständen verdiente Mitarbeiter entlassen, um Arbeitsplätze zu erhalten. Der Chirurg wird vielleicht ein Bein amputieren – rechtlich gesehen eine schwere Körperverletzung –

um ein Leben zu retten. Im Krieg töten Soldaten, um ihr eigenes Leben und das Überleben einer Nation zu schützen – auf beiden Seiten. Wer von den beiden im Unrecht steht, ist oft eine Frage der Perspektive und wird bestenfalls von der Geschichte entschieden (die allerdings auch immer wieder revidiert werden kann). Es gibt Notwehrsituationen, in denen ein Übel in Kauf genommen wird, um ein noch grösseres Übel abzuwenden. Polizisten schiessen auf mutmassliche Gangster, Staatsanwälte sperren Verdächtige ein – ob zu Recht oder zu Unrecht weiss man erst, wenn ein rechtsgültiges Urteil vorliegt. Jede Strafe, ob es nun eine Busse ist oder der elektrische Stuhl, ist ein Verbrechen, das nur durch die Vermeidung eines noch gravierenderen Verbrechens zu rechtfertigen ist (oder auch nicht). Eine absolute Gewissheit gibt es im Moment des Handelns allerdings nie.

Am 19. April 1841 rammte die *William Brown* auf dem Weg von Liverpool nach Philadelphia vor der Küste Neufundlands einen Eisberg und sank. 65 Passagieren und 17 Seeleuten befanden sich an Bord. 32 Schiffsbrüchige konnten sich auf ein Ruderboot retten, das bloss für sieben Personen ausgelegt war; ein halbes Dutzend Überlebende, unter ihnen Captain George Harris, schaffte es auf ein kleines Segelschiff. Captain Harris segelte sofort auf die 250 Kilometer entfernte Küste von Neufundland zu. Das überladene Ruderschiff überliess er seinem Schicksal.

Als in der Nacht auch noch ein Sturm aufkam, drohte das Ruderboot mit den 32 Überlebenden zu kentern. Die Crew warf darauf vierzehn Männer über Bord, zwei Frauen sprangen ihrem Bruder oder Gatten nach in den Tod. Nach einer Woche entdeckten Fischer das im offenen Meer treibende Ruderboot, retteten die Schiffsbrüchigen und brachten diese nach Europa zurück. Captain Harris schaffte es derweil mit dem Segelschiff nach Amerika. Die meisten geretteten gehörten der Crew an.

Die Tragödie um die *William Brown* löste damals eine heftige Debatte aus. Die einen vertraten die Meinung, es hätte nur ein moralisch vertretbares Handeln gegeben: In einer Schicksalsgemeinschaft sterben alle, oder es überleben alle. Im konkreten Fall hätte dies aber mit an Sicherheit grenzender Wahrscheinlichkeit bedeutet, dass alle sterben. Für andere waren der Captain, der das Ruderboot seinem Schicksal überlassen hatte, und die Seemänner, welche die vierzehn Unglücklichen in den Tod gestossen hatten, tragische Helden. Aus ihrer Sicht hatten sie alle das Richtige getan, auch wenn sie dafür Schimpf und Schande in Kauf nahmen. Dank dem rücksichtslosen Vorgehen blieben wenigstens einige Menschen am Leben, sonst wären sie alle ertrunken. Demnach war es auch richtig, der Crew den Vorzug zu geben. Denn als erfahrene Seeleute hatten sie die besten Überlebenschancen.

1842, ein Jahr nach der Tragödie, wurde der Seemann Alexander Holmes in Philadelphia vor Gericht gestellt. Er hatte auf dem Ruderboot in jener Sturmnacht mehrere Überlebende ins eisige Wasser gestossen. Die Geschworenen befanden Holmes für schuldig des Totschlags und bestraften ihn mit einem Jahr Haft sowie 20 Dollar Busse. Die Strafe wurde allerdings nie vollzogen. Man hielt Holmes zugute, dass er gemäss Zeugen in einer ersten Phase alles getan hatte, um allen zu helfen. Erst als ihm klar wurde, dass die einen sterben mussten, damit die andern überhaupt eine Überlebenschance hatten, schritt er zur brutalen Selektion.

Der Captain und der Schiffsoffizier hatten nach der mathematischen Logik richtig gehandelt. Zwei Dutzend Schiffbrüchige – die genaue Zahl ist nicht bekannt – entkamen dem fast sicheren Tod auf Kosten jener, die sie in den sicheren Tod schickten. Die Rechnung war in diesem Fall aufgegangen. Ob sie auch moralisch richtig war, lässt sich nicht mit mathematischer Exaktheit beantworten – am wenigsten von jenen, die sich nicht selber auf dem Schiff befanden.

Doch über allem steht der eiserne Grundsatz: Der Zweck mag unter Umständen die Mittel heiligen, aber niemals eine Lüge. Wer den Übergriff auf die Freiheit und Unversehrtheit von andern mit einem übergeordneten Interesse rechtfertigt, ist in ganz besonderem Masse zu Redlichkeit und Rechenschaft verpflichtet.

Theorien und Absichtserklärungen mögen gut klingen oder auch überzeugen. Am Ende zählt allein das Resultat. Auch ich liess mich immer wieder blenden und begeistern von Thesen, die auf den ersten Blick grossartig aufgingen, sich in der Praxis aber als untauglich erwiesen. Die Lehre ist banal: Nur der Tod ist sicher und endgültig, ansonsten gibt es keine Gewissheit, die wir nicht in Frage stellen sollten. Es gilt die Faustregel: Je mächtiger die Einhelligkeit, desto grösser die Einfalt. Wir Menschen irren uns ständig, wir können aber auch lernen. Dumm ist nicht, wer Fehler macht, sondern wer die Fehler ignoriert und schönredet. Zwischen gut und schlecht ist oft ein schmaler Grat.

Wer Recht hatte, wissen wir bestenfalls, wenn die Geschichte zu Ende ist. Ich will damit nicht einer postmodernen Beliebigkeit das Wort reden. Zwischen Wahrhaftigkeit und Lüge ist eine scharfe Grenze. Worauf wir uns aber, frei nach Karl Popper, verlassen können: Was keinen Widerspruch zulässt, kann nicht wahr sein.

Das atomare Paradox

»Wer Visionen hat, sollte zum Arzt gehen.«
(Helmut Schmidt)

Neue Arbeitsplätze, eine technologische Revolution, kostenlose Energie von Sonne und Wind, die Versöhnung von Ökonomie und Ökologie – es klingt fast zu verlockend, um wahr zu sein. Mit der Energiewende will Deutschland der Welt zeigen, wie man das scheinbar Unmögliche möglich macht: radikal, alles nach Plan und alternativlos. Doch der Erfolg, messbar am unveränderten CO_2-Ausstoss der Bundesrepublik, lässt trotz Hunderten von Subventions-Milliarden auf sich warten. Dem Öko-Paradies stellen sich unerbittliche physikalische und ökonomische Gesetze in den Weg, die mächtiger sind als jede High-Tech-Entwicklung und alle Planvorgaben. Tatsächlich baute die Energiewende von allem Anfang an auf eine falsche Prämisse. Der überstürzte Atomausstieg ist unsinnig und macht die Welt keinen Deut sicherer.

Professor Hundertmillisievert

Shunichi Yamashita empfängt mich in seinem Haus, in den dicht bewaldeten Hügeln über Nagasaki. Die Aussicht ist betörend: Ein pulsierender Hafen, gesäumt von der Hirado-Hängebrücke, die sich elegant über die Bay schwingt, dahinter die vorgelagerten Inseln. Nagasaki ist eine wohlhabende, moderne und brummende Stadt. Fast im Tagesrhythmus schwemmen Luxuskreuzer am Quai des alten Hafenviertels Dejima Scharen von Touristen aus China, Korea und Taiwan an Land, die sich jeweils schnell in den Einkaufspalästen der Stadt verlieren. Die liebevoll restaurierten Strassenbahnen und die katholische Urakami-Kathedrale erinnern an vergangene Zeiten, in denen Nagasaki fast exklusiv für ganz Japan das Tor zur Welt war.

Ground Zero, das Epizentrum der Atombombe, die am 9. August 1945 mit einem Schlag gegen 70 000 Menschen getötet und einen grossen Teil der Stadt in ein Trümmerfeld verwandelt hatte, liegt direkt zu unseren Füssen. Als Yamashita 1952 hier geboren wurde, waren noch nicht alle Trümmer weggeräumt. In den Ruinen der Urakami-Kathedrale, keine 500 Meter vom *Ground Zero* entfernt, wurde er auf den klangvollen Namen Buenaventura getauft. Auch die Universitätsklinik von Nagasaki, wo Professor Yamashita einst seine Studien begann und wo er heute lehrt, lag in der unmittelbaren Todeszone. Es ist, als drehte sich sein ganzes Leben um *Ground Zero*.

Yamashitas hatten einen »kleinen Imbiss« für mich vorbereitet. Das hiess: Wir verbrachten den ganzen Nachmittag mit dem Kosten einer Vielfalt von raffiniert zubereiteten Häppchen, an deren Namen ich mich nicht entsinnen will, von denen jedes seine Geschichte hatte und eines besser schmeckte als das andere. Mit zu Tisch sass eine hoch betagte aber immer noch wache und liebenswürdige Frau: Haru Yamashita, die Mutter des Professors.

Haru war damals, als Major Sweeney von der 393 Bombardement Squadron 9000 Meter über ihrem Kopf den Befehl zum Abwurf der Atombombe erteilte, sechzehn Jahre jung und ging ans Gymnasium. Sie sass zu Hause, knapp drei Kilometer vom *Ground Zero* entfernt, in ihrer Stube. Haru schaute gerade aus dem Fenster, als der wolkenverhangene Himmel plötzlich gleissend hell wurde, »so als wäre die Sonne explodiert«.

Sie habe einfach Glück gehabt, sagt die Frau mit einem Lächeln: »Ich war stärker als die Bombe«. Es gab Nachbarn, die den Angriff nicht überlebten. Haru erlitt bloss geringfügigen Verletzungen durch herumfliegende Glassplitter. Der Urakami-Hügel, an dessen Westflanke sich ihr Elternhaus befand, bot etwas Schutz.

Als Haru nach den Sommerferien an ihre Schule zurückkehrte, so erzählt sie, fehlte die Hälfte der Mitschüler und der Lehrer. Sie kamen nie wieder. Zur Trauer gesellte sich der Hunger. Es vergingen Monate, bis die Versorgung mit dem Nötigsten wieder einigermassen funktionierte. In der Not habe man das Kraut der Kartoffeln gegessen, erinnert sich die mittlerweile 88-jährige Frau, eine Orangenschale sei schon fast ein Luxus gewesen. Von der Strahlengefahr habe man zwar gewusst, doch diese sei damals noch kein grosses Thema gewesen. Dass ihre Mutter auf dem Schwarzmarkt ihren schönen Kimono gegen Essen eintauschte, habe ihr mehr Kummer bereitet.

Die Strahlung zeitigte auch für Haru Yamashita und ihre Familie verheerende Folgen, allerdings ganz anders, als man es sich gemeinhin vorstellen würde. 1951 heiratete die junge Frau in den Ruinen der katholischen Urakami-Kathedrale, wo sie ein Jahr später ihren Erstgeborenen Shunichi auf den Namen Buenaventura taufte. Ihren Mann hatte sie zuvor sechs Jahre lang nur heimlich getroffen. Bis sie schwanger wurde. Beide Familien sträubten sich gegen die Liaison. Denn Haru war eine Hibakuscha, eine Überlebende der Atombombe. Es hiess, sie würde bald an Krebs sterben. Und vor allem: Verstrahlte Frauen würden Krüppel und Monster gebären.

Haru Yamashita war kein Einzelfall. Sie ist eine von insgesamt 650 000 offiziell anerkannten Hibakusha. Jahrelang wurden die Überlebenden der Atombomben von Hiroshima und Nagasaki geschnitten wie Aussätzig. So als wäre Strahlung etwas Ansteckendes. Die Überlebenden wurden nicht nur auf dem Hochzeitsmarkt gemieden. Niemand wollte das Risiko eingehen, jemanden einzustellen, der womöglich krank war und bald an Krebs sterben würde.

Bereits 1957 erliess das japanische Parlament ein Gesetz, das den Hibakusha im Sinne einer Wiedergutmachung Privilegien bei der Krankenversicherung und bei den Renten einräumt. Doch erst im Verlauf der 1960er Jahre wurde einer breiten Öffentlichkeit das Unrecht allmählich bewusst, welches man den Überlebenden angetan hatte. Die Diskriminierung der Hibakusha war nicht nur moralisch stossend, sie war auch sachlich unbegründet.

Das lässt sich mit einer einfachen Rechnung belegen. Im Frühling 2017 gab es in Japan immer noch 164 621 Hibakusha. Mit anderen Worten: 72 Jahre nach den Bombenabwürfen lebten rund ein Viertel der Registrierten immer noch. Japaner haben weltweit die höchste Lebenserwartung. Doch bei den Hibakusha liegt sie statistisch sogar leicht über dem Landesschnitt.

Wie ist das möglich? Was ist mit der Strahlung? Mit der auf Jahrzehnte, ja vielleicht Jahrhunderte hinaus kontaminierten Erde?

»Was mich nicht umbrachte, hat mich stärker gemacht«, entgegnet mir Haru. Das Lächeln in ihren Augen hat sich nun in Spott verwandelt.

Professor Shunichi Yamashita widerspricht. So könne man das nicht sagen. Er vermutet, dass die bevorzugte medizinische Betreuung und der bessere Lebensstandard einen positiven Effekt auf die Lebenserwartung der Hibakusha gezeitigt hat. Beweisen lässt sich das allerdings nicht. Gemäss Yamashita ist das nur eine Vermutung.

Aber das Krebsrisiko? All die angeblichen Fälle von Leukämie?
»Gemäss den Langzeitstudien des ***Atomic Bomb Disease Institute*** *in Nagasaki kann nur ein Prozent der Todesfälle unter den Hibakusha mit den Langzeitfolgen der Atombombe in Verbindung gebracht werden. Die theoretische Erhöhung des Krebsrisikos lag unter einem Promille, statistisch lässt es sich aber nicht nachweisen. Dies deckt sich mit den Erfahrungen und meinen Forschungen in Hiroshima und später in Tschernobyl. Das gilt mittlerweile als wissenschaftlich gesichert.«*

Aber all die Fehlgeburten und schrecklichen Missbildungen bei Neugeborenen?
»Das ist ein Hoax. Eine Zunahme von Missbildungen bei Säuglingen konnte nie nachgewiesen werden. Eine potentielle Gefahr war schon früher bekannt, von Röntgenaufnahmen. Sie besteht aber nur in seltenen Fällen und in einer sehr frühen Phase der Schwangerschaft.«

Aber die Fotos von verkrüppelten Tschernobyl-Kindern, die um die Welt gingen?
»Es gab diese Missbildungen vor den atomaren Katastrophen in Hiroshima, Nagasaki und Tschernobyl, es gab sie nachher. Eine Veränderung lässt sich statistisch nicht erkennen.«

Und die auf Jahrzehnte, ja vielleicht auf Jahrhunderte verseuchten und verstrahlten Landschaften?

Yamashita lächelte etwas mitleidig: *»Da unten, der* ***Peace Park,*** *du hast ihn mit eigenen Augen gesehen.* ***Ground Zero*** *war nie gesperrt, der Wiederaufbau begann schon nach wenigen Wochen. In den ersten vier Monaten war es sicher nicht empfehlenswert, sich dort aufzuhalten. Vor allem sollte man in der ersten Zeit nichts essen, was dort gewachsen ist. In der Not haben die Menschen trotzdem sofort wieder gepflanzt. Aus pragmatischer Sicht war das nicht einmal falsch. Fehlende Hygiene und die Unterernährung waren eine grössere Bedrohung als die Strahlung.«*

Aber der radioaktive Fallout, der berüchtigte schwarze Regen?
»Der grösste Teil des Fallouts ging wahrscheinlich an einem anderen Ort nieder, als man ursprünglich angenommen hatte. Es ist daher schwierig, verlässliche Aussagen darüber zu machen. Eine signifikante Zunahme von Krebsfällen oder Fehlgeburten wurde aber nirgends in der Präfektur von Nagasaki festgestellt.«

Halb betäubt fahre ich gegen Abend zurück zu meinem Hotel, vorbei am *Peace Park*. Ein Nieselregen hat inzwischen eingesetzt und die letzten Touristen aus dem Park vertrieben. In der Schule hatte ich einst gelernt – ich erinnere mich daran, als wäre es gestern gewesen – dass eine nukleare Katastrophe ganze Landstriche auf Jahrzehnte unbewohnbar macht. Der Lehrer hatte uns Fotos von Kindern mit schrecklichen Missbildungen gezeigt. Ich ging nicht irgendwo in Afrika zur Schule, sondern in der Schweiz, einem Land also, das weltweit für ein exzellentes Bildungssystem gelobt wird. Meine Kinder und Enkel bekamen die gleichen Bilder vermittelt. Und jetzt das – alles Lug und Trug? Ist es möglich, dass wir alle einem kollektiven Wahn aufgesessen sind?

Ist Professor Shunichi Yamashita etwa der Spinner? Gibt es etwa eine Art *Stockholm-Syndrom* bei den Überlebenden der Atom-Bombe, ein psychischer Kurzschluss, der die Opfer mit ihrem Peiniger verbündet? Will er – der Professor – einfach die brutale Realität nicht sehen? Oder ist er der einzige Vernünftige in einer Welt aus lauter Spinnern?

Der einzige ist er jedenfalls nicht. Professor Yamashita ist bestens integriert in der wissenschaftlichen Community der Strahlenmedizin. Seine Langzeit-Forschungen in Nagasaki, Hiroshima, Tschernobyl und später in Fukushima sind international anerkannt, sie wurden nie von renommierten Forschern bezweifelt, geschweige denn widerlegt. Was Yamashita sagt, so stellte ich in Gesprächen mit anderen Strahlenmedizinern fest, ist Common Sense in der Fachwelt. Mainstream.

Wie ist es dann möglich, dass sich die Mär von den Krebstoten, den Monsterkindern und den auf ewig verwüsteten Landschaften so hartnäckig in den Köpfen hält?

Ein deutscher Strahlenbiologe gab mir die Antwort, am Rande der Talk-Show *Kerner Live* auf RTL, an der wir beide teilnahmen. Die Sendung wurde in Hamburg im März 2011 aufgezeichnet, wenige Tage nach der Reaktorkatastrophe von Fukushima. Die Informationslage war dürftig. Ich vertrat die Ansicht, dass es keinen Grund zur Panik gebe, da die Gefahr eines Tsunami in Deutschland doch eher gering sei. Die grosse Katstrophe in Japan sei das Erdbeben gewesen. Wegen der Kernschmelze dagegen sei bislang kein einziger Mensch gestorben oder auch nur ernsthaft verstrahlt oder verletzt worden. Meine Aussage löste eine allgemeine Betretenheit aus, der Moderator liess mich danach vorsichtshalber kaum mehr zu Wort kommen. Doch nach der Sendung beglückwünschte mich ein Strahlenbiologe, der an meiner Seite im Panel aufgetreten war, zu meiner »mutigen und wichtigen Stellungnahme«. Die Hysterie, welche die deutschen Medien verbreiteten, meinte er, sei unbegründet und verantwortungslos, ja unerträglich. Das hätte er besser vor laufender Kamera gesagt, tadelte ich ihn, sein Wort als Wissenschaftler hätte ein viel höheres Gewicht gehabt als die Einschätzung des wahrscheinlich einzigen atomfreundlichen Journalisten im deutschen Sprachraum. »Ach wissen Sie«, rechtfertigte sich der Fachmann etwas betreten, »wenn man das so direkt sagt, gilt man sofort als Verharmloser.«

Es gibt kaum ein Thema, das derart von Ignoranz, Vorurteilen und falschen Mythen kontaminiert ist, wie die Kernspaltung. Der atomare Bann ist ein Paradebeispiel für den Fluch des Guten. Der Glaube an die gerechte Sache scheint jede Lüge zu rechtfertigen. Doch die Folgen der gutgemeinten falschen Warnungen sind nicht harmlos. Sie können mitunter eine tödliche Wirkung zeitigen.

Professor Yamashita war mir bereits im Frühling 2011 aufgefallen, anlässlich einer Reportage in Fukushima. Zwei Monate zuvor hatte das Tohoku-Erdbeben an der japanischen Ostküste schreckliche Schäden angerichtet und einen gewaltigen Tsunami ausgelöst. Ganze Landstriche und Siedlungen wurden verwüstet, 18 000 Menschen fanden damals in den Wassermassen den Tod. Das Bild der Zerstörung, das ich an der japanischen Ostküste antraf, war bedrückend. Der Tsunami hatte ganze Siedlungen dem Erdboden gleichgemacht, viele Bewohner hatten keine Chance zu fliehen. Wracks von einst stattlichen Schiffen und zur Unkenntlichkeit zermalmte Fahrzeuge aller Art, auf die man bis tief ins Landeinnere stiess, vermittelten einen Eindruck der unermesslichen Naturgewalt.

Der Tsunami hatte unter anderem auch das Kühlsystem von vier der insgesamt sechs Reaktorblöcke des Kernkraftwerkes Fukushima *Daiichi* zerstört. In drei Reaktoren kam es darauf zu einer Kernschmelze, bei der Wasserstoff freigesetzt wurde. Um einen Überdruck in den Reaktoren zu verhindern, wurde radioaktiver Dampf abgelassen, es kam zu Wasserstoffexplosionen. Der Wind überzog ein 20 bis 30 Kilometern langes und wenige Kilometer breites Gebiet nordwestlich der Reaktoren in der Folge mit erheblichen Mengen von radioaktivem Cäsium und Iod.

Zusammen mit dem Fotografen Mitsuhiro Shoy reiste ich damals zehn Tage lang durch die Präfektur Fukushima. Da und dort wagten wir auch mal einen Abstecher in die Sperrzone, welche die Regierung im 20-Kilometer-Radius um die havarierten Meiler errichtet hatte. Wir besuchten Notsiedlungen, die für die Evakuierten in aller Eile erstellt worden waren. Was wir hörten und sahen, hatte allerdings wenig gemein mit dem, was ich bislang in den europäischen Medien gelesen hatte. Diese berichteten vor allem über die Reaktorkatastrophe. Doch die Menschen vor Ort hatten ganz andere Sorgen. Es war der Tsunami, der getötet, ganze Landstriche zerstört und ihre fruchtbarsten Reisfelder versalzt hatte. Mit der Strahlung gingen die Überlebenden dagegen ziemlich abgeklärt und vernünftig um. Sie wussten, dass sie nie lebensbedrohlich war.

»Die Strahlengefahr nimmt mit der Distanz zu«, spöttelte mein Freund Mitsuhiro einmal, »je weiter die Menschen davon entfernt sind, desto grösser ihre Angst – am grössten ist sie am anderen Ende der Welt, in Deutschland.« Der Fotograf war zuvor mit deutschen Reportern unterwegs gewesen. Sie waren mit Schutzanzügen und Gasmasken angereist. Strahlenopfer waren gemäss Mitsuhiro das einzige Thema, das sie wirklich interessiert habe. Nach ein paar Tagen seien die Deutschen dann ziemlich enttäuscht wieder abgezogen. Für ihren Bericht, den mir Mitsuhiro zeigte, hätten sie nicht nach Japan reisen müssen. Sie hätten ihn auch von ihrem Hamburger Büro aus schreiben können. Mit der Realität in Fukushima hatte er in meinen Augen nur am Rande zu tun.

Kernschmelzen hatte es früher schon geben, etwa 1957 im britischen Atomkraftwerk Windscale, 1965 auf dem sowjetischen Eisbrecher Lenin oder 1969 im schweizerischen AKW Lucens, wobei letzteres irreparabel beschädigt wurde (die Anlage wurde abgebaut, die Felskaverne, in der sie sich befand, dient heute dem Kanton Waadt als Staatsarchiv). Oder 1979 im Kernkraftwerk von Harrisburg.

Doch bis dahin war es, zumindest im Westen, immer gelungen, den Austritt von radioaktiven Stoffen zu verhindern. Insofern war Fukushima ein Novum. Man wusste nun endlich, was der »grösste anzunehmende Unfall« (GAU) bedeutete, und das gleich in dreifacher Ausführung.

Gegen 170 000 Menschen mussten in Fukushima 2011 wegen der atomaren Kontamination vorübergehend ihre Häuser und Höfe verlassen. Professor Shunichi Yamashita präsidierte damals die ärztliche Fachgruppe, welche die Verstrahlung vor Ort überwachte. Er sprach sich öffentlich gegen eine dauerhafte Evakuierung des Sperrgebietes aus. Die von der Regierung festgelegte Strahlenobergrenze von 20 Millisievert pro Jahr, so argumentierte er, sei viel zu tief. Die »Radiophobie«, wie er es nannte, also die irrationale Angst vor der Strahlung, war seiner Meinung nach eine viel grössere Bedrohung. Bei Werten von bis zu 100 Millisievert pro Jahr, die in Fukushima nirgends erreicht wurden, seien keine nennenswerten Gesundheitsschäden zu befürchten. Die mit einer Evakuation verbundenen sozialen Belastungen, der Stress und die Entwurzelung, beeinträchtigen die Gesundheit ungleich stärker. Es sei ausreichend, vorübergehend auf den Verzehr lokaler Agrarprodukte zu verzichten. Demonstrativ verlegte der Professor seinen Wohnsitz von seiner Heimatstadt Nagasaki ins Krisengebiet von Fukushima, wo er für die folgenden drei Jahre blieb.

Professor Shunichi Yamashita war ein Glücksfall für die Bevölkerung von Fukushima. Weltweit gibt es kaum einen Forscher, der sich besser in der Materie auskennt. Nach seinen Studien in Nagasaki hatte er mehrere Jahre in den USA geforscht. Ab 1990 leitete er eine internationale Tschernobyl-Kommission unter der Schirmherrschaft der *Vereinten Nationen*, welche die gesundheitlichen Folgen der Reaktorkatastrophe in der Ukraine untersuchte. Über ein Jahrzehnt lang pendelte Yamashita zwischen Kiew und Nagasaki. Zwischendurch arbeitete er drei Jahre lang für die Weltgesundheitsorganisation WHO in Genf, wo er massgeblich am Tschernobyl-Bericht mitwirkte.

Die hochkarätige internationale Expertengruppe – insgesamt nahmen über hundert Forscher an den Untersuchungen teil – veröffentlichte 2006 einen Bericht zu Tschernobyl. Zwanzig Jahre nach der Reaktorkatastrophe in der Ukraine gelangte das Forscher-Team zu einem ernüchternden Fazit[9]:

Lediglich 31 bis 56 Todesfälle konnten direkt auf die Strahlung zurückgeführt werden; eine Zunahme von Missbildungen bei Neugeborenen konnte nicht festgestellt werden.

Eine Erhöhung des Krebsrisikos liess sich nur theoretisch errechnen, sie bewegte sich selbst in den am stärksten kontaminierten Gebieten im einstelligen Promillebereich. Das ergab zwar eine theoretische Zahl von 4000 Krebstoten in ganz Europa, die sich statistisch allerdings nicht nachweisen lässt.

Festgestellt wurde dagegen eine signifikante Zunahme von Schilddrüsenkrebs, vor allem bei Kindern, der allerdings selten tödlich verlief und der mit zwei einfachen Mitteln zu verhindern gewesen wäre: mit der Einnahme von Iod-Tabletten in den ersten Tagen nach der Katastrophe und vor allem mit dem Verzicht auf lokale Agrarprodukte während einiger Monate.

Die Schilddrüsenerkrankungen wären auch durch eine rechtzeitige Evakuation der Anwohner zu verhindern gewesen. Als die Umsiedlungen nach einer Woche begannen, war es zu spät. Da das radioaktive Iod-131 eine Halbwertszeit von lediglich acht Tagen hat, war die gefährlichste Phase zu diesem Zeitpunkt bereits vorbei.

Die flächendeckenden Evakuierungen, so der deprimierende Befund der Forscher, hatte ungleich mehr gesundheitliche Schäden be-

9 Eine Zusammenfassung des Berichtes findet sich auf www.who.int/mediacentre/news/releases/2005/pr38/en/index1.html

wirkt, als von der Strahlung zu erwarten gewesen wäre: Depressionen, Suchtverhalten, psychosomatische Leiden, soziale Isolation, Suizide, völlig unnötige Abtreibungen von vermeintlich beschädigten Föten.

Welch ein Kontrast zu den Medienberichten nach der Reaktorkatastrophe von Tschernobyl, die von Tausenden von Toten fabulierten und spekulierten. Der WHO-Bericht entlarvte vor allem auch die Bilder von Fehlgeburten und Krebskranken, mit denen Hilfswerke damals spendenwirksam für ihre Tschernobyl-Projekte hausierten, als verantwortungslose Propaganda.

Man hätte nach der Veröffentlichung des WHO-Berichtes einen Aufschrei der Empörung erwartet oder zumindest eine engagierte Debatte. Natürlich hätte man die Befunde der Tschernobyl-Kommission auch hinterfragen oder kritisieren können. Doch nichts von dem geschah. Betretenes Schweigen. Der Bericht wurde von den meisten Massenmedien und der Politik einfach ignoriert. Sonst hätte man ja eingestehen müssen, einer Chimäre aufgesessen zu sein. Diese Grösse brachten nur wenige auf.

»*Errare humanum est*«, besagt ein famoses lateinisches Sprichwort. *Irren ist menschlich.* Der zweite Halbsatz der Sentenz, »*In errore perseverare stultum*«, wird leider partout vergessen. *Im Irrtum zu beharren jedoch ist dumm.* Weil man die Fehler von Tschernobyl nicht wahrhaben wollte, verpasste man es, die nötigen Lehren zu ziehen. Das sollte sich in Fukushima rächen.

Bei der Bevölkerung von Fukushima und den lokalen Medien kamen Professor Yamashitas Entwarnungen gut an. Die ernsthafte Gelassenheit der Bevölkerung, die ich auf meiner Reportage im Katastrophengebiet erlebte, war bewundernswert. Doch als Yamashita forderte, die willkürlich verfügte Sperrzone im 20-Kilometer-Radius schnell wieder aufzuheben und auf ein paar wenige, räumlich eng begrenzte *Hot Spots* mit effektiv hoher Strahlung zu beschränken, regte sich unter Anti-AKW-Aktivisten in Tokio Widerstand. Sie warfen dem Professor aus Nagasaki vor, die Gefahr zu verharmlosen. *Professor 100 Millisievert* und *Damashita* (der Trickser) waren die milderen Schlötterlinge, die man ihm anhängte, *Doktor Mengele* gehörte zu den gröberen.

Einige Aktivisten reichten eine Strafanzeige ein gegen Yamashita, wegen vorsätzlicher Tötung. Der Vorwurf war juristisch absurd, die Staatsanwaltschaft eröffnete nicht einmal ein Verfahren. Doch das war Stoff, über den sich auflagefördernd berichten und spekulieren liess. In Japan wurde die Story anfänglich zwar kaum beachtet. Doch als die internationale Presse die Yamashita-Affäre aufnahm, schwappte sie zurück nach Japan und bekam plötzlich Gewicht. Die japanische Regierung wich dem medialen Druck. Obwohl es in vielen Gebieten schon nach wenigen Wochen keinen Grund mehr dafür gab, wurden die Sperrzonen um Fukushima *Daiichi* nur zögerlich aufgehoben.

Die Rückkehr der Vertriebenen verzögerte sich über mehrere Jahre. Viele liessen ihre Heimat für immer hinter sich. In den Barackendörfern der Vertriebenen, die ich zwei Jahre nach dem Tsunami erneut besuchte, traf ich Familien, die auseinandergerissen worden waren. Vor allem Frauen waren aus Sorge um ihre Kinder weggezogen, während ihre Männer blieben, nicht zuletzt aus Loyalität zum Arbeitgeber, die in Japan gross geschrieben wird. Viele der Evakuierten arbeiteten für den Stromriesen *Tepco*, die mit Abstand grösste Firma in der Region. Sie fühlten sich auch moralisch verpflichtet, an Bord zu bleiben. Ältere Leute wollten in der Nähe der Grabstätten ihrer Vorfahren bleiben. Für Westler mag das alles fremd klingen, doch in Japan gelten andere Wertvorstellungen als in Europa oder Nordamerika.

Und vor allem eines wurde mir klar bei meinen Erkundungen in Fukushima: Hätte ich die Wahl, bei einem schweren Erdbeben unter einem Stausee oder neben einem AKW zu stehen, ich würde letzteres wählen. Wassermassen sind gefährlicher als die Strahlung.

Bei meinem Flug von Zürich nach Tokio wies der Geigerzähler, den ich stets bei mir trug, einen höheren Wert aus als während eines etwa gleich langen Aufenthalts in der Sperrzone von Fukushima. Das Phänomen ist bekannt. Jeder Linienpilot ist auf 10 000 Metern über Meer einer höheren Strahlendosis ausgesetzt, als in einem AKW zulässig wäre. Auch den 2500 Mitarbeitern von *Tepco*, die mit den Aufräumarbeiten in den havarierten Meilern von Fukushima beschäftigt waren, wurden geringere Dosen zugemutet. Ein Gesundheitsrisiko besteht weder für die Piloten noch für die Arbeiter in den Ruinen von *Fukushima Daiichi*.

Meine zweite Reise in die Sperrzone erfolgte zwei Jahre nach dem Reaktorunfall, diesmal offiziell und direkt ins Herz des havarierten AKW. Es gab auch dort immer noch einige *Hot Spots*, an denen man sich nicht zu lange aufhalten sollte. Doch an den meisten Orten war die Strahlendosis inzwischen auf unbedenkliche Werte abgeflaut. Vieles wurde in mühseliger Kleinarbeit gereinigt. Ein grosser Teil der strahlenden Partikel wurde vom Regen in den pazifischen Ozean gespült, wo sie derart verdünnt wurden, dass sie für Mensch und Umwelt keine Bedrohung mehr darstellen.

Das traurigste an der Kernschmelze von Fukushima war vielleicht, dass sie mit relativ einfachen Mitteln zu vermeiden gewesen wäre. Die Unfall-Reaktoren wurden in den 1970er Jahren gebaut, sie waren die ältesten im Land. Alle moderneren Atomreaktoren, auch jene der benachbarten, etwas moderneren Anlage *Fukushima Daini*, haben sowohl das Tohoku-Erdbeben wie auch den nachfolgenden Tsunami schadlos überstanden. Beim AKW in Onagawa etwa erreichte die Flut einen höheren Stand als in Fukushima.

Die Mängel der Meiler von Fukushima waren spätestens seit der Kernschmelze von Harrisburg (1979) bekannt. Neben dem Überdruck im Reaktor war der hoch explosive Wasserstoff, der sich bei einer Kernschmelze bilden kann, das grösste Risiko. Weltweit wurden nach Harrisburg viele Kernkraftwerke entsprechend nachgerüstet. 1993 reiste der Ingenieur Ferruccio Ferroni von der Schweizer Firma *Elektrowatt* nach Japan, um die Nachrüstung der Meiler von Fukushima mit so genannt passiven Wasserstoff-Rekombinatoren und Partikel-Filtern zu evaluieren. 1996 übermittelte Ferroni dem Stromriesen *Tepco* detaillierte Pläne für die Nachrüstung[10]. Die Nachrüstung hätte auch bei einem totalen Stromausfall jene Katastrophe verhindert, die 18 Jahre später eintreten sollte. Man empfing Ferroni freundlich, danach hörte er nichts mehr. *Tepco* mochte die wenigen Millionen nicht ausgeben und sollte dafür noch teuer bezahlen.

187 Milliarden Dollar wird die dreifache Kernschmelze in Fukushima den Stromriesen *Tepco* voraussichtlich kosten. Der Rückbau und die Entschädigungen an die Anwohner schlagen mit je rund 70 Milliarden zu Buche, der Rest wird für die Entsorgung der verseuchten Böden veranschlagt. Die Aufräumarbeiten dürften noch Jahrzehnte dauern. Der exorbitante Betrag wird allerdings relativiert durch eine andere Zahl. Nach dem GAU in Fukushima fuhr Japan 2011 all seine 42 Kernreaktoren zu einer Sicherheitsüberprüfung herunter. Die meisten Anlagen stehen seither still. In der Folge musste Japan Jahr für Jahr zusätzlich Kohle, Öl und Gas im Wert von 30 bis 50 Milliarden Dollar importieren, um seine Stromversorgung sicherzustellen. Da dieses Geld nicht anderswo eingespart werden kann – der Brennstoff beläuft sich höchstens auf zehn Prozent des Betriebsaufwands eines Kernkraftwerkes – dürfte der durch den »Shutdown«

10 www.weltwoche.ch/ausgaben/2011–30/artikel/die-japaner-waren-gewarnt-die-weltwoche-ausgabe-302011.html

verursachte volkswirtschaftliche Schaden die Kosten der Kernschmelze mittlerweile übertroffen haben.

Während meinen Reisen nach Fukushima versuchte ich mehrmals, Professor Shunichi Yamashita zu treffen. Erfolglos. Ich erhielt stets eine ausgesprochen freundliche Absage, was in Anbetracht seiner Erfahrungen mit Journalisten auch nicht weiter verwunderlich war. 2015 zog sich Yamashita nach Nagasaki zurück, um sich wieder seiner Lehrtätigkeit und der Forschung am *Atomic Bomb Disease Institute* zu widmen. Er hatte getan, was in seiner Macht lag.

Im Frühling 2017 gelang es mir, den Professor am Rand einer WHO-Tagung in Genf kurz zu sprechen. Yamashita lud mich zu sich nach Hause ein. Wenn ich begreifen wolle, wie es sich mit der atomaren Verstrahlung verhalte, meinte Yamashita, müsse ich schon nach Nagasaki reisen. Dort würde er mir gerne alles vor Ort erklären.

Flugjahr der Wendehälse

Am 14. März 2011, drei Tage nach dem Tsunami im fernen Japan, ordnete die bis dahin als atomfreundlich geltende Bundeskanzlerin Angela Merkel (CDU) eine vorerst zeitlich beschränkte Abschaltung der sieben ältesten deutschen Kernkraftwerke an. Sachlich, aber vor allem auch aus rechtsstaatlicher Sicht war der Kanzlerbefehl unter keinem Titel zu rechtfertigen. Alle betroffenen Kraftwerke verfügten über rechtsgültige Betriebsbewilligungen. Der GAU von Fukushima hatte keinerlei neue Erkenntnisse gebracht, die an der Sicherheit der deutschen Reaktoren zweifeln liessen. Dass eine Kernschmelze wenn auch unwahrscheinlich aber grundsätzlich möglich ist, wusste man schon seit es Atomkraftwerke gibt.

Um ihr Machtwort zu rechtfertigen setzte die Kanzlerin eine so genannte Ethik-Kommission ein. So kam es, dass ein Rat der Weisen – neben Politikern waren katholische und protestantische Bischöfe, Professoren für Soziologie und Philosophie vertreten – innerhalb weniger Tage den deutschen Atomausstieg beschlossen. Kernphysiker oder Strahlenmediziner, also Fachleute, die wirklich etwas von der Materie verstanden hätten, hatten beim Entscheid nichts zu sagen. Es war das Ende der sieben Kernkraftwerke, die nie mehr hochgefahren werden sollten.

Am 30. Juni 2011, drei Monate nach dem GAU von Fukushima, beschloss der Deutsche Bundestag fast einstimmig, bis ins Jahr 2022 auch noch sämtliche verbliebenen Kernkraftwerke vom Netz zu nehmen und zu verschrotten. Deutschland verzichtete damit auf einen über Jahrzehnte gewachsenen Energieträger, der das Land während einem halben Jahrhundert problemlos und zuverlässig mit relativ günstiger und sauberer Elektrizität versorgt hatte. Noch in den Nullerjahren betrug der Anteil der Kernenergie am deutschen Strommix rund 30 Prozent.

Ähnlich panisch reagierte die Schweizer Politik auf die Kernschmelze im fernen Japan. Am 25. Mai, also gut zwei Monate nach dem Tsunami, proklamierte Energieministerin Doris Leuthard – wie Merkel eine Christdemokratin – im Namen des Bundesrates den Atomausstieg. Die Kehrtwende der bis anhin von den Grünen als »Atom-Doris« verspotteten Bundesrätin Leuthard war nicht minder akrobatisch als jene der deutschen Regierung.

Immerhin hatte das Schweizer Stimmvolk – gemäss Verfassung der Souverän und mithin die oberste Instanz im Land – seit 1979 ein halbes Dutzend Atomausstiegs-Initiativen abgelehnt. Nur wenige Wochen vor Fukushima hatte eine Mehrheit der Einwohner des Kantons Bern noch einen Neubau des AKW Mühleberg gefordert; in der betroffenen Region betrug die Zustimmung über 70 Prozent. Bei der letzten gesamteidgenössischen Atomvorlage hatte der Souverän der Initiative »Für eine Energiewende und einen schrittweisen Atomausstieg« mit 66,3 Prozent Nein-Stimmen eine dröhnende Abfuhr erteilt. Doch genau diese Vorlage paukte Leuthard unter dem Eindruck von Fukushima 2011 innerhalb weniger Monate durch. Wie war das möglich?

Sieht man von der Kernschmelze im Reaktor bei Lucens ab, die den Traum eines eigenen Reaktortyps 1969 platzen liess, war die Kernenergie in der Schweiz eine Erfolgsgeschichte. Bis in die 1960er Jahre produzierte das Alpenland seinen Strom fast ausschliesslich mit Wasser. Dann waren die Ressourcen weitgehend ausgeschöpft. Heimat- und Naturschützer, die in der Schweiz traditionell ein grosses Gewicht haben, opponierten gegen neue Stauseen. Kohle war nach den beiden Weltkriegen, welche die Abhängigkeit von Importen aus der europäischen Nachbarschaft schmerzlich vor Augen geführt hatten, keine Option mehr. Die Wirtschaft drängte auf Ölkraftwerke. Sie wären schnell und günstig zu bauen gewesen. Doch sämtliche Projekte scheiterten am Widerstand der Bevölkerung und an der befürchteten Luftverschmutzung. So beschloss die Schweiz in den 1960er Jahren – notabene mit Unterstützung der Sozialdemokraten und des damaligen Naturschutzbundes – auf die Kernenergie zu setzen.

Der Atomstrom, der heute gegen 40 Prozent des Bedarfs abdeckt, liess sich perfekt ins Schweizer Stromnetz einbauen. Das System ist auf eine geniale Weise einfach, zuverlässig und erst noch sparsam. Die Atommeiler stellen die Grundversorgung mit sogenannter Bandenergie rund um die Uhr sicher. Die flexiblen Wasserkraftwerke in den Alpen decken die Bedarfsspitzen mit sogenannter Regelenergie ab. Genau hier liegt der springende Punkt, der bei der »Energiewende« einfach ignoriert wurde: Es muss immer so viel Strom ins Netz eingespeist werden, wie herausgenommen wird – nicht mehr und nicht weniger, sonst kommt es zu Schwankungen der Spannung, die im Extremfall zum Blackout führen. Die Stromproduktion muss stets der Nachfrage angepasst werden, die sich schlecht steuern lässt. Deshalb ist es bedeutungslos, wie viel ein Stromaggregat im Schnitt produziert. Entscheidend ist, dass man die Produktion steuern kann, dass der Strom dann fliesst, wenn man ihn braucht.

Einige Stauseen in den Schweizer Alpen funktionieren wie riesige Batterien. Wenn die Nachfrage sinkt, etwa in der Nacht, pumpt man mit der überschüssigen Energie das Wasser vom Tal in die Pumpspeicherseen hoch. Steigt die Nachfrage, etwa über die Mittagszeit, werden mit demselben Wasser wieder die Turbinen im Tal angetrieben. Ähnlich wie bei einer Akkubatterie geht etwa ein Viertel der Energie bei der Speicherung verloren. Da bei Produktionslücken die Preise oft um ein Vielfaches in die Höhe schnellen, waren die Speicherseen trotz dieser Reibungsverluste während Jahrzehnten eine Goldgrube für die Elektrizitätswerke. Ihre Kapazität ist allerdings begrenzt. Um die saisonalen Schwankungen aufzufangen, sind sie viel zu klein. Speicherseen rentieren nur im Tagesgeschäft. Für den Ausgleich zwischen den Jahreszeiten rechnen sich die Investitionen nicht.

Dank diesem in sich geschlossenen System verursacht die hoch industrialisierte Schweiz pro Kopf fast halb so viel CO_2 (rund 5 Tonnen) wie Deutschland (rund 9,5 Tonnen) und etwa ein Drittel von dem, was die Amerikaner und Kanadier (rund 15 Tonnen) im Schnitt in die Atmosphäre pusten (die USA senkten ihre Emissionen in den letzten zehn Jahren übrigens um rund einen Viertel durch die Verlagerung von Kohle auf Gas). Kommt dazu, dass die Atomenergie die Stromproduktion von den Launen und Risiken des internationalen Öl- und Gasmarktes befreit hat. Das Uran, welches ein AKW in einem Jahr verbrennt, findet volumenmässig im Kofferraum eines Autos Platz und könnte notfalls auch in den Alpen gewonnen werden. Neue Brennstäbe können beliebig lang und wegen der geringen Strahlung auch risikolos gelagert werden. Und last but not least erwies sich der Atom-Wasser-Mix als wirtschaftlich. Strom gehört zu den wenigen Dingen, die in der teuren Schweiz relativ günstig zu haben sind.

All das war nach dem 11. März 2011 plötzlich belanglos. Dieselben Politiker, die wenige Wochen zuvor noch die Werbetrommel für den Neubau des AKW Mühleberg gerührt hatten, mutierten über Nacht zu Atomgegnern und Freunden der Energiewende. Dabei gab es überhaupt keinen Grund zur Eile. Genau wie in Deutschland hatte Fukushima auch für die Schweiz keinerlei neue Erkenntnisse gebracht. Dass eine Kernschmelze grundsätzlich möglich ist, hatte man schon vorher gewusst. Die grösste Bedrohung für Schweizer

Kernkraftwerke wäre ein Dammbruch, dessen Folgen mit einem Tsunami zwar durchaus vergleichbar wären. Doch sämtliche AKW in der Schweiz sind – genau wie jene in Deutschland oder Frankreich, aber im Gegensatz zu den alten Meilern von Fukushima Daiichi – sehr gut geschützt gegen Überschwemmungen.

Wenn es eine Erkenntnis aus Fukushima gibt: Am sichersten wäre es, wenn man die Kernkraftwerke älterer Bauart durch neue ersetzen würde. Doch die hysterische Reaktion der Politiker führt zu genau dem gegenteiligen Resultat: Der Bau neuer AKW wird verboten, während die alten so lange wie nur möglich weiter betrieben werden, weil sonst nämlich der Blackout droht.

Für den kollektiven Gesinnungswandel in der Politik gibt es nur eine Erklärung: In Deutschland wie in der Schweiz standen Wahlen an. Die Wendehälse befürchteten einen von den Meinungsforschern prognostizierten Durchmarsch von »Rotgrün«. Die kurzfristige Wählergunst war Grund genug, die langfristige Planung der gesamten Stromversorgung auf den Kopf zu stellen.

Selten hat man in der Politik einen derart verantwortungslosen Opportunismus gesehen. Der Machterhalt der regierenden Koalition war in beiden Ländern wichtiger als alle zuvor beschworenen Prinzipien. Die Rechnung ging halbwegs auf. In beiden Ländern gelang es den Christdemokraten zwar, sich in der Regierung zu halten, allerdings nur dank einem Bündnis mit der politischen Linken. Die prognostizierten Verluste in den Wahlurnen liessen sich mit der Spitzkehre allerdings nicht vermeiden. Noch dramatischer war der Verlust an Glaubwürdigkeit.

Die Energiewende wird in Deutschland wie in der Schweiz als grosse ökologische Pioniertat, als visionäre Vorwegnahme der Zukunft gepriesen und propagiert. Das Fundament wurde lange vor Fukushima gelegt. Seit der Jahrtausendwende werden alternative Energielieferanten wie Sonne, Wind, Geothermie, Biotreibstoffe oder

Kleinwasserkraftwerke mit Lenkungsabgaben und Subventionen nach Kräften gefördert. Investoren füllten sich die Taschen mit den Fördergeldern. Doch rentabler wurden die Anlagen dadurch nicht.

Tatsächlich braucht man weder Physik noch Ökonomie studiert zu haben, um zu erkennen, dass sich die alternativen Stromquellen auf einem freien Markt niemals durchsetzen können. Der gesunde Menschenverstand reicht völlig aus. Zum einen scheitert es schon an dem, gemessen am kläglichen Ertrag, gewaltigen Verschleiss an Ressourcen (Land, graue Energie, Rohstoffe, Unterhalt, Rückbau). Insbesondere Solar- und Windkraftwerke sind zudem den Launen der Witterung unterworfen. Auf einem freien Markt ist der unberechenbare Flatterstrom, den sie mal produzieren oder eben auch nicht, praktisch wertlos. Das sind physikalische und ökonomische Realitäten, die keine neue Technologie aus der Welt schafft und mag sie noch so raffiniert sein.

Das Problem lässt sich mit einer einfachen Rechnung illustrieren:

- Das Kernkraftwerkt Leibstadt speist bei einer Nettoleistung von 1200 Megawatt im Jahr durchschnittlich 9 Millionen Megawattstunden (MWh) Strom ins Schweizer Netz.
- Auf einer Hektare Land lassen sich pro Jahr rund 1,5 Tonnen Biodiesel (Rapsöl) gewinnen; mit dieser Menge liessen sich rund 6,75 MWh Strom generieren.
- Fazit: Wollte man die Produktion des Atomkraftwerks Leibstadt durch Biodiesel ersetzen, müsste man demnach 13 000 Quadratkilometer Ackerland mit Raps überbauen. Das entspräche fast einem Drittel des Schweizer Territoriums. Nicht inbegriffen ist in dieser Rechnung der Energieaufwand für Dünger, Verarbeitung und Transport des Biodiesels. Dabei hätte man aber nur eines von fünf Schweizer AKW ersetzt. Und das Essen müsste dann wohl importiert werden – aus irgendeinem Land, das sein Ackerland nicht für die Treibstoffproduktion braucht.

Man kann dieselbe Rechnung auch mit Holz machen:

- Im Freistaat Bayern rechnet man mit einem jährlichen Zuwachs des Waldes von 7 Tonnen Holz pro Hektare.
- Eine Tonne Holz hat einen durchschnittlichen Brennwert von 4 MWh pro Tonne.
- Fazit: Bei einem Wirkungsgrad von 35 Prozent brauchte es eine Fläche von 36 000 Quadratkilometern Wald, um die Produktion des AKW Leibstadt durch Holzkraftwerke zu ersetzen. Dies entspricht fast der Grösse der Schweiz (41 000 km^2) oder etwas mehr als der Hälfte des Freistaats Bayern (70 000 km^2).

Beim Wind sehen die Relationen kaum besser aus:

- Die grössten Windräder der Schweiz auf dem Mont Crosin (Nabenhöhe 95 Meter) speisen pro Jahr im Schnitt 4375 MWh Strom ins Netz.
- Um die Produktion des Kernkraftwerkes Leibstadt zu ersetzen, müssten demnach 2000 Windräder von dieser Grösse erstellt werden.
- Fazit: Sofern man überhaupt so viele geeignete Standorte in der Schweiz fände (was mehr als fraglich ist), müsste man Tag für Tag ein neues Windkraftwerk von dieser Grösse erstellen, um dieses Ziel in 5 Jahren und 3 Monaten zu erreichen. Damit wäre knapp ein Zehntel des Schweizer Strombedarfs gedeckt – allerdings nur, wenn der Wind weht.

Der Vollständigkeit halber sei noch eine Rechnung mit der Batterie gemacht:

- Die grösste und modernste Tesla-Batterie wiegt rund 600 Kg, kann 100 kWh Strom speichern und kostet rund 20 000 Dollar; ihre Herstellung verursacht 17 Tonnen CO_2.

- Das Kernkraftwerk Leibstadt produziert in einer Woche rund 160 Millionen kWh Strom.
- Fazit: Um die Wochenproduktion des AKW zu speichern, wären 1,6 Millionen Tesla-Batterien mit einem Gewicht von knapp einer Million Tonnen und einem Wert von 32 Milliarden Euro nötig. Bei der Herstellung der Batterien würde 27 Millionen Tonnen CO_2 freigesetzt; auch die Entsorgung der giftigen Stromspeicher wäre nicht gerade ein Segen für die Umwelt.

Man braucht kein Hochschulstudium, um diese Rechnungen zu machen. Jeder kann sie überprüfen – und jeder halbwegs vernünftige Mensch wird schnell einsehen, dass wir unseren Strombedarf niemals mit Sonne, Wind und Biomasse decken können, selbst, wenn wir unbegrenzte finanzielle Mittel hätten. Das Resultat wäre eine ökologische Katastrophe.

Nun hätte man wenigstens engagierte Kontroversen erwartet. Zumindest für jene, die an den freien Markt und den Wettbewerb glauben, müsste die Energiewende mit all ihren Subventionen, Regulierungen, Geboten und Verboten ein wahrer Alptraum sein. Doch es blieb gespenstig ruhig. Nicht einmal die Wirtschaft muckte ernsthaft auf. Die Sehnsucht nach Versöhnung mit den Ökoaktivisten und die Gier nach staatlich subventionierten Aufträgen und Fördergeldern setzte die Physik ebenso ausser Kraft wie den gesunden Menschenverstand. Die Vorlagen gingen butterweich durch, in Deutschland wie in der Schweiz. Lieber stritt man sich über das Verbot von Kampfhunden oder die Zulassung der Schwulenehe. Der Fluch des Guten war mächtiger als jede Vernunft.

Der Hafen des Irrtums

Das Glück schien es gut mit uns zu meinen. Nach Murcia lichtete sich die Wolkendecke, und als wir nach einer halbstündigen Fahrt durch blühende Obstplantagen in Calasparra eintrafen, war der Himmel knallblau. Verheissungsvoll glitzerte die Sonne in den Spiegeln, die das Solarkraftwerk *Puerto Errado* aufheizen. Auf einer Fläche von 65 Hektaren, was etwa 84 Fussballfeldern entspricht, so erfuhren wir im Hochglanzprospekt, wird hier »sauberer Strom« für 15 400 Haushaltungen produziert. Den Treibstoff liefert die Natur gratis und franko. Was will man mehr.

Das vermeintliche Glück erwies sich indes, wie so vieles, was wir in diesen zwei Tagen in Calasparra erleben, als hinterhältiger Irrtum. Leider, so erklärte uns Isaac Hernández, der Chef des Solarkraftwerks, werde die Anlage heute nicht mehr in Betrieb genommen. Der Himmel über Südspanien war an diesem Tag die meiste Zeit bedeckt gewesen. Die drei Stunden bis zum Sonnenuntergang würden nur knapp ausreichen, um die Produktion hochzufahren. Weil Dampfturbinen aber schneller altern und revidiert werden müssen, wenn sie dauernd rauf- und runtergefahren werden, verzichte man auf den ohnehin geringen Rest-Ertrag. Hernández vertröstet uns auf den nächsten Tag – »mañana« wird das Wetter zweifellos freundlicher sein.

180 Millionen Euro hatten verschiedene Schweizer Elektrizitätswerke bis zu diesem Zeitpunkt – meine Reise nach Calasparra fand im Februar 2014 statt – in das Solarkraftwerk *Puerto Errado* inves-

tiert. Das ergab zwar weder wirtschaftlich noch versorgungstechnisch einen Sinn. Abgesehen davon, dass die produzierten Mengen viel zu klein und die Verluste viel zu gross wären, gibt es keine Leitungen, die den Solarstrom von Calasparra über 1000 Kilometer in die Schweiz verfrachten würden. Mit einem Gestehungspreis von 30 Cents/KWh war der Strom von *Puerto Errado* in Anbetracht eines Marktpreises von bestenfalls 5 Cents/KWh auch nicht eben billig. Das Spanienabenteuer der Schweizer Stromversorger, die sich fast ausschliesslich im Besitz der öffentlichen Hand befinden, hat einen ganz anderen Grund: die Energiewende.

Einige Schweizer Elektrizitätswerke schwammen damals noch im Geld. Doch seit Deutschland mit seinem hoch subventionierten Strom den Markt überflutete, rechneten sich neue Investitionen im Land nicht mehr. Man wusste schlicht und einfach nicht wohin mit dem Geld. Also investierte man es in Spanien, wo – damals noch – ebenfalls hohe Subventionen lockten.

Inzwischen hatte allerdings auch die krisengeplagte spanische Regierung die Fördergelder massiv gekürzt. Die Schweizer schrieben ihre 180 Millionen ab – und feierten das Fiasko trotzdem als Erfolg. Auch wenn es im Moment noch nicht rentiere, so die offizielle Sprachregelung, habe man etwas Gutes für die Umwelt getan und erst noch in die Zukunft investiert. In der Sonne, so wird heute den Schweizer Kindern bereits in der Primarschule eingetrichtert, liegt schliesslich die grüne Zukunft.

Puerto Errado war Teil des Gigaprojektes *Desertec*, das 2009 mit grossem Brimborium lanciert wurde. Die Idee erschien bestechend, zumindest auf den ersten Blick: Die gigantischen Brachen der Wüste Sahara sollten genutzt werden, um Europa mit ökologischem Sonnenstrom zu versorgen. Und nicht nur das: Der solare Geldsegen aus Europa würde dem latenten Krisenherd Nordafrika einen Aufschwung bringen und die Region befrieden. Eine Win-Win-Situation.

In der Zwischenzeit wurde das gross angekündigte Gigaprojekt *Desertec* stillschweigend schubladisiert und begraben. Darüber wurde leider kaum berichtet. Schade. Man hätte einiges lernen können.

Nun gab es ein paar logische Kurzschlüsse, die von Anfang an hätten skeptisch stimmen müssen. Angefangen bei der Technologie, die es bräuchte, um den Strom zu einem einigermassen vernünftigen Preis und mit vertretbaren Verlusten durchs Mittelmeer zu verfrachten: Sie ist weit und breit nicht in Sicht. Es wäre zudem widersinnig, den teuren Ökostrom nach Europa zu übertragen, während in Afrika weiter Öl und Gas zur Stromversorgung verbrannt wird. Und last but not least scheint auch in der Sahara die Sonne nicht permanent. Es gibt neben den unterschiedlichen Tages- und Jahreszeiten mehr Wolken, als man in Reiseprospekten präsentiert bekommt. Das alles war längst bekannt, als *Desertec* lanciert wurde. Doch von solch trivialen Realitäten liessen sich die Visionäre nicht beirren.

Puerto Errado ist zweifellos ein solides Stück germanischer Ingenieurskunst. Aus technischer Sicht gibt es einiges, was für das System spricht. Dampfturbinen haben gegenüber den marktüblichen Solarpanels, welche die Sonnenstrahlen direkt in Strom umwandeln, einen markant höheren Wirkungsgrad. Die Hohlspiegel, welche die Strahlung auffangen, sind weniger verletzlich und haben damit eine längere Lebenserwartung. Da sich der Dampf in Puerto Errado über rund zwanzig Minuten speichern lässt, wenn etwa eine Wolke über den Himmel zieht, ist die Stromproduktion etwas weniger den Launen der Witterung ausgesetzt. Im südlichen Spanien, das sich fast auf gleicher Höhe mit Nordafrika befindet, mag es sogar Sinn machen, die Aircondition im Sommer mit Solarstrom zu betreiben. Aber das war's dann auch schon, wie wir bald erfahren sollten.

Am zweiten Tag unseres Besuchs in Calasparra scheint uns die Sonne freundlicher gesinnt. Gegen 8 Uhr verzieht sich der Morgennebel aus den blühenden Obstplantagen, die Puerto Errado umsäumen. Die Solarspiegel gleissen in der milden Wintersonne, dass es eine Freude ist. Auch Isaac Hernández – wir haben uns am Vorabend ein paar Gläser vorzüglichen Rioja genehmigt und sind nun per Du – strahlt. Er brennt förmlich darauf, uns heute sein tadellos funktionierendes Hightech-Solarkraftwerk zu zeigen.

Noch müssen wir uns aber etwas gedulden. Auch in Spanien steht die Sonne im Winter tiefer. So gegen zehn Uhr sollte es losgehen. Isaac nutzt die Zeit, um uns über die meteorologischen Prognosen aufzuklären, die mittlerweile so verlässlich seien, dass man Gift darauf nehmen könne. Heute, so steht es auf dem Plan, den er auf seinen Bildschirm zaubert, soll *Puerto Errado* volle Winterlast fahren.

Doch es ist, als führte der Teufel Regie: Während Isaacs meteorologischer Belehrungen haben graue Wolken den Himmel überzogen. Ein halbes Dutzend Fachleute scharen sich ratlos um den Bildschirm herum. Die Stimmung ist gedrückt. Heute scheint wieder mal so ein Tag zu sein, an dem *Puerto Errado* nur Strom braucht und keinen erzeugt.

Ist es bloss ein gemeiner Zufall, die Ausnahme, welche die Regel bestätigt? Nach einigem Hin und Her gewährt mir Isaac Hernández Einblick in die Produktionsprotokolle der vorigen Woche.

Die ersten drei Tage stand das Solarkraftwerk still wegen schlechten Wetters. Der vierte Tag war ein perfekter Sonnentag: Nach einer Aufheizphase von knapp zwei Stunden produzierte das Werk zwischen 10 und 17 Uhr auf einer Turbine (die zweite wird nur im Sommer zugeschaltet) die volle Leistung (15 Megawatt). Tag fünf war mittelmässig (reduzierte Teillast von 10 bis 15 Uhr). Tag sechs wiederum tote Hose. Tag sieben wäre perfekt gewesen, leider zu perfekt – wegen eines Überangebots an Windenergie im Netz musste Puerto Errado seine Tagesproduktion um 30 Prozent drosseln.

Ein Jahr hat auch in Spanien 8760 Stunden. Doch *Puerto Errado* liefert pro Jahr im Schnitt gerade mal während 1400 Stunden

Strom. Das entspricht einer Auslastung von mageren 16 Prozent. Die saisonalen Unterschiede sind auch im sonnenreichen Süden Spaniens drastisch. Im Spitzenmonat Juli produzierte Puerto Errado achtmal mehr Strom als im Dezember. Doch die Belegschaft – auch in Spanien gibt es Arbeitsgesetze – arbeitet nicht auf Abruf. Sie muss das ganze Jahr bezahlt werden.

Für *Puerto Errado* wurden 65 Hektar fruchtbares Kulturland geopfert. In der trockenen Region von Murcia gäbe es zwar Brachland in Fülle. Doch eine Solaranlage baut man vorzugsweise auf einer gegen Süden geneigten Hanglage, und sie braucht einen Anschluss ans Wassernetz. Solche Lagen werden naturgemäss auch landwirtschaftlich genutzt. Der Wasserverbrauch wurde zwar dank einer Luftkühlung stark reduziert, doch auch diese Kühlung ist nicht gratis, sie verschlingt rund zehn Prozent des ohnehin dürftigen Ertrags. Wasser braucht es trotzdem, für die wöchentliche Reinigung der Solarspiegel. Wo es trocken ist, da gibt es naturgemäss viel Staub, welcher der Lebenserwartung der Reflektoren wiederum zusetzt.

Und noch eine letzte Rechnung: Wollte man die Produktion des Kernkraftwerks Leibstadt durch Solarstrom ersetzen, müssten mindestens 225 Anlagen der Grösse von Puerto Errado gebaut werden. Und wenn die Sonne nicht scheint, müsste man halt auf den Strom verzichten.

Vielleicht wäre es doch klüger, auf der dafür benötigen 14 650 Hektar Ackerland Orangen, Pfirsiche oder Spargeln anzubauen. Rentabler wäre es auf jeden Fall. Vielleicht hätten die Investoren ein spanisches Wörterbuch in die Hand nehmen sollen, bevor sie ihre Millionen nach Calasparra schickten. *Puerto Errado* heisst auf Deutsch »Hafen des Irrtums«.

Eine Kugel Eis pro Monat

Die *Süddeutsche Zeitung* feierte den 1. Januar 2018 als historischen Tag: »An Neujahr versorgte sich Deutschland erstmals mit Ökostrom«. Welche eine Symbolik! »Niemand hatte erwartet, dass wir 100 Prozent an einem Wintertag früh morgens erreichen«, jubelte der zuständige Staatssekretär Rainer Baake. Der Grund lag bei den starken Winden und einem aussergewöhnlich niedrigen Verbrauch, der das Wunder um sechs Uhr in der Früh für ein paar Minuten möglich machte.

War das wirklich eine gute Nachricht? Jedenfalls nicht für die Deutschen Elektrizitätswerke. Der Strompreis rasselte an jenem Neujahrsmorgen auf Minus 76 Euro pro Megawattstunde (MWh). Das heisst: Statt Geld für ihren Strom zu erhalten, zahlten die deutschen Stromproduzenten an jenem Morgen dafür, dass ihnen jemand den Strom abnahm, und das nicht zu knapp. 76 Euro pro MWh ist rund das Doppelte von dem, was Elektrizität in Deutschland im Schnitt kostet.

Negative Strompreise sind ein relativ junges Phänomen in Deutschland, das in den letzten Jahren aber rasant zugenommen hat. Bei längeren Windphasen zahlten die Elektrizitätswerke schon bis zu 250 Euro pro MWh, damit irgendjemand den überschüssigen Saft abnimmt. Das Problem liegt zum einen bei einem Gesetz, das sie zwingt, den je nach Witterung anfallenden Flatterstrom von Wind und Sonne aufzukaufen, egal ob sie ihn brauchen oder nicht. Öko hat Priorität. Konventionelle thermische Kraftwerke kann man aber nicht beliebig rauf- und runterfahren, aus verschiedenen Gründen. Die Turbinen altern schneller, eine reduzierte Verbrennung unter der optimalen Temperatur führt zu einer massiv höheren Luftbelastung und zu einem höheren Treibstoffverbrauch. Abstellen kann man die Anlagen aber auch nicht, weil sie als Backup für die unzuverlässigen und instabilen Solar- und Windgeneratoren unverzichtbar sind. Die Alternative wäre der Blackout. Negativpreise sind oft die günstigste Variante zur Steuerung der Produktion.

Der grösste Teil des deutschen Stromüberschusses wird ins Ausland verschachert. Die Freude über den Strom- und Euro-Segen aus der Nachbarschaft hält sich allerdings in Grenzen. Polen und Tschechien riegeln ihr Netz inzwischen zeitweise ab, weil sie es satthaben, die Schwankungen der deutschen Produktion aufzufangen. Als Alternative bietet sich etwa die Deutsche Bahn an. Es kann schon mal vorkommen, dass diese im Sommer Weichenheizungen einschaltet, um den Überschuss an teuer subventioniertem Ökostrom gewinnbringend zu vernichten.

Nur die deutschen Konsumenten profitieren leider nicht von der sporadischen Stromschwemme. Irgendjemand muss den Leerlauf ja finanzieren. Deutsche und dänische Haushalte zahlen den mit Abstand höchsten Preis für ihren Strom (30,5 Cents/KWh) in ganz Europa. In Grossbritannien, Frankreich und Norwegen kostet die Elektrizität etwa die Hälfte.

Willkommen in der deutschen Energiewende.

Noch nie war der Strom in Deutschland im Grosshandel so billig zu haben wie heute – und noch nie zahlte der Konsument dafür so viel wie heute. Allerdings nur die kleinen Leute. Grossverbraucher sind von den explodierenden Netz- und Ökoabgaben ausgenommen, weil die Energiewender nur zu gut wissen, dass die Wirtschaft sonst ins Ausland abwandern würde. Für einen mittleren Betrieb, etwa eine Bäckerei, kann es sich deshalb rechnen, die Brotöfen eingeschaltet zu lassen, wenn sie gar nicht gebraucht werden; denn ein höherer Konsum führt unter Umständen zu einer tieferen Stromrechnung.

Die organisierte Vernichtung von Ressourcen erinnert an die Planwirtschaft in der Sowjetunion. Dort gab es Fünfjahrespläne. Auf dem Papier gingen diese Pläne jeweils wunderbar auf, in der real existierenden Welt aber sind sie bekanntlich allesamt grandios gescheitert. Die deutschen Planer zogen die Lehren, auf ihre Weise: Die Energiewende, welche sie im Jahr 2000 mit dem *Erneuerbaren-Energie-Gesetz* einleiteten, ist ein Fünfzig-Jahres-Plan. Der wesentliche Unterschied zum klassischen Fünfjahres-Plan besteht darin, dass man die Verantwortlichen dannzumal kaum noch zur Rechenschaft ziehen kann, falls das Unternehmen scheitern sollte.

Alles begann mit einer eher symbolischen »Ökoabgabe« von 0,08 Cent auf jede verbrauchte Kilowattstunde und eine privilegierte Netzeinspeisung für Alternativstrom. Kaum spürbar war allerdings auch die Wirkung. Fünf Jahre später kündigte Umweltminister Jürgen Trittin (Grüne) deshalb eine markante Erhöhung der Dosis an. Jährlich sollten nun 10 Milliarden Euro in die Energiewende gebuttert werden. Doch Trittin beruhigte: »Es bleibt dabei, dass die Förderung der erneuerbaren Energien einen durchschnittlichen Haushalt nur rund 1 Euro im Monat kostet – so viel wie eine Kugel Eis«. Diese lächerlich kleine Investition in die Zukunft werde sich hundertfach auszahlen: Neue Jobs und High-Tech-Innovationen würden die Wirtschaft beflügeln, angetrieben von harmlosen Windrädern und Solarpanels. Gratis und franko würden sie Energie ohne strahlende Abfälle liefern. Am deutschen Wesen sollte die Welt genesen – aber diesmal anders als auch schon, friedlich und zum Wohle aller. Ein Unmensch, wer sich da quer stellte.

Die Kugel Eis hat sich mittlerweile in eine Goldkugel verwandelt. Bereits 2013 warnte Minister Peter Altmaier (CDU), dass die Energiewende bis zum Jahr 2030 rund eine Billion – also 1000 Milliarden Euro – verschlingen werde. Zwei Jahre später rechnete das Institut für Wettbewerbsökonomik der Uni Düsseldorf (DICE) aus, dass eine vierköpfige Familie im Schnitt 25 000 Euro für den Umbau der Stromversorgung hinblättern werde. Das entspricht in etwa ihrem Nettovermögen. Der Ertrag ist auf der anderen Seite pitoyabel: 2016 schüttete Deutschland für vermeintlichen Ökostrom mit einem Marktwert von rund 4 Milliarden Euro knapp 30 Milliarden Euro Fördergelder aus.

Und das Traurigste: All den Steuergeldern und Zwangsabgaben zum Trotz hat sich in Deutschland der Ausstoss von CO_2 nicht wesentlich verändert. Was mit Solar- und Windanlagen eingespart wurde, wird durch Kohle-, Gas- oder Ölkraftwerke, ohne die das Netz zusammenbrechen würde, wieder in die Atmosphäre gepustet. Weil die thermischen Kraftwerke zur Sicherung der Netzstabilität unabdingbar sind, werden mittlerweile auch sie mit Quersubventionierungen künstlich am Leben erhalten.

Die Folgen der deutschen Energiewende bekommen auch die Nachbarländer von Deutschland zu spüren. Die schweizerischen Wasserkraftwerke etwa – zuvor während hundert Jahren hoch rentable *Cash-Cows* – stehen vor dem Ruin. Dabei produziert niemand umweltfreundlicheren Strom als sie. Doch seit die Deutschen das Netz mit ihrem hoch subventionierten Strom zu Dumpingpreisen fluten, spielt der Markt verrückt. Die Pumpspeicherwerke in den Alpen werden zwar dringender gebraucht denn je, aber nicht mehr regelmässig. Das Tagesgeschäft ist bei guter Witterung weggefallen. Das schlägt auf den Gewinn. Rentabel sind eigentlich nur noch Kohlekraftwerke. Die weltweit sinkende Nachfrage nach Kohle hat die Preise für den Rohstoff in den Keller rasseln lassen.

Willkommen im real existierenden Markt.

Nach offiziellen Berechnungen wurden im deutschen Ökostrom-Business 350 000 Stellen neu geschaffen. Doch ist das wirklich ein Erfolg? Die deutsche Braunkohle-Industrie erzeugte mit 20 000 Arbeitern bloss einen Drittel weniger Strom. Man könnte es auch so sehen: Der Braunkohle-Sektor ist zehnmal effizienter als die Öko-Branche. Wenn es das Ziel wäre, möglichst viele Menschen mit der Stromgewinnung zu beschäftigen, könnte man getrost das mittelalterliche Tretrad wieder einführen. Es ist in dieser Hinsicht unschlagbar, würde Millionen neuer Jobs schaffen. Am meisten Strom pro Mitarbeiter produzieren auf der anderen Seite Kernkraftwerke. Anders als im Ökobusiness sind es zumeist hoch qualifiziert Spezialisten. Doch beim Atomausstieg spricht seltsamerweise kein Mensch vom Verlust von Arbeitsplätzen und Verlust von Knowhow.

Das versprochene grüne Innovationswunder lässt derweil auf sich warten. Namentlich bei der Herstellung von Solarpanels hat China faktisch ein weltweites Monopol geschaffen. Niemand produziert die Solaranlagen günstiger, nicht zuletzt dank günstigem Kohlestrom. Doch das soll sich ändern. Fast monatlich wird im Reich der Mitte ein neuer Atommeiler in Betrieb genommen. 2017 befanden sich in China 40 Kernkraftwerke im Bau oder in der Planungsphase, die in den nächsten acht bis zehn Jahren ans Netz gehen sollen. Allein 2018 gingen in China sieben neue Atomreaktoren ans Netz. Die Solarpanels werden vor allem für den Export hergestellt.

Und China ist nicht allein. Andere aufstrebende Länder wie Indien (20 Atomreaktoren geplant, 6 im Bau), Südkorea (6 Reaktoren geplant, 4 im Bau) oder Vietnam setzen auf Kernenergie. Aber auch in Europa arbeiten einige Länder – allen voran England, Polen, Tschechien und die Slowakei – daran, die Kohle durch Atom zu ersetzen. Während Deutschland bis 2022 sein letztes AKW stilllegen will, werkelt Russland diskret an der Erstellung von 27 neuen Meilern. Anders als für Deutschland könnte das Pariser Klimaabkommen all diesen Ländern Vorteile bringen. In Bezug auf die CO_2-Emissionen ist die Kernenergie fast unschlagbar.

Je offensichtlicher das Fiasko der Energiewende, desto fanatischer die Durchhalteparolen. Deutschland ist offenbar wieder bereit, bis zum bitteren Ende zu gehen. Dabei geht es um einiges. Die Energieversorgung ist gleichsam der Kreislauf jeder modernen Zivilisation. Die Energiewende wäre demnach, um beim Bild zu bleiben, so etwas wie der Versuch, das Herz und die Arterien an einem lebenden Körper neu aufzubauen und zu ordnen. Falls die Operation scheitert, sieht es ziemlich düster aus. Ohne Strom läuft nichts, aber auch gar nichts mehr in einer hoch industriellen Zivilisation. Die sichere und freie Verfügbarkeit von Elektrizität ist entscheidend für jeden Betrieb. Der erschwingliche Zugang zur Energie eine unabdingbare Voraussetzung für jede Entwicklung.

Alles nur Panikmache? Gemäss Rechnungen des *Verbands Schweizerischer Elektrizitätsunternehmen* würde ein eintägiger landesweiter Blackout der Eidgenossenschaft einen volkswirtschaftlichen Schaden von zwei bis vier Milliarden Franken verursachen. Eine Studie des eidgenössischen *Bundesamtes für Bevölkerungsschutz* (Babs) stufte 2015 einen saisonalen Strommangel als wahrscheinlichstes Katastrophenszenario für die Schweiz ein. Eine Unterversorgung von 30 Prozent während der Winterzeit – etwa in der Folge eines extremen Kälteeinbruchs – würde einen Schaden von über 100 Milliarden Franken verursachen. Das entspricht in etwa den geschätzten Folgekosten der Reaktorkatastrophe von Fukushima. Bloss: Ein nuklearer GAU ist gemäss den *Babs*-Experten in der Schweiz 16 000-mal weniger wahrscheinlich als ein saisonaler Strommangel.

Der Traum vom ewigen Energielieferanten ist wohl so alt wie die menschliche Zivilisation. Vor 500 Jahren werkelte Leonardo da Vinci schon an einem *Perpetuum Mobile*, das uns kostenlos und ewig all die Mühe und Last abnehmen würde. Der Universalerfinder der Renaissance gelangte zum Schluss, dass es nicht möglich war. Doch der Traum vom *Perpetuum Mobile* hielt sich standhaft und erlebte während den 1970er und 1980er Jahre eine Renaissance, als deutsche Ostermärschler zuerst gegen die atomare Nachrüstung und später gegen die Kernenergie aufs Feld zogen. Im Nebel des Cannabis-Dampfes, der über den Demo-Camps lag, entwickelten sie damals die süsse Vision von Windrädern und Solarpanels. Sie sollten die unheimlichen Atom-Monster überflüssig machen.

Tatsächlich waren Windräder und Solarenergie schon damals nichts Neues. Der Wind wird vom Menschen seit Urzeiten genutzt. Mit Windenergie reiste Kolumbus über den Atlantik, mahlten Müller im Mittelalter das Korn. Albert Einstein erhielt 1922 den Nobelpreis, nicht weil er die Grundlagen zur Kernspaltung geschaffen hatte, sondern zur Photovoltaik. Die Amerikaner schickten 1958 ihren ersten Satelliten ins All, der von einer Solarzelle gespeist wurde. Seit den 1970er Jahren wird das Funknetz im australischen Outback mit batteriegestützten Solarpanels betrieben.

Seit bald 50 Jahren macht im Halbjahrestackt die Meldung die Runde, Solar- und Windanlagen stünden vor dem Marktdurchbruch und würde demnächst billigeren Strom produzieren als alle anderen Energieträger. Tatsache ist: Es gibt kein Solar- oder Windprojekt auf der Welt, das ohne Subventionen, Einspeisevorrang und bei Berücksichtigung der Netzkosten rentieren würde. Und es gibt keinen Grund zur Annahme, dass sich das je ändert. Das Problem liegt nicht an der Technologie, sondern an den unerbittlichen Gesetzten der Natur. Zum einen werden die Rohstoffe durch die Massenproduktion nicht billiger. Zum andern steigen mit dem Anteil des Flatterstroms von Wind und Sonne die Netz- und Speicherkosten.

Die Apologeten der Energiewende weisen gerne auf die atemberaubenden Entwicklungen hin, welche die Computertechnologie in den letzten Jahrzehnten erfahren hat. Wer hätte es vor fünfzig Jahren schon für möglich gehalten, dass man auf einem Microchip, der kleiner ist als eine Briefmarke, heute eine ganze Bibliothek unterbringen kann. Seit 1971 hat sich die Rechenleistung der Datenträger etwa alle 18 Monate verdoppelt[11]. Doch bei den Batterien ist dies nicht der Fall. Die Energiedichte hat sich in den letzten zehn Jahren aller Anstrengungen zum Trotz nicht einmal verdoppelt. Einer weiteren Steigerung stehen physikalische Gesetze im Weg, ein revolutionäres Konzept ist nicht in Sicht. Noch schlechter sieht es aus bei den Solarzellen. Der Wirkungsgrad ist weitgehend ausgereizt.

Das Perfide an der Energiewende ist, dass sie die Lösung der Probleme in die Zukunft verschiebt. So ist mittlerweile auch den Wendern klargeworden, dass sich Strom schlecht speichern lässt. Sie haben deshalb das *Smart Grid* erfunden. Doch hinter der Aura der Cleverness – wer ist schon gegen ein »intelligentes Netz«! – versteckt sich ein planwirtschaftliches Prinzip, das jeden sowjetischen Strategen vor Neid hätte erblassen lassen: Der Konsument soll seinen Konsum gefälligst dem schwankenden Angebot anpassen. Supercomputer bestimmen nicht nur, wer wieviel bekommt, sie schalten die Anlagen in den Haushaltungen und Fabriken gleich selber ein und aus.

Tatsächlich hatte es der Markt bei der Stromversorgung schon immer schwer. Wer das Licht, einen Computer oder den Kochherd anknipst, der achtet nicht auf den gerade aktuellen Strompreis. Ein Kühlschrank schaltet sich ein und aus, um die Temperatur stabil zu halten. Züge fahren, wenn es der Fahrplan will, Rolltreppen, wenn man sie braucht. Die Maschinen und Roboter in den Fabriken produzieren im Idealfall rund um die Uhr, denn jede Sekunde, in der die Investition nicht genutzt wird, ist ein Verlust. Gerade hier liegt der vielleicht grösste Vorteil des Stroms: Er ist jederzeit und grund-

---

11 NZZ vom 31.10.2018, »Nicht alles verdoppelt sich in 18 Monaten – wahrer Fortschritt braucht Zeit«

sätzlich in beliebiger Menge vorhanden. Das Angebot richtet sich deshalb nach der Nachfrage.

Dieses Prinzip kehrt *Smart Grid* in sein Gegenteil um: Der Kunde soll seinen Bedarf nach dem Angebot richten, soll den Strom brauchen, wenn er anfällt. Und wenn gerade keine Sonne scheint oder kein Wind bläst, bleibt der *Tesla* halt in der Garage und gibt Energie ins Netz ab, statt seine Batterien voll zu tanken. Für die einen mag das eine romantische Vorstellung sein. Mehrheitsfähig ist sie wohl kaum, wenn man das Ganze zu Ende denkt. Nur machen das leider nur wenige. Für die deutsche Energiewende gibt es letztlich nur eine Begründung: Weg von der Kernenergie! Doch warum eigentlich? Schaut man sich die Argumente an, fehlen stets die Gegenargumente.

Ja, es stimmt – ein AKW lässt sich schlecht versichern. Noch schlechter versichert sind die Stauseen. Das Missverhältnis zwischen dem gigantischen Schaden, der vom »Grössten Anzunehmenden Unfall« zu erwarten wäre, und der extrem kleinen Wahrscheinlichkeit, dass er eintritt, ist einfach zu gross. Es ist deshalb vernünftig, wenn dieses Restrisiko von der Allgemeinheit getragen wird, zumal jeder Bürger gleichermassen vom Strom profitiert. Bei einer Staumauer stösst sich kaum jemand daran. Warum sollte es bei einem Kernkraftwerk anders sein?

Ja, es stimmt – jedes Kernkraftwerk produziert radioaktive Abfälle. Gemessen an all den anderen hoch giftigen Abfällen, die sorglos gelagert werden, sind die Mengen allerdings sehr gering. Die nuklearen Endlager müssen so oder so gebaut werden. Rund ein Drittel aller radioaktiven Abfälle werden von Industrie und Medizin verursacht. Soweit bekannt fordert niemand, auf Krebstherapien zu verzichten, weil sie strahlenden Müll verursachen. Abgesehen davon wäre es heute schon technisch möglich, die lang strahlenden AKW-Abfälle aus der Welt zu schaffen.

Im russischen Belojarsk ging im August 2017 der Brüter BN-800 ans Netz. Die Anlage kann nicht nur den Zündstoff ausrangierter Atombomben in Strom umwandeln, sondern auch lang strahlende Abfälle. An sich ist die Brütertechnologie nichts Neues. Frankreich hat sie schon im letzten Jahrhundert mit dem *Superphénix* bei Crais-Malleville getestet. In China, Indien und Japan befinden sich zurzeit grössere Brutreaktoren im Bau. Die Brüter haben allerdings auch Nachteile. Und das sind leider nicht nur die relativ hohen Kosten. Sie vernichten nämlich nicht nur ausgebrannte Uranstäbe und alte Bomben. Sie produzieren auch neues Plutonium. Die Frage ist, was man daraus macht. Man kann mit dem Material neue Bomben bauen, man kann damit aber auch den Brennstoff für konventionelle Kernkraftwerke herstellen. Als Alternative zum Uran böte sich der Spaltstoff Thorium an, der sich nicht für kriegerischen Zwecke eignet. Doch die Technologie ist noch zu wenig ausgereift, die Atommächte hatten bislang auch kein grosses Interesse daran.

Ja, es stimmt – die Kernenergie ist untrennbar mit der Bombe verknüpft. Insofern ist die Angst der Atomgegner begründet. Doch Angst war noch nie ein guter Ratgeber.

Friedensnobelpreis für Adolf Hitler

Kurz vor dem Start bemerkte Major Charles Sweeney, dass die Pumpe zum Reservetank der *Bockscar* ausgefallen war. Es war der 9. August 1945. Zwei Tonnen Treibstoff würden ihm damit fehlen. Doch Sweeney mochte die Mission, die wichtigste vielleicht in seinem Leben, nicht abbrechen. Der Treibstoff musste reichen bis zum Kyushu-Archipel und zurück nach Tinian, mindestens aber bis zur Insel Okinawa, welche die Amerikaner bereits erobert hatten. Nach 3 Uhr in der Früh hob die viermotorige *B-29 Superfortress* ab. Hauptziel war die alte japanische Garnisonstadt Kokura. Nagasaki, das Ausweichziel, lag auf dem Rückweg.

The Great Artiste, das erste Begleitflugzeug, sollte in der Luft zur *Bockscar* stossen. Die Maschine liess auf sich warten. *Big Stink*, das zweite Begleitflugzeug, erschien überhaupt nicht am vereinbarten Treffpunkt über dem Pazifik. Wertvolle Zeit ging verloren. Als die beiden Bomber Kokura erreichten, lag die Stadt unter einem Rauchschleier. Die Amerikaner selber hatten die Gegend in der Nacht zuvor zerbombt. Mit Mottfeuern erschwerten die Japaner die Sicht zusätzlich. Es war unmöglich, ein Ziel zu orten. Als auch noch Flakfeuer aufblitzte und japanische Abfangjäger aufstiegen, drehte Major Sweeney ab.

Nagasaki lag unter einer Wolkendecke. Mehrmals liess Sweeney seine *Superfortress* über der Stadt kreisen. Der Treibstoff wurde nun wirklich knapp. Mit der 4,6 Tonnen schweren Bombenlast an Bord würde er es nicht einmal bis Okinawa schaffen.

Es war bereits 11 Uhr, als sich ein Loch in der Wolkendecke auftat. Die Maschine befand sich rund zwei Meilen nördlich des Stadtzentrums von Nagasaki. Immerhin war da auch eine Fabrik, wird man sich später rechtfertigen, die Mitsubishi-Eisenbahnwerke, wo auch Waffen hergestellt wurden, angeblich sogar Torpedos, wie sie in Pearl Harbour zum Einsatz gekommen waren. Sweeney erteilte den Befehl zum Abwurf.

Dachte der Major in diesem Moment an die 240 000 Menschen, die unten in der Stadt ahnungslos ihrem Alltag nachgingen? Aus einer Höhe von 9000 Metern über Meer erscheint die Welt weit und fremd, sind keine Menschen erkennbar. Es war auch nicht das erste Mal, dass Sweeney den Befehl erteilte, Bomben über ein dicht besiedeltes Gebiet abzuwerfen. Doch es war das erste Mal, dass er gleichsam mit einem Knopfdruck eine halbe Grossstadt vernichtete.

Die fröhlichen Gesichter der Crew, die auf Fotos vor dem Start der Mission zu sehen sind, zeugen nicht von Gewissensbissen. Aus den Botschaften und Autogrammen, welche die Crew und das Bodenpersonal auf die Atombombe mit dem sinnigen Namen *Fat Man* gekritzelt hatten, sprach eher Stolz. Viel Zeit zum Denken blieb Major Sweeney ohnehin nicht. Mutmasslich war er vor allem froh, seine Last loszuwerden. Während die Bombe in Richtung Nagasaki fiel, drehte die *Bockscar* scharf ab und ging in einen steilen Sinkflug über, um Geschwindigkeit zu gewinnen. Nur weg, damit nicht noch die Schockwelle der eigenen Bombe den Flieger vom Himmel holte.

Es war 11.02 Uhr, als sich ein Feuerball über das Urakami-Viertel von Nagasaki ergoss, der in seinem Kern über eine Million Grad heiss war. Gegen 50 000 Menschen starben auf der Stelle: von der Druckwelle in Stücke zerrissen, vom Strahlenschock zersengt. Weitere geschätzte 20 000 Menschen erlebten den Tod langsam und qualvoll.

Viele erstickten im Feuersturm, den die Bombe verursachte und der noch bis zum nächsten Morgen wütete. Andere verbluteten oder erlagen ihren Brandwunden, ohne dass ihnen jemand hätte helfen können. Die Atombombe hatte unter anderem auch das Universitätsspital von Nagasaki in eine Ruine verwandelt. Und schliesslich gab es jene, die von der direkten Strahlung der Explosion erfasst, jedoch nicht auf der Stelle getötet worden waren. Die Strahlenkrankheit war ein besonders perfides und peinvolles Leiden, das sich über Wochen hinziehen konnte. Hohe Strahlendosen können innere Blutungen verursachen, lebenswichtige Organe und vor allem auch das Immunsystem beschädigen. Man kann wenig bis nichts dagegen tun.

In Nagasaki erfolgte der zweite und seither letzte Abwurf einer Atombombe über bewohntem Gebiet. Viele bezeichnen den Angriff heute als Kriegsverbrechen. Ein ungeheuerliches Experiment am lebenden Objekt war er allemal. Über das Wesen und die Gefahren der radioaktiven Strahlung war man zwar bereits damals recht gut im Bilde. Über die möglichen Langzeitfolgen von niedrigen Dosen jedoch wusste man wenig. Man ging davon aus, das Gebiet könnte auf Jahrzehnte hinaus, wenn nicht über Jahrhunderte kontaminiert und unbewohnbar sein. Von einem Anstieg des Krebsrisikos, von beschädigten Föten und Kindern mit schrecklichen Missbildungen war die Rede.

Objektiv betrachtet, forderten die konventionellen Bombenangriffe in Japan viel mehr Todesopfer als die Atombomben über Hiroshima und Nagasaki. Allein der Feuersturm über Tokio vom 9. März 1945 soll mehr Zivilisten getötet und verletzt haben. Die kriegerische Wirkung der Atombombe war vor allem psychologischer Natur. Zum einen lag es an der unheimlichen Wirkung der Strahlung, zum andern an der gewaltigen Zerstörungskraft der Bombe.

Der Plutoniumkern, der eigentliche Sprengkörper der Nagasaki-Bombe, war gerade mal so gross wie ein Tennisball. Er markierte den Beginn einer neuen Ära, nicht nur in der Kriegsführung. Mit einem Schlag hatte die Menschheit Zugang zu Mächten, die zuvor unvorstellbar gewesen waren – im Guten wie im Bösen. Die Kernspaltung, auch das war von Anfang an klar, konnte die ganze Menschheit vernichten, ihr aber auch von grossem Nutzen sein und den Energiehunger für lange Zeit stillen.

Die erste Atombombe, welche die Amerikaner am 6. August 1945, drei Tage vor Nagasaki, über Hiroshima gezündet hatten, konnte man noch halbwegs erklären. Der Zweite Weltkrieg hatte mit der japanischen Besetzung der Mandschurei begonnen noch bevor Hitler in Europa seine Truppen in Marsch setzte. Im Bestreben, die Weltmacht mit Deutschland zu teilen, hatte das Kaiserreich halb Asien besetzt, von Korea über die Philippinen, bis zu Teilen von China. Der Überraschungsangriff auf Pearl Harbour war eine Kriegserklärung an die USA, die jegliche diplomatische Option verbaute. Die Japaner standen den Deutschen in Sachen Grausamkeiten kaum nach. Die Amerikaner ihrerseits waren es satt, ihre Jugend zu opfern für einen Krieg, der im Grunde nicht ihrer war.

Die Rechnung klingt zynisch, aber die Logik des Krieges ist nun mal zynisch. Die durchschnittliche Verlustrate im Pazifikkrieg belief sich auf 1,95 Gefallene pro Tag und tausend Soldaten. Für eine Invasion der japanischen Inseln brauchte es mindestens eine halbe Million Soldaten, von denen man monatlich hunderttausend ersetzen musste. Wie lange der Krieg noch dauern würde, war eine Rechnung mit vielen Unbekannten, aber die amerikanischen Militärs konnten auch hier auf Erfahrungen bauen. Vom D-Day bis zum V-Day, von der Invasion der Normandie also im Juni 1944 bis zum Fall von Berlin im Mai 1945, erlitten die Alliierten 766 294 Verluste. Das hügelige und dichtbewaldete japanische Inselreich war ungleich schwieriger einzunehmen. Und anders als in Europa hatten die Amerikaner keine verlässlichen Alliierten vor Ort. Allein bei der Besatzung der kleinen Insel Okinawa wurden über 30 000 Amerikaner getötet oder schwer verletzt. Die um ein Vielfaches höhere Opferzahl auf japanischer Seite fand in dieser Rechnung notabene keinen Platz.

Doch die zweite Atombombe – war sie zu rechtfertigen?

Darüber wird seit 1945 gestritten. Die Sprengkraft der Plutoniumbombe von Nagasaki war noch gewaltiger als jene der Uranbombe von Hiroshima. Dass es nicht noch mehr Opfer gab, war vor allem der Topografie der Stadt zu verdanken. Ging es bloss darum, die Höllenmaschine auch zu testen, wo man sie schon für teures Geld entwickelt hatte? Lag Japan nicht längst am Boden?

Kritiker des Atombombenabwurfs weisen darauf hin, dass Japan zu jenem Zeitpunkt bereits einen Waffenstillstand angeboten hatte. Was sie ausblenden: Eine amerikanische Besatzung und die Abdankung des Tennos, des Kaisers, lehnten die japanischen Machthaber auch nach Hiroshima kategorisch ab. Wie in Deutschland beharrten die USA auch gegenüber dem Kaiserreich auf einer bedingungslosen Kapitulation. Und das nicht ohne Grund. Japan war zwar schwer angeschlagen, aber noch lange nicht geschlagen. Zehntausend Kampfflieger, unter ihnen die berüchtigten Kamikaze, standen noch zum Einsatz bereit. Zwar mangelte es ihnen an Treibstoff. Doch die herrschende Clique hatte selber nicht mehr viel zu verlieren. Japan konnte einen Waffenstillstand auch nutzen, um seine Vorräte wieder aufzufüllen. Auf dem chinesischen Festland hatte die kaiserliche Armee noch bis zuletzt erfolgreiche Offensiven lanciert. Wie in Deutschland war auch in Japan ein Neuanfang nur durch einen Sturz des Regimes möglich.

Für die USA gab es noch einen zweiten Grund, den Krieg möglichst schnell zu beenden. Zwei Tage nach der Hiroshima-Bombe, am 8. August, also am Tag vor dem Abwurf der Nagasaki-Bombe, lief das Stillhalteabkommen der Sowjetunion gegenüber Japan aus. Die russischen Truppen für eine Besetzung des Inselreiches standen bereit[12]. Die USA wollten verhindern, dass die Sowjets ihren Einflussbereich auf Japan ausweiteten. Der Kalte Krieg zeichnete sich zu diesem Zeitpunkt bereits ab. Die Bombe war zweifelsohne auch eine Drohung an die Adresse von Stalin.

Tatsache ist: Wenige Stunden nach der Explosion der Atombombe über Nagasaki, noch in der Nacht auf den 10. August, um 2 Uhr in der Früh, willigte der Tenno in die bedingungslose Kapitulation ein. In der offiziellen Erklärung nahm der japanische Kaiser später direkten Bezug auf die Atombombe: »Würden wir weiterkämpfen, bedeutete dies nicht nur die Vernichtung von Japan, sondern der ganzen menschlichen Zivilisation«.

Deutlicher kann man es nicht zum Ausdruck bringen: Erst die zweite Atombombe hatte dem Imperator und seinen Generälen unzweifelhaft vor Augen geführt, dass der Gegner nicht nur in der Lage, sondern auch bereit war, sein ganzes Reich auszulöschen. Auch das gehört zur zynischen Logik des Krieges: Drohungen wirken nur, wenn man sie notfalls umsetzt.

So masslos die zerstörerische Gewalt der Atombombe ist, so abgründig erscheint das moralische Dilemma, das in ihr schlummert. Darf man 200 000 unschuldige Zivilisten töten, um das Leben von vielleicht einer Million Soldaten zu schützen? Kann man das Leben von Soldaten gegen das Leben von Zivilisten aufwiegen – und wenn ja, zu welchem Wechselkurs? Eins zu eins, eins zu fünf, eins zu zehn? Wer nimmt sich das Recht heraus, den Befehl zu erteilen? Ist das nicht dieselbe Logik, nach der sich Terroristen inmitten einer Menschenmenge in die Luft sprengen?

---

12 Fussnote: David Horowitz, »Kalter Krieg – Hintergründe der US-Aussenpolitik von Yalta bis Vietnam«, Wagenbach, Berlin 1969

Die Bombe von Nagasaki war der fürchterliche Höhepunkt des zweiten Weltkrieges, zugleich aber auch dessen abruptes Ende. Unter dem Eindruck des Massensterbens wurde die Uno gegründet, rauften sich die wichtigsten Länder der Welt 1948 zur Deklaration der universellen Menschenrechte zusammen. Das Gleichgewicht des atomaren Schreckens beherrschte den Kalten Krieg. Doch es hat auch verhindert, dass daraus ein dritter Weltkrieg wurde. Denn ein Krieg unter Atommächten macht keinen Sinn mehr, weil ihn keiner gewinnen kann. Die Atombombe hat dem Krieg den letzten Rest an Romantik geraubt und der Welt eine relativ friedliche Epoche beschert.

So paradox es klingen mag: Die schrecklichste Waffe, die man sich vorstellen kann, hat den Krieg sinnlos gemacht.

Für Japan selber brach nach der bedingungslosen Kapitulation eine Ära von Freiheit, Demokratie und Wohlstand an, wie sie das Land zuvor noch nie erlebt hatte. Womöglich ersparte die Bombe dem Land eine sowjetische Invasion, die kaum so schnell beendet worden wäre wie die amerikanische. Heute gibt es kaum ein friedlicheres Land auf dem Planeten. Der freiwillige Verzicht auf eine Armee, die Angriffe führen kann, ist in der japanischen Verfassung festgeschrieben. So betrachtet war für Japan die Atombombe ein makabrer Segen.

Jede Nation hat ihren Gründungsmythos mit seinen Symbolen. Im modernen Japan begann die *Stunde Null* mit den menschgemachten Katastrophen von Hiroshima und Nagasaki. Auf dem *Ground Zero,* den jeweiligen Epizentren der Bombenabwürfe, wurden Gedenkstätten und Parks errichtet, in denen am 6. und am 9. August nicht nur der Opfer gedacht wird, sondern auch der Geburt einer neuen, demokratischen und friedlichen Nation. Die Feierlichkeiten, zu denen auch heute noch Jahr für Jahr Tausende von Zuschauern und Hunderte von Journalisten pilgern, sind die faktischen Nationalfeiertage von Japan. Kein Premierminister und kein Spitzenpolitiker hat es sich in Japan je geleistet, den Gedenkfeiern von Hiroshima und Nagasaki fernzubleiben.

72 Jahre nach Hiroshima und Nagasaki, im Oktober 2017, wurde die in Genf domizilierte internationale Nichtregierungsorganisation *ICAN* (International Campain to Abolish Nuclear Weapon) mit dem Friedensnobelpreis ausgezeichnet. Die Organisation war in der Weltöffentlichkeit bis dahin weitgehend unbekannt. An gutem Willen mangelt es den Friedensaktivisten zweifellos nie. Wofür die *ICAN* genau ausgezeichnet wurden, ist jedoch nicht klar. Konkrete Verdienste oder gar Erfolge im Kampf für den Frieden kann die NGO jedenfalls nicht vorweisen.

Der Friedensnobelpreis war als Signal gedacht. US-Präsident Donald Trump hatte kurz zuvor auf das nukleare Säbelrasseln aus Nordkorea mit der Androhung eines atomaren Vergeltungsschlags reagiert. Im gleichen Zeitraum hatte sich Trump geweigert, das Atomabkommen mit dem Iran zu ratifizieren, weil er nicht glaubt, dass sich der islamische Gottesstaat an die vereinbarten Regeln hält. Die Message des Nobelpreis-Komitees war klar: Kriegsdrohungen sollen nicht mit Gegendrohungen pariert, sondern durch Verhandlungen, Entgegenkommen und guten Willen entschärft werden.

Für *ICAN*-Generalsekretärin Beatrice Fihn ist die Sache einfach. Kurz vor der Preisverleihung sagte sie gegenüber der Deutschen Presseagentur *dpa*: »Ist es akzeptabel, Hunderttausende Menschen umzubringen oder nicht? Wenn nicht, müssten Atomwaffen verboten werden.«

Leider verpasste es der Reporter, die entscheidende Anschlussfrage zu stellen: Und was ist, wenn sich nicht alle Länder dieser Welt an das Verbot halten? Werden sich die Regime von Nordkorea oder Iran vom Appell aus Oslo beeindrucken lassen und auf Atomwaffen verzichten? Und wenn sie es nicht tun – könnte man es dann ihren

Nachbarn verübeln, wenn sie ebenfalls Bomben bauen? Wäre es nicht verantwortungslos, ja nachgerade selbstmörderisch, wenn die Friedfertigen abrüsten, während die Aggressiven aufrüsten? Führt nicht gerade die Nachgiebigkeit gegenüber einem Aggressor in die Katastrophe? Hat nicht gerade das Säbelrasseln der Amerikaner das koreanische Regime an den Verhandlungstisch gebracht? Wenn ja – hätte nicht der verrückte Trump den Friedensnobelpreis verdient?

Es wären Fragen, die zumindest zu diskutieren wären. Doch diese Debatte fand nicht statt. Es war, als wäre das Thema mit einem unausgesprochenen Bann belegt. Der alte Fluch des Guten.

Gerade der Zweite Weltkrieg hat uns gelehrt, wie gefährlich eine einseitige Abrüstung sein kann. Gezeichnet vom Gräuel des Ersten Weltkrieges hatten Frankreich und Grossbritannien ihre Armeen in den 1920er und 1930er Jahren vernachlässigt. Sogar Winston Churchill, der spätere britische Kriegspremier, hatte zuvor als Schatzkanzler (1924 bis 1929) Einsparungen bei der Rüstung durchgesetzt. Damals hatte Churchill gegenüber Mussolini und Hitler noch Verständnis signalisiert, wenn nicht gar eine gewisse Bewunderung. Die britische Regierung setzte bis zum Einmarsch der Wehrmacht in Polen auf eine Politik gegenüber Nazi-Deutschland, die als *Appeasement* in die Geschichte eingehen sollte: Entspannung durch Verhandeln und Konzessionen. Der Deutsche Einmarsch in Österreich und im Sudetenland erfolgte mit dem Einverständnis der Briten. Die militärische Schwäche der westlichen Alliierten war geradezu eine Einladung für Hitler. Wären sie besser gerüstet gewesen, wäre der zweite Weltkrieg vielleicht gar nie ausgebrochen. Was zweifellos gut gemeint war, hatte direkt in die Katastrophe geführt.

Das Gegenbeispiel lieferte vierzig Jahre später der US-Präsident Ronald Reagan. Nach seiner Wahl 1980 beendete Reagan die bereits unter Richard Nixon (1969–1974) begonnene und von seinen Nachfolgern weitergeführte *Entspannungspolitik* gegenüber der Sowjetunion abrupt und stockte das Rüstungsbudget massiv auf. Die Beschimpfungen und Verwünschungen, die damals über den ehemaligen Hollywood-Schauspieler niederprasselten, standen dem medialen Sperrfeuer gegen Donald Trump kaum nach. Präsident Reagan galt als Kriegsurgel, als Bedrohung für die Menschheit. Er wurde damals oft in der Pose des schiesswütigen Cowboys mit rauchendem Colt karikiert, als einer, der zuerst feuert und dann erst fragt. Für viele war es nicht die Frage ob, sondern nur wann Ronald Reagan den *roten Knopf* drücken und die Welt in den nuklearen Untergang stürzen würde.

Aller Proteste und Verwünschungen zum Trotz setzte Präsident Reagan – mit Unterstützung des sozialdemokratischen deutschen Bundeskanzlers Helmut Schmidt – die Stationierung von atomaren Mittelstreckenraketen in Europa durch. Zugleich propagierte er den Ausbau des SDI-Programms, einem nuklearen Schutzschild, welches das Gleichgewicht des Schreckens zu Gunsten der USA verlagern sollte. Reagan intensivierte den Kampf gegen die marxistischen Guerillas in Lateinamerika, er erklärte dem sandinistischen Regime in Nicaragua den Krieg und liess US-Marines auf der Karibik-Insel Grenada einmarschieren, angeblich um einer kubanischen Invasion zuvorzukommen.

Der stramme Antikommunist Ronald Reagan war – neben der britischen Premierministerin Margareth Thatcher – für den linksliberalen Mainstream der 1980er Jahre die Hassfigur *par excellence*. Was wurde nicht alles geschrieben und gelästert über den unterbelichteten Reagan. Er sei ein funktionaler Analphabet, hiess es, ein »B-Movie-Schauspier«, der es nicht einmal in einen grossen Film geschafft hatte und nun in seiner grenzenlosen Ignoranz die Welt in den Abgrund führe.

Welch ein Kontrast zum Bild, das drei Jahrzehnte später gezeichnet wird. Als Ronald Reagan 2004 starb, übertrafen sich dieselben Blätter, die ihn wenige Jahre zuvor noch verdammt und verspottet hatten, mit Lobpreisungen des »grossen Kommunikators«. Ronald Reagan ging in die Geschichte ein als der US-Präsident, der den Kalten Krieg beendet und das Ende der kommunistischen Bedrohung eingeleitet hat. Reagan einigte sich mit dem sowjetischen Generalsekretär Michail Gorbatschow auf eine nukleare Abrüstung, die auch durchgezogen und respektiert wurde. Mit Reagan wurde – ich werde im nächsten Kapitel darauf zurückkommen – das Ende der Ära von Diktaturen und Guerillas in Lateinamerika eingeläutet.

Gewiss, die Atomwaffen wurden dadurch nicht aus der Welt geschafft, die Castro-Brüder hielten sich in Kuba an der Macht, die Guerillas gingen teilweise nahtlos zum organisierten Verbrechen über. Doch die Bedrohung einer unkontrollierbaren Eskalation war gebannt. Obwohl die neu entstandenen Demokratien südlich des Rio Grande alles andere als perfekt sind, bescherten sie den meisten Ländern doch eine relative Stabilität und ein nachhaltiges Wachstum, von dem alle sozialen Schichten profitierten. Der mit Erdöl- und Kokain-Geldern alimentierte *Sozialismus des XXI Jahrhunderts* in Venezuela ist die Ausnahme, ein kolossales Mahnmal der Vergangenheit.

Ronald Reagan lief nie Gefahr, für den Friedensnobelpreis nominiert zu werden. Diese Ehre wurde dagegen Jimmy Carter (2002) und Barack Obama (2009) zuteil. Wofür eigentlich? Nüchtern betrachtet haben die beiden eher glücklos regiert und kaum mehr für den Weltfrieden erreicht als die Aktivisten der Anti-Atom-Bewegung ICAN. Entscheidend war allein die gutgemeinte Botschaft. Carter wurde geehrt für sein Engagement im Nahostkonflikt, der vier Jahrzehnte später so hoffnungslos verfahren erscheint wie schon damals. Auch Obama hat keinen einzigen Brandherd gelöscht, weder in Afghanistan, noch im arabischen Raum.

Am 17. Januar 1939, unmittelbar vor Ausbruch des zweiten Weltkrieges, schlug der schwedische Reichstagsabgeordnete Erik Brandt in einem offiziellen Schreiben den Deutschen Führer Adolf Hitler für den Friedensnobelpreis vor. Der Sozialdemokrat Brandt hegte keinerlei Sympathien für die Nazis. Sein Vorschlag war eher sarkastischer Natur. Doch die Sache war ernster gemeint, als es auf den ersten Blick den Anschein macht. Brandts Vorschlag war nämlich die Antwort auf die Nomination des britischen Premierministers Neville Chamberlain. Der sollte für die *Appeasement*-Politik und das berüchtigten Münchner Friedensabkommen von 1938 geehrt werden.

Die Begründung von Erik Brandt für die Hitler-Nomination war in Wirklichkeit ein Plädoyer gegen das *Appeasement*: »Denn obwohl es wahr ist, dass Chamberlain durch seine außerordentliche Rücksicht und das Verständnis für Hitlers Friedensmühen wesentlich zur Erhaltung des Weltfriedens beigetragen hat, lag letztlich die *Entscheidung* bei Hitler und *nicht* bei Chamberlain! Es ist Adolf Hitler und niemand anderes, dem wir alle *zuvorderst* dafür zu danken haben, dass in fast ganz Europa noch Frieden herrscht, und in ihm ruht die Hoffnung auf zukünftigen Frieden«.

Damals war längst klar, dass das Münchner Friedensabkommen das Papier nicht wert war, auf dem es geschrieben stand. Brandts Botschaft war unmissverständlich: Chamberlains Nachsicht gegenüber dem grossen Diktator hatte nicht dem Frieden gedient, sondern vielmehr den Krieg begünstigt.

Gewiss, ein militärischer Sieg allein löst kein Problem. Es siegt auch nicht immer der Richtige. Für Osteuropa war Stalins Sieg keine Erlösung, er bedeute vielmehr ein weiteres halbes Jahrhundert Fremdherrschaft und Unterdrückung. In Japan und in Westeuropa gelang es den Siegern nach dem Zweiten Weltkrieg, in kürzester Frist funktionierende und prosperierende Demokratien auf die Beine zu stellen. Es funktionierte, weil die Besiegten willens und auch in der Lage waren, ein freies und marktwirtschaftliches System aufzubauen. Wo diese Voraussetzungen nicht gegeben waren – in Afghanistan, in Irak, in Libyen und lange zuvor in Vietnam – scheiterte das *Nation-Building* jedoch kläglich, aller logistischen und finanziellen Hilfen zum Trotz.

Was wäre geschehen, wenn Hitler, Stalin oder der Tenno die Bombe zuerst gehabt hätten? Die Frage ist keineswegs abstrakt. Das theoretische Wissen war allen zugänglich. Auch in Deutschland, Japan und Russland werkelten die Physiker im Zweiten Weltkrieg an der neuartigen Wunderwaffe. Die USA machten das Rennen dank ihrer wirtschaftlichen Überlegenheit. Wer den Gang der Welt bestimmt, wird ebenso auf der wirtschaftlichen wie auf der militärischen Ebene entschieden. Friedensaktivisten haben darauf keinen Einfluss. Sie arbeiten höchstens dem Gegner in die Hände.

Mir liegt es fern, die Atombombe als Segen zu bezeichnen. Der Schrecken eines Atomkrieges hat ganze Generationen geprägt. Als Teenager war auch ich der Überzeugung, dass der nukleare Weltuntergang – frei nach Murphys Gesetz, gemäss dem eines Tages alles schiefgehen wird, was schiefgehen kann – früher oder später Realität werden musste. Einen frohen Start ins Leben stellt man sich anders vor. Auch ich zog in den 1970er Jahren für den Weltfrieden durch die Strassen. Auch ich war entsetzt, als Anfangs der 1980er Jahre der US-Präsident Ronald Reagan über einen begrenzten Atomkrieg fabulierte. Das sind gerade für einen Heranwachsenden keine aufbauenden Perspektiven.

Insofern ist die Sehnsucht nach einer Welt ohne Atomwaffen – und in letzter Konsequenz auch ohne Kernenergie, welche die Voraussetzung für die Bombe schafft – durchaus nachvollziehbar. Aber diese Vision ist eine Illusion. Eine Erfindung, die einmal gemacht wurde, lässt sich nicht mehr rückgängig machen, wie Friedrich Dürrenmatt in seinem Bühnenstück *Die Physiker* (1961) plastisch darlegte. Wir können das Rad der Geschichte nicht zurückdrehen. Selbst wenn man sämtliche Forschungen der Kernphysiker beschlagnahmen und vernichten könnte – irgendeine Kopie bleibt immer. Unter den sieben Milliarden Menschen, die heute die Erde bevölkern, wird sich stets einer finden, der die bereits gemachte Erfindung nutzen wird. Und wenn es die Friedliebenden nicht tun, dann werden es mit Sicherheit die Kriegstreiber tun. Ob wir es wollen oder nicht – wir sind dazu verdammt, mit der Kernspaltung zu leben. Sie vergessen machen zu wollen wäre lächerlich, ja verantwortungslos.

Tatsächlich wusste kaum einer der Anti-Atom-Aktivisten, mit denen auch ich damals durch die Strassen zog, wie eine thermonukleare Bombe oder ein Kernkraftwerk überhaupt funktioniert, was die beiden Technologien gemein haben und was nicht. Die meisten wissen es heute noch nicht. Wozu auch. Sie sind prinzipiell dagegen, weil sie glauben, dass es etwas Schlechtes sein muss. Das Gute auf ihrer Seite zu haben, reicht ihnen vollends. Wer glaubt, braucht nicht zu wissen.

Schwerter zu Pflugscharen

In einer vielbeachteten Rede unter dem Motto »Atoms for Peace« vor den *Vereinten Nationen* unterbreitete US-Präsident Dwight Eisenhower am 8. Dezember 1953 der Weltgemeinschaft einen Vorschlag: Die Vereinigten Staaten würden ihr bis dahin streng geheimgehaltenes Wissen um die Kernspaltung für all jene Länder freigeben, die sich im Gegenzug verpflichteten, die Technologie nur für friedliche Zwecke zu nutzen. Eisenhower postulierte die Gründung einer Art Weltbank, welche die Herstellung, die Lagerung und den Handel von spaltbarem Uran235 und Plutonium organisieren und überwachen sollte. Beide Nuklide sind in hoher Reinheit schwierig zu gewinnen und für den Bau einer Atombombe unabdingbar. In niedriger Konzentration sind sie aber auch der Schlüssel zur friedlichen Nutzung der Kernenergie. Waffenfähiges Plutonium fällt andererseits auch in zivil genutzten Kernreaktoren an.

Uran235 und Plutonium sind die einzigen Elemente, welche die Atombombe mit einem Atomkraftwerk teilen, aber eben auch untrennbar vereinen. Man mag das bedauern oder verdammen – oder aus der Not eine Tugend machen. Wenn es gelingt, die zivile Nutzung der Kernenergie unter Kontrolle zu bringen, kann man damit die militärische mit in den Griff kriegen.

Der ehemalige Weltkriegsgeneral Eisenhower, der 1952 zum US-Präsidenten gewählt wurde und das Land bis 1960 regierte, war eher als Falke denn als Taube bekannt. Sicher war er ein misstrauischer Stratege. Auch Eisenhower wurde nie als Kandidat für den

Friedensnobelpreis gehandelt, obgleich er diesen vielleicht mehr verdient hätte als manch einer, der ihn tatsächlich erhielt. Abrüstung und Friedenspakte allein reichten ihm nicht. Wesentlich war für Eisenhower, dass die Abmachungen auch eingehalten würden. Und dafür brauchte es nach seiner Meinung einen positiven Anreiz. Mit seinem Angebot »zur Lösung des fürchterlichen nuklearen Dilemmas« ging er deshalb noch einen Schritt weiter. Nur wenn man die unermessliche Macht der Kernspaltung zum Wohl der Menschen und für das Leben nutzte, so argumentierte er, könne man verhindern, dass sie für Zerstörung und Tod eingesetzt werde.

Hinter Eisenhowers Schwerter-zu-Pflugscharen-Strategie standen zweifellos auch pragmatische Überlegungen. Das nukleare Monopol der USA war längst gebrochen. 1949 hatte Stalin, nicht zuletzt dank erfolgreicher Spionage, die Mutter aller sowjetischen Atombomben testen lassen. Wenig später zogen die USA mit der ersten Wasserstoffbombe nach. Sie war 500 Mal mächtiger als die Hiroshima-Bombe. Es war absehbar, dass die Sowjets nachrüsten würden. Doch das Wettrüsten zwischen den Supermächten war teuer. Spätestens nachdem der *Overkill* erreicht war – also das theoretische Potential, das gegnerische Land gleich mehrfach auszulöschen – hatten beide Seiten ein Interesse an der Abrüstung. Die USA und die Sowjetunion verband noch ein weiteres gemeinsames Interesse: Beide wollten möglichst verhindern, dass andere Nationen in den Club der Atommächte aufstiegen. Die fürchterliche Waffe vereinte die Erzfeinde zu einer Schicksalsgemeinschaft.

Die erste internationale Atomkonferenz in Genf im August 1955 lief unter Eisenhowers Motto »Atoms for Peace«. Sie war ein voller Erfolg. Euphorisch bestaunten die 4000 Gäste aus 73 Ländern den so genannten *Aquarium-Reaktor*, der eigens für den Anlass aufgebaut wurde. Die kleine Versuchsanlage erbrachte zwar bloss eine Leistung von 100 Kilowatt. Doch das bläuliche Licht, das sie ausstrahlte, stand für die Hoffnung. Die Kerntechnologie würde nicht nur dafür sorgen, dass es künftig genug Energie für alle Menschen gab. Sie eröffnete auch völlig neue Möglichkeiten in der Medizin, namentlich bei der Heilung von Krebskranken und in der Landwirtschaft.

Zwei Jahre später wurde die internationale Atomagentur *IAEA* mit Hauptsitz in Wien gegründet und mit der Aufgabe betraut, den Bestand an spaltbaren Nukliden zu überwachen und zu kontrollieren. Ausser Nordkorea und ein paar afrikanischen Exoten gehören heute sämtliche Länder der *IAEA* an. Darüber hinaus fördert die Weltatomagentur die Sicherheit von Atomanlagen. Weniger bekannt ist ihr Engagement für die Gesundheit. So betreibt die *IAEA* etwa in Afrika Projekte, bei denen Malaria-Mücken oder Schädlinge mit niedrigen Strahlendosen statt mit Pestiziden eliminiert werden.

Die Begrenzung von Atomwaffen, welche an die Förderung der friedlichen Nutzung der Kernenergie geknüpft wurde, ist vielleicht der grösste Erfolg, den die Vereinten Nationen je erzielt haben. 191 Verfassungsstaaten haben mittlerweile den Atomsperrvertrag unterzeichnet, der 1967 von den fünf offiziellen Atommächten (USA, Russland, China, Frankreich und England) initiiert wurde. Indien, Pakistan, Nordkorea und Israel bauten zwar trotzdem ihre Atombomben. Immerhin gelang es bislang, ein regionales Wettrüsten zu unterbinden. Die Abrüstungsverträge zwischen den USA und Russland sind derweil eine Realität. Seit 1998, als sich Indien und Pakistan als Atommächte outeten, gab es nur noch drei Atomtests. Alle gehen auf das Konto des Aussenseiters Nordkorea.

Die *IAEA* hat das Damoklesschwert einer nuklearen Eskalation nicht aus der Welt geschafft. Wenn die Spielregeln nicht eingehalten werden, ist die internationale Gemeinschaft relativ machtlos. Indien gehörte zu den ersten Ländern, die vom *Atoms-for-Peace*-Projekt profitierten. 1955 lieferte Kanada das spaltbare Material, das den Grundstock für die indischen Nuklearprojekte legte. Als klar wurde, dass sich Indien nicht an die Abmachungen halten würde und die Bombe baute, zog Pakistan nach. 1999 kam es im umkämpften Kaschmir-Gebiet noch einmal zu Feuergefechten zwischen den beiden Atommächten. Doch anders als bei den beiden früheren Kaschmir-Kriegen waren die Feindseligkeiten schnell beendet und forderten nur wenig Opfer. Keiner der beiden Erzfeinde wagte die Eskalation.

Objektiv betrachtet ist die Kernspaltung die sicherste Energiequelle, welche die Menschheit je hatte. Das der ETH Zürich angegliederte Paul-Scherrer-Institut (PSI) – ursprünglich auf die Kernphysik und heute vor allem auf alternative Energieträger spezialisiert – führte während vier Jahrzehnten Buch über alle gemeldeten Unfälle und Havarien, die sich seit 1970 rund um den Globus bei der Gewinnung von Energie zugetragen haben. Die *Ensad*-Datenbank, die dabei entstanden ist, gilt als weltweit grösste ihrer Art. Sie gibt über die Gefährlichkeit von Energieträgern Auskunft, in soliden Schweizer Fränkli und Menschenleben.

Statistisch am meisten Todesopfer fordert die Kohle; danach folgen mit kleinem Abstand Erdöl und Erdgas. Allein in den chinesischen Kohlebergwerken sterben jährlich mehrere Tausend Kumpel. Die verlorenen Lebensjahre infolge der Luftverschmutzung wären ein Thema für sich, sie sind in der *Ensad*-Erhebung nicht enthalten. Auch Gas und Öl sind brandgefährlich und fordern immer wieder Opfer. Bei der Wasserkraft ist die Sache weniger klar. In Entwicklungsländern, wo es gelegentlich zu Dammbrüchen kommt, ist sie relativ gefährlich; in Industrieländern sind Stauseen dagegen ziemlich sicher. Die beste Bilanz weist mit Abstand die zivile Nutzung der Kernenergie auf. Die 31 bis 56 Strahlenverseuchten von Tschernobyl sind die einzigen Todesopfer, die weltweit registriert wurden.

Ginge es wirklich darum, dass möglichst viele Menschen möglichst lange leben, müsste man zuerst dafür sorgen, dass es ihnen wirtschaftlich besser geht. Das betrifft nicht nur die Entwicklungsländer.

Das Bruttosozialprodukt ist ein Indikator für die Lebenserwartung. Doch es gibt einen verlässlicheren: Der Energiekonsum. Wenn der Wohlstand unter viele verteilt ist, steigt auch der Energieverbrauch. Sobald es den Menschen besser geht, brauchen sie mehr Energie – für Transport, für Kommunikation, für Spitäler, für den Haushalt, für Computer, für die Industrie, die Landwirtschaft und den Handel. Doch ohne eine sichere und erschwingliche Energieversorgung gibt es keine Entwicklung. Mit gutem Grund mass die UNO den Entwicklungsstand lange am Energiekonsum. Und wenn sie es heute nicht mehr tut, dann nur aus Gründen der *Political Correctness.*

Auch wenn man den Verschleiss an Ressourcen am Ertrag misst, ist die Kernenergie aufgrund der gewaltigen Energiedichte kaum zu schlagen. Nähme man den Zusammenhang zwischen CO_2 und Klimaerwärmung tatsächlich ernst, drängt sich die Kernenergie als Alternative erst recht auf. Mit gutem Grund befanden sich Anfang 2017 weltweit 60 neue Kernreaktoren mit einer Gesamtleistung von 60 800 Megawatt im Bau, mehr als je zuvor. Ob das die Zukunft sein wird, oder ob plötzlich etwas ganz Neues auftaucht, kann kein Mensch mit Sicherheit voraussagen. Die meisten Länder setzen deshalb auf alle Optionen. Denn sicher ist nur eines: Entschieden wird diese Frage nicht von irgendwelchen Planern in Ministerien oder an Universitäten, sondern einzig und allein vom Markt.

Würde man sich aber auf das verlassen, was in den deutschsprachigen Medien zu lesen ist, befände sich das Atomzeitalter in seinen letzten Zügen. Jeder Widerspruch verbietet sich. Die Option Kernenergie ist mit einem stillschweigenden Bann belegt, sie wird nicht einmal diskutiert. Dass die Energiewende ausser steigenden Preisen und einer zunehmenden Instabilität des Netzes kaum etwas bewirkt hat – insbesondere keine Reduktion des CO_2-Ausstosses – scheint niemanden zu kümmern. Der feste Glaube, etwas Gutes zu tun, ist mächtiger als jede Evidenz.

Sehnsucht nach dem Mittelalter

1712 entwickelte der Brite Thomas Newcomen die erste funktionierende Dampfmaschine. Anfänglich wurde die Erfindung kaum beachtet, die den vielleicht wichtigsten Entwicklungssprung in der Geschichte der Menschheit brachte. Erstmals hatte der Mensch eine kinetische Energie zur Verfügung, die nicht von den Launen von Wind und Sonne abhing. Die Dampfmaschine war die Voraussetzung für die Industrialisierung. Trotzdem dauerte es ein halbes Jahrhundert, bis James Watt, der fälschlicherweise als Erfinder der Dampfmaschine gilt, die Technologie zur Marktreife entwickelte. Bis die Dampflokomotive die nächste Revolution einleitete, verging nochmals ein halbes Jahrhundert.

Die Widerstände gegen die Einführung Dampftechnologie waren enorm. Die wundersamen Apparate galten in ihren Anfängen als sehr gefährlich. Und das waren sie auch. Immer wieder führten explodierende Dampfkessel zu schrecklichen Tragödien. Ärzte warnten vor den angeblichen Gefahren einer Eisenbahnfahrt für den Kreislauf. Es kam zu Aufständen, weil die Maschinen Arbeitsplätze eliminierten. Heute mögen wir diese Sorgen und Widerstände belächeln. Doch die Überheblichkeit ist fehl am Platz. Es waren dieselben irrationalen Ängste, dieselben Sehnsüchte nach einer idealen und vermeintlich heilen Welt, die sich heute hinter der Nuklearphobie verstecken.

Gut möglich, dass die Nukleartechnologie nur eine Zwischenlösung ist. Niemand weiss, was die Zukunft bringt. Wunderlösungen gibt es nur in Märchen. 1939 entdeckt der Schweizer Chemiker Paul Hermann Müller die Wirkung von *Dichlordiphenyltrichlorethan* als Insektizid. Neun Jahre später wurde Müller für diese Leistung, welche die Landwirtschaft revolutioniert hatte, mit dem Nobelpreis geehrt. In den 1950er Jahre wurde der Stoff – besser bekannt unter dem Kürzel DDT – weltweit zur Bekämpfung der Malaria eingesetzt. Es war eines der erfolgreichsten Programme, das die Weltgesundheitsorganisation WHO je lancierte. Allein in Indien konnte die Zahl der Neuinfektionen mit Malaria dank DDT von 100 Millionen (1952) auf 50 000 Betroffene (1962) reduziert werden. In Amerika und in Europa wurde die Malaria fast völlig ausgerottet, und es bestanden gute Aussichten, die gesamte Menschheit vor dieser Plage zu befreien. Doch dann kam plötzlich alles ganz anders.

1962 publizierte die US-Biologin Rachel Carson ihren Beststeller *Silent Spring* (»Der stumme Frühling«). Carson war die unbestrittene Mutter der Öko-Bewegung. Gemäss ihrer These – die später zu einem guten Teil widerlegt oder zumindest stark relativiert wurde – sollen Insektizide wie DDT eine verheerende Wirkung auf Vögel zeitigen. Es kam zu millionenschweren Klagen. Obwohl konkrete Schäden nie belegt werden konnten, wurde der Einsatz von DDT darauf in vielen Ländern verboten oder zumindest eingeschränkt. Mit verheerenden Folgen. Die Verbreitung der bereits überwunden geglaubten Malaria-Plage stieg seither wieder sprunghaft an. Jahr für Jahr erkranken wieder 300 Millionen Menschen an Malaria. Moskitonetze helfen da nicht wirklich weiter.

Fairerweise muss man Carson zubilligen, dass das DDT-Verbot mutmasslich nicht der einzige Grund für das Wiederaufkommen der Malaria war. Der massenhafte Einsatz von Insektiziden dürfe auch zu Resistenzen bei den Malariamücken geführt haben, welchen den Krankheitserreger übertragen. Doch inzwischen haben Forscher neue Technologien entwickelt. In Burkina Faso hat die internationale Atomagentur *IAEA* zusammen mit der Welternährungsorganisation *FAO* 2017 zum Beispiel ein Programm entwickelt, mit dem männliche Tsetse-Fliegen durch tiefe Strahlendosen unfruchtbar gemacht werden. Die gefährlichen Insekten paaren sich zwar weiterhin, aber sie vermehren sich nicht mehr. Vielleicht werden die Schädlinge auch lernen, diese Falle zu umgehen. Man wird dann wohl oder übel etwas Neues erfinden müssen. Bis dahin, sollte man der Technologie zumindest eine Chance geben. Es ist wie mit den Fingernägeln: Eine endgültige Lösung gibt es nicht – wenn sie nachwachsen, müssen wir sie halt schneiden.

Es wäre heute immerhin möglich, das Erbgut der Mosquitos gentechnisch so zu verändern, dass sie den Malaria-Erreger nicht mehr übertragen. Auch Plagen wie Denge oder Gelbfieber könnten auf diese Weise ohne Gift bekämpft werden. Mit der Gentechnologie liessen sich schädlingsresistente Pflanzen züchten, die den Einsatz von Insektiziden überflüssig machten. Die Möglichkeiten sind vielfältig, wir stehen wohl erst am Anfang dieser Entwicklung. Doch ausgerechnet Pressure-Groups wie *Greenpeace,* die sich den Kampf gegen Umweltgifte ganz gross auf die Fahnen geschrieben haben, bekämpfen die Gentechnologie mit allen Mitteln.

In den Industrieländern ist die Ablehnung der Gentechnologie weit verbreitet. Das Label »Naturnah« gilt als schick, man kann es sich leisten. In den Entwicklungsländern ist die Lage weniger komfortabel. Was für die Reichen die Qual der Wahl sein mag, ist für die Armen oft eine Frage von Leben oder Tod. Gemäss dem Uno-Kinderhilfswerk *Unicef* sterben weltweit jährlich 1,9 bis 2,7 Millionen Kinder wegen Mangel an Vitamin A, Hunderttausende erblinden. 1992 haben Forscher eine Reissorte entwickelt, die einen hohen Anteil an Vitamin A enthält. Mit dem so genannten »Golden Rice« liessen sich das Elend grossflächig eindämmen. Die Erfinder wären sogar bereit, das lebensrettende Saatgut gratis abzugeben. Es gibt dabei nur ein Problem: Eine fanatische Anti-Gentech-Lobby, angeführt von *Greenpeace*, hat den Anbau des goldenen Reises bislang erfolgreich verhindert.

Im Namen der angeblich guten Sache nimmt *Greenpeace* das Elend von Millionen von Kindern in Kauf. Nun würde man einen Aufschrei der Empörung oder zumindest eine heftige Kontroverse erwarten. Sind die Motive von *Greenpeace* wirklich so selbstlos? Immerhin setzt die NGO mit ihren Angst-Kampagnen Millionenbeträge um. Doch die Aura des Guten verschafft den Regenbogen-Guerilleros eine Art Immunität, verbietet jede ernsthafte Widerrede. So stellt sich kaum jemand die zentrale Frage: Was genau ist denn eigentlich so gefährlich an der Gentechnologie?

Das grösste Problem besteht – ähnliche wie der Nukleartechnologie – darin, dass die Gentechnologie die Vorstellungskraft der meisten Menschen übersteigt. Wenn wir etwas nicht begreifen, lehnen wir es instinktiv erst einmal ab. Was der Bauer nicht kennt, sagt ein altes Sprichwort, das isst er nicht. Tatsächlich macht die Gentechnologie im Kern nichts anderes, als was der Mensch seit Urzeiten mit Züchtungen getan hat. Durch eine systematische Kontrolle der Fortpflanzung bei Tieren und Pflanzen wird ein bestimmtes Erbgut privilegiert, neue Rassen und Arten mit den bevorzugten Eigenschaften entstehen. Die Gentechnologie beschleunigt diesen Prozess, der sich früher über viele Generation und Jahrzehnte erstreckte, indem sie direkt in die Erbsubstanz von Pflanzen oder Tieren eingreift.

Man kann diese *Direttissima* als Einmischung in die göttliche Ordnung ablehnen, also aus religiösen oder weltanschaulichen Gründen (wobei man dann konsequenterweise jede Züchtung ablehnen sollte). Aus wissenschaftlicher Sicht macht es aber grundsätzlich keinen Unterschied, ob der Mensch herkömmlichen oder gentechnisch veränderten Mais konsumiert, Honig von transgenen Bienen isst oder Gen-Tabak raucht. Trotzdem glauben – vor allem in vermeintlich hochentwickelten Ländern – viele Menschen, sie würden etwas Gesünderes einkaufen, wenn *Gentechfrei* draufsteht. Aus wissenschaftlicher Sicht ist dies ein durch nichts belegter Humbug.

Kürzlich befragten Forscher der Universität von Boulder (Colorado) 2000 Personen in Deutschland, in Frankreich und in den USA über ihre Einstellung zur Gentechnologie.[13] Zugleich baten sie die Probanden um eine Selbsteinschätzung ihres Wissen über die Gentechnologie – und in einer dritten Phase testeten sie schliesslich deren effektives Wissen in der Materie. Das Resultat war in seiner Deutlichkeit niederschmetternd für alle, die an die Errungenschaften der Aufklärung glauben: Je höher die Befragten ihr Wissen über die Gentechnologie einschätzten, desto weniger wussten sie tatsächlich – und desto fanatischer lehnen sie die Gentechnologie ab.

Es erscheint paradox: Je mehr die Menschen von den Errungenschaften der Zivilisation profitieren, desto mehr lehnen sie diese ab, desto grösser ihre Verklärung der archaischen Naturwelt. Obwohl sie dank der Zivilisation gesünder leben als sämtliche Generationen zuvor, bis ins hohe Alter recht fit bleiben und immer weniger leiden, empfinden sie diese zunehmend als Bedrohung und sehnen sich in eine vermeintlich paradiesische Vergangenheit zurück. Tatsächlich ist die Natur ziemlich brutal und alles andere als rotgrün. Auf der freien Wildbahn herrscht ein mitleidloser Kampf ums Überleben, wird der Schwächere gnadenlos eliminiert. Das möchte man natürlich nicht, im Gegenteil. Gefragt ist eine Art *Nature* à *la carte,* die man nach Gusto bestellen oder auch wieder abbestellen kann.

Naturnah ist längst ein modisches Branding wie *Coca Cola* oder *La Coste* – eine von Marketing-Strategen entworfene und mit Wer-

---

13 *Extreme opponents of genetically modified foods know the least but think they know the most,* Philip M. Fernbach et al. *Nature Human Behaviour* (14. Januar 2019), www.nature.com/articles/s41562-018-0520-3

begeldern gedopte Illusion. Wenn die magischen Codes *Bio* oder *Öko* draufstehen, sind viele Menschen bereit, einen Aufpreis zu bezahlen, selbst wenn der Stoff exakt derselbe ist. Oft übersteigt der ideelle Mehrwert die effektiven Kosten des Produktes bei weitem.

Für jene, die es sich leisten können, mag das ein harmloser Luxus sein. Den Magensäften ist es egal, ob auf dem Apfel, den sie gerade verdauen, einst *Bio* draufstand, und auch der Kühlschrank schert sich herzlich wenig darum, ob er mit Atom- oder Solarstrom gespeist wird, so lange die Spannung stimmt. Strom ist Strom, aus der Steckdose fliesst die Energie aus jenem Generator, der am nächsten steht, egal ob der Besitzer *Öko* gebucht hat oder nicht.

Zum Problem wird das erst, wenn der grüne *Lifestyle* zur allgemein verbindlichen Norm erklärt wird, wenn Aberglauben und Technologie-Verbote jegliche Effizienz und jeden Fortschritt behindern und verhindern. Irgendwann meldet sich dann die Natur zurück, wie sie wirklich ist – unbestechlich und mitleidlos, nach dem Gesetz des Stärkeren.

Willkommen zurück im Mittelalter.

Lawfare

»Niemand schafft grösseres Unrecht als der, der es in der Form des Rechts begeht«.
(Platon)

Mit dem Fall Sperisen wollte die Genfer Justiz der Welt zeigen, wie man für Recht und Ordnung sorgt. Doch was als Pilotprozess für eine internationale Strafverfolgung unter dem Schirm der UNO inszeniert wurde, entpuppt sich als politisch motiviertes Justizverbrechen. Fünf Jahre lang vegetierte Erwin Sperisen, der ehemalige Polizeichef von Guatemala, in einem Genfer Untersuchungsgefängnis – unschuldig und ohne rechtskräftiges Urteil – bis das Schweizerische Bundesgericht schliesslich seine Freilassung anordnete. Der Fall wirft ein grelles Licht auf den systematischen Missbrauch der Justiz für politische Zwecke, der namentlich in Lateinamerika epidemische Züge angenommen hat. Wo einst grimmige Generäle Dissidenten mit roher Gewalt in die Kerker warfen, erledigen heute elegant gekleidete Juristen unter dem Applaus der internationalen Gemeinschaft mit legalistischen Tricks und kafkaesken Prozessen die Drecksarbeit.

Die Genfer Konfusion

Am 31. August 2012 verhaftet ein bis auf die Zähne bewaffnetes Kommando der Kantonspolizei Genf auf dem Parkplatz eines Supermarktes Erwin Sperisen. Der 42jährige Mann lässt sich widerstandslos abführen. Seine verstörte Ehefrau Elisabeth bleibt allein auf dem Parkplatz zurück. Im ersten Schock hat sie an eine Entführung geglaubt. In Guatemala, wo das Paar vor seinem Umzug nach Genf gelebt hatte, wäre dies der naheliegendste Gedanke gewesen. Aber hier in der friedlichen Schweiz?

Als Elisabeth Sperisen sich endlich gewahr wird, dass es Polizisten waren, die ihren Gatten mit Waffengewalt abgeführt haben, fällt ihr ein Stein vom Herzen. Es musste sich um ein Missverständnis handeln, das sich bald klären würde. In Genf, der gefühlten Welthauptstadt des Friedens und der Menschenrechte – nein, hier werden Menschen nicht auf offener Strasse entführt oder grundlos verhaftet. Hier herrscht Recht und Ordnung.

Doch es war kein Missverständnis, sondern eine von langer Hand geplante Aktion des Genfer Staatsanwaltes Yves Bertossa. Während fünf Jahren sollte sie ihren Gatten nur noch einmal pro Woche für eine Stunde unter strenger Bewachung sehen. Seine drei Kinder mussten sich daran gewöhnen, ohne ihren Vater aufzuwachsen, der ein mutmasslicher Massenmörder war.

Der Tatverdacht war gravierend. Als politischer Chef der *Policía Nacional Civil* (PNC) von Guatemala soll Erwin Sperisen die aussergerichtliche Hinrichtung von sieben Häftlingen angeordnet haben.

Sperisen, so war in den Medien zu lesen, soll eine eigentliche Politik der »sozialen Säuberung« betrieben haben. Folter und Exekution von vermeintlichen oder tatsächlichen Delinquenten seien systematisch geplant und angeordnet worden. Es gab sogar Zeugen, die behaupteten, der Polizeichef hätte persönlich an Foltersessionen teilgenommen und Häftlinge erschossen.

Die Polizei von Guatemala hat fürwahr keinen guten Ruf. Die Anschuldigungen waren ernst zu nehmen, stammten sie doch von einer internationalen Untersuchungskommission, der *CICIG* (*Comisión Internacional Contra la Impunidad en Guatemala*). Unter der Schirmherrschaft der Vereinten Nationen sollte die *CICIG* der grassierenden Korruption und der Rechtlosigkeit ein Ende bereiten, welche ein drei Jahrzehnte dauernder Guerilla-Krieg (1960 bis 1996) in Guatemala hinterlassen hatte. Die meisten Ermittler stammten aus Spanien und aus der lateinamerikanischen Nachbarschaft. Finanziert werden die internationalen Ermittler hauptsächlich von den USA und zu einem kleineren Teil von Kanada, Norwegen, Schweden sowie der Schweiz.

Die gewählte Regierung von Óscar Berger (2004–2008), der auch Erwin Sperisen angehörte, hatte die internationale Organisation 2007 selber ins Land gerufen. Als ein Jahr später in Guatemala eine linke Regierung an die Macht kam, setzte sie die internationalen Juristen umgehend auf die Vertreter der rechten Vorgängerin an. 2010 stellte die *CICIG* fünf Spitzenleute der Regierung Berger unter Mordanklage: Carlos Vielmann (Innenminister), Javier Fiueroa (operativer Chef der Kriminalpolizei), Alejandro Giammattei (Chef Strafvollzug) und dessen Stellvertreter Mario García Frech – sowie Erwin Sperisen, den politischen Chef der Polizei. Sie alle sollen sich auf höchster Regierungsebene zu einem Mordkomplott verschworen haben.

Gegenstand des *CICIG*-Verfahrens war eine Gefängnisrazzia in Guatemala Stadt im September 2006. Sieben Häftlinge wurden bei der Aktion erschossen. In den guatemaltekischen Medien wurde die Razzia damals einhellig als Erfolg im Kampf gegen das organisierte Verbrechen gewürdigt. An den Toten schien sich kaum jemand aufzuhalten. Gemäss offizieller Version waren die sieben Häftlinge in einem Feuergefecht gefallen. Doch etliche Indizien sprechen zumindest in einzelnen Fällen für gezielte Exekutionen. Bei den Ordnungskräften gab es keine Verletzten, die sieben Gefangenen dagegen starben alle auf der Stelle. Das erscheint umso seltsamer, als die Staatsanwaltschaft Feuerwaffen und Handgranaten neben den Leichen fand. Der Verdacht einer Inszenierung liegt nahe.

Tatsächlich erscheinen die ersten Ermittlungen der guatemaltekischen Staatsanwälte, gemäss der die Häftlinge beim Schusswechsel getötet wurden, alles andere als überzeugend. Dabei waren sie bei der Gefängnisrazzia von Anfang an mit von der Partie und kurz nach der Schiesserei vor Ort. Doch die Spurensicherung und die Obduktion der Leichen erwiesen sich als liederlich, die protokollierten Zeugenaussagen wiesen Widersprüche auf. Immerhin gab es Fotos der Leichen, von lausiger Qualität zwar. Doch diese zeigen Schusswunden, die schlecht zu einem Kampf passten – sehr wohl aber zu Exekutionen. Druckstellen an den Handgelenken eines Getöteten deuten darauf hin, dass er vor seinem Tod gefesselt worden war.

Die sieben Toten, allen voran der kolumbianische *Narco* Jorge Batres und der Gangster Luis Zepeda, gehörten zur Führungsriege von *El Pavón*. Dass man sie gezielt eliminiert hatte, um langfristig die Kontrolle über den Knast zu gewinnen, würde Sinn machen. Es würde auch zum Bericht des UNO-Gesandten Philip Alston passen, der schon vor dem Fall *El Pavón* Gerüchte über »aussergerichtliche Exekutionen« rapportierte. Der Kampf gegen die Kriminalität ist das wichtigste Wahlversprechen von Óscar Berger gewesen. Wollte die Regierung das Verbrechen mit Verbrechen bekämpfen?

Ein klarer Fall, würde man meinen. Zumindest auf den ersten Blick.

2010 schloss die *CICIG* ihre Untersuchungen zum Fall *El Pavón* ab. Vollzugschef Giammattei und sein Stellvertreter García Frech wurden in Guatemala verhaftet und vor Gericht gestellt. Zugleich ergingen Rechtshilfegesuche nach Spanien, Österreich und in die Schweiz. Der vormalige Innenminister Vielmann lebte inzwischen in Madrid. Da er auch die spanische Staatsbürgerschaft besitzt, konnte er nicht nach Guatemala ausgeliefert werden. Das gleiche galt für den ehemalige Polizeichef Sperisen, der mit seiner Frau und seinen drei Kindern in Genf lebte und dank seiner Vorfahren einen Schweizer Pass besitzt. Kommandant Figueroa schliesslich konnte nicht in seine Heimat überstellt werden, weil er in Österreich politisches Asyl beantragt hatte. Doch in diesem Fall sollten sie alle nicht ungestraft davonkommen. Die internationale Gemeinschaft scheute keinen Aufwand, um der Welt zu zeigen: Für Mörder in Uniform gibt es keinen sicheren Hafen mehr auf diesem Planeten.

Seit der ersten Genfer Konvention (1864) gibt es Bestrebungen, politische Verbrechen international zu verfolgen. Vorweg ging es um die Rechte von Kriegsgefangenen und den Bann besonders grausamer Waffen. Mit den Nürnberger Prozessen nach dem Zweiten Weltkrieg wurde das Völkerrecht auf den Schutz der Zivilbevölkerung ausgeweitet. Die Prozesse um den *Fall Pavón*, die simultan in Guatemala, Spanien, Österreich und in der Schweiz angestrengt wurden, gingen noch einen Schritt weiter: Auch die Verletzung von Menschenrechten in Friedenszeiten soll international geahndet werden. Eine zentrale Rolle spielte dabei ein global verflochtenes Netzwerk von Anwälten, NGO-Aktivisten und Politikern, die auf beiden Seiten des Atlantiks gehörig Druck machten.

Die Aussichten auf einen Erfolg schienen gut, anfänglich zumindest. Es gab Zeugen, welche die Angeschuldigten belasteten und von Prozess zu Prozess um die halbe Welt geflogen wurden. Der Aufwand war enorm. An Geld und Anwälten mangelte es fürwahr nie. Trotzdem verlor die vermeintlich klare Anklage im Laufe der Jahre, gleich einer ausgetrockneten Sandburg im Wind, zusehends alle Konturen, bis am Schluss gar nichts mehr erkennbar war.

Zuerst erfolgten die Freisprüche von Vollzugschef Giammattei und seinem Stellvertreter García Frech in Guatemala. Danach wurde Polizeikommandant Figueroa in Österreich von Schuld und Strafe freigesprochen und schliesslich auch noch Innenminister Vielmann in Spanien. Es war nicht so, dass man einen Verdacht nicht hinreichend beweisen konnte, so, dass man sich im Zweifel für den Angeklagten entschied. Die vermeintlichen Beweise wurden widerlegt, die Aussagen sämtlicher Kronzeugen erwiesen sich als widersprüchlich, ja oft als geradezu abstrus. Nach einem halben Jahrzehnt des Prozessierens blieb nur noch ein einziger Verschwörer übrig: Erwin Sperisen in Genf.

Für eine Verschwörung braucht es aber immer mindestens zwei. Doch ein zweiter Akteur war weit und breit nicht mehr in Sicht. Hatte sich Sperisen etwa mit sich selber verschworen? Eine Schizophrenie wurde bei ihm nie geltend gemacht. Doch die Genfer wollten Sperisen, der seit Jahren in Untersuchungshaft sass, nicht laufen lassen. Also verurteilten die Richter die vier Abwesenden kurzerhand gleich mit Erwin Sperisen – ohne dass sie in Genf formell angeklagt worden wären, ohne dass sie sich gegen den Mordvorwurf hätten verteidigen können, und obwohl sie in der gleichen Sache in Guatemala, Österreich und Spanien längst freigesprochen worden waren.

Etwas Vergleichbares hatte es in der Schweiz zuvor nie gegeben. Das Verfahren war eine Farce, wie man sie sich vielleicht irgendwo in der Dritten Welt hätte vorstellen können, aber bitte doch nicht mitten in Europa. Welchen Tatbeitrag Erwin Sperisen konkret geleistet haben soll, ging aus keinem der Urteile hervor – irgendwie soll er irgendwann mit irgendwem einen Mordplan ausgeheckt haben. Anfänglich wurde Sperisen beschuldigt, Gefangene persönlich hingerichtet zu haben; im Laufe des Prozesses wurde die Anklage dahingehend geändert, dass er bloss im Hintergrund gewirkt hätte; am Schluss warf ihm der Staatsanwalt sogar nur noch vor, den im Ausland längst freigesprochenen angeblichen Täter nicht bei seinem blutigen Handwerk gehindert zu haben.

Am 26. September 2017, auf den Tag genau elf Jahre nach der Razzia von *El Pavón*, bereitete das Schweizerische Bundesgericht dem Trauerspiel ein vorläufiges Ende und verfügte die sofortige Freilassung von Erwin Sperisen. Fünf Jahre, drei Wochen und einen Tag lang hatte der Familienvater und ehemalige Polizeichef in Untersuchungshaft vegetiert, eingesperrt während 23 Stunden am Tag in einer 9,4 Quadratmeter kleinen Isolationszelle, ohne rechtsgültiges Urteil, also unschuldig.

Der bleiche Mann mit dem zerzausten Vollbart, die wässrigen Augen unsicher im Sonnenlicht blinzelnd, die zittrigen Hände nach Halt suchend, der im Herbst 2017 vor laufenden TV-Kameras das Untersuchungsgefängnis Champ-Dollon hinter sich liess, er war nur noch ein Schatten seiner selbst. Und manch einem schwante: Das Staatsverbrechen wurde nicht irgendwo im fernen Guatemala begangen, sondern hier, in Genf – im Namen der Menschenrechte.

Welch eine Symbolik. Genf versteht sich als Wiege der Menschenrechte. Vom Reformator Jean Calvin über den Humanisten Jean-Jacques Rousseau bis zu Henry Dunant, dem Vater des Roten Kreuzes, hat die Stadt einige Figuren von Weltformat hervorgebracht. Seit der Gründung des Roten Kreuzes (1863) und des Völkerbundes (1920) hat Genf immer wieder internationale Friedenskonferenzen beherbergt. Verschiedene Ableger der UNO – der Menschenrechtsrat, die Weltarbeitsorganisation (ILO), die Welthandelsorganisation (WTO), die Weltgesundheitsorganisation (WHO) – sind hier domiziliert. Doch just in Genf wurden die einfachsten Prinzipien der Rechtsstaatlichkeit mit den Füssen getreten. Gemäss dem Urteil des Bundesgerichtes von 2017 hatten sich die Juristen so ziemlich über jeden rechtsstaatlichen Grundsatz hinweggesetzt; vom Anklageprinzip über das Willkürverbot bis zum rechtlichen Gehör.

Der Fall Sperisen war als Pilotprozess konzipiert, der in die Geschichtsbücher eingehen sollte. Es war der Startschuss für ein Projekt, an dem in Genf hinter den Kulissen seit Jahren und auf allen möglichen Ebenen gewerkelt wird: Eine Art globale Staatsanwaltschaft unter dem Schirm der UNO, die politische Kapitalverbrechen rund um den Erdball verfolgt und die Täter hinter Gitter bringt. Tatsächlich hat der Sperisen-Prozess in seltener Deutlichkeit die Zerbrechlichkeit der Justiz aufgezeigt – und die Grenzen der internationalen Gerichtsbarkeit.

Staatsanwalt Yves Bertossa und seine Gehilfen wollten von ihren Büros aus im fernen Zentralamerika für Recht und Ordnung sorgen. Obwohl sie noch nie einen Fuss nach Guatemala gesetzt hatten, glaubten die Genfer Juristen das Land besser zu kennen als die Guatemalteken. Der Polizeichef einer Bananenrepublik[14], mögen sie sich gesagt haben, ist niemals unschuldig. Doch die Genfer Juristen haben sich geirrt. Statt zu urteilen, liessen sie sich von ihren Vorurteilen leiten. »Die Bananenrepublik liegt nicht in den Tropen«, konstatierte der Genfer Parlamentarier und Poleizeibrigadier Thierry Cerutti nach dem Verdikt des Bundesgerichtes, »sondern am Rand der Alpen.« Wegen Beleidigung der Justiz wurde Cerutti in der Folge vom Genfer Staatsrat zum Unterbrigadier degradiert, was man allerdings auch als Bestätigung seiner Aussage verstehen kann.

---

14 In der über Jahrzehnte von der *United Fruit Company* kontrollierten zentralamerikanischen Republik Guatemala wurde in der ersten Hälfte des letzten Jahrhunderts der Begriff »Bananenrepublik« geprägt.

Im Fall Sperisen geht es nicht bloss um einen Verdächtigen, der nach fünf Jahren halt *in dubio pro reo* freigelassen werden musste, weil es für einen Schuldspruch nicht reichte. Staatsanwalt Yves Bertossa musste schon früh erkannt haben, dass auf seine Zeugen kein Verlass war. Doch Bertossa wollte ein Exempel statuieren, koste es was es wolle. Also blendete er einfach aus, was nicht ins Konzept passte. Wenn eine Anklagethese zusammenbrach, bastelte er sich aus den Trümmern einfach eine neue. Und, vielleicht das Schlimmste: Es war keiner da, der ihn bremste. Die Gerichte schützten Bertossas Machenschaften jahrelang über verschiedene Instanzen.

Staatsanwälte, die sich heillos in einen Fall verbissen haben, gibt es immer wieder mal. Am Anfang waren die Richter vielleicht im Glauben, etwas Gutes zu tun, als sie beide Augen zudrückten und Bertossa deckten. Irgendwann mussten aber auch sie erkannt haben, dass nichts aufging und dass sie sich gerade an einem Justizverbrechen beteiligten. Doch zu diesem Zeitpunkt war es wohl zu spät, gab es kein Zurück mehr. Die Schmach, ein kapitales Fehlurteil einzugestehen, die Angst vor dem Gesichtsverlust waren einfach zu gross. Am Schluss ging es den Involvierten offenkundig nur noch darum, die eigene Haut zu retten.

Die fatale Gruppendynamik allein erklärt die Justizfarce von Genf allerdings nicht. Dahinter steckt ein Phänomen, welches insbesondere in Lateinamerika epidemische Züge angenommen hat und unter dem Begriff *Lawfare* bekannt ist. Gemeint ist mit dieser Wortschöpfung aus »law« (Gesetz) und »warfare« (Kriegszug) der Missbrauch der Justiz für den politischen Kampf. Durch eine manipulative und exzessive Auslegung von Rechtsnomen wird das Gesetz zur politischen Waffe pervertiert. Das Hauptziel ist nicht unbedingt ein abschliessendes Urteil, sondern oft das Verfahren an sich. Möglich lange andauernde und ausufernde Prozesse sollen den politischen Gegner finanziell ausbluten, seine Kräfte binden, sein soziales Ansehen beschädigen und ihn so zum Schweigen oder hinter Gitter bringen. Das Monsterverfahren gegen Erwin Sperisen und die Elite der ehemaligen Regierung von Guatemala ist ein geradezu klassischer Fall von *Lawfare*.

Polizeichef Sperisen soll Verbrechen begangen haben, um das Verbrechen zu bekämpfen. Doch genau dieser Vorwurf fällt nun auf die Genfer Staatsanwälte und Richter zurück: Um ein vermeintliches Staatsverbrechen zu sühnen, haben sie ein Justizverbrechen begangen. Wer aber einen Unschuldigen hinter Gitter bringt, der deckt damit den Schuldigen und macht sich damit zu dessen Komplizen. Denn eines ist klar: Die sieben Häftlinge haben sich nicht selber umgebracht.

Virtueller Kopfschuss

Staatsanwalt Yves Bertossa ist ein unscheinbarer Mann, einer, der am liebsten hinter den Kulissen agiert. Öffentliche Auftritte sind nicht sein Ding. Und wenn sie sich nicht vermeiden lassen, redet er schnell und leise, fast flüsternd und mechanisch. Sein bleiches, stets ernsthaftes Gesicht bleibt kaum in der Erinnerung haften, in der Genfer Strassenbahn würde man ihn wohl kaum erkennen. Über Bertossas Privatleben weiss man selbst in der überschaubaren *Société* am *Lac Léman*, wo jeder jeden zu kennen scheint, nichts Erwähnenswertes zu berichten.

»Einen Namen hat er schon«, spottete man in Genf, als Yves Bertossa 2007 zur Staatsanwaltschaft stiess, »jetzt muss er nur noch dafür sorgen, dass er auch einen Vornamen bekommt«. Das war eine Anspielung auf seinen Vater, Bernard Bertossa, den ehemaligen Generalstaatsanwalt (1990 bis 2002). Papa Bertossa war eine legendäre, extravagante Figur. Anders als sein introvertierter Filius liebte und suchte er den grossen Auftritt und die TV-Kameras.

Die Karriere des Generalstaatsanwalts Bernard Bertossa war gespickt mit grandios angekündigten Aktionen, die regelmässig in einem Scherbenhaufen endeten. Der Höhepunkt war zweifellos die Verhaftung von Augusto Pinochet im Oktober 1998. Der hoch betagte General, der Chile zwischen 1973 und 1990 mit eiserner Faust regiert hatte, befand sich damals zwecks eines Klinikaufenthaltes in England. Zusammen mit dem spanischen Starermittler Baltasar Garzon, einem alten Freund und Parteigenossen, nutzte Papa Bertossa die Gelegenheit für einen internationalen Haftbefehl gegen den weltweit verfemten chilenischen Ex-Diktator. Pinochet kam in London vorübergehend unter Hausarrest, doch die Briten lieferten ihn nicht aus, weder nach Madrid noch nach Genf. Selbst in seiner Heimat wurde Pinochet nie auch nur angeklagt, obwohl es an Versuchen nicht fehlte.

Der Fall Pinochet hätte eine Warnung sein können. Auf den ersten Blick mag die Idee einer Genfer Weltpolizei bestechen. Während der Militärherrschaft in Chile (1973 bis 1990) wurden mutmasslich 2296 Menschen[15] aus politischen Gründen getötet. Die meisten Opfer gehörten der Opposition an. Es ist zweifellos empörend, dass alle diese Morde ungesühnt bleiben. Schaut man sich die Sache mit kühlem Kopf an, wäre ein Pinochet-Prozess in Europa allerdings eher eine Bedrohung denn eine Wohltat für die Rechtsstaatlichkeit gewesen. Es fehlte allein schon an einer rechtlichen Grundlage. Um den greisen Ex-Diktator vor den Richter zu bringen, wurde Recht gebogen und verdreht.

Zum einen konnte man nie beweisen, dass Pinochet die Verbrechen angeordnet hätte. Der General verfügte nie über die ungeteilte Macht in Chile. Bis heute ist nie ein Mordbefehl aufgetaucht. Nun mag man einwenden, die Schuld sei einfach offensichtlich. Doch in einem fairen Verfahren ist das kein Argument. Während des Staatsstreiches von 1973, als die meisten Übergriffe begangen wurden, herrschten chaotische Zustände. Politische Gewalt war auch dem gestürzten Salvador Allende und vielen seiner Anhänger nicht fremd. Für einen Ex-Diktator gelten aber dieselben Prinzipien der Rechtsstaatlichkeit wie für jeden andern Bürger: die Unschuldsvermutung bis zum Beweis des Gegenteils, im Zweifel ist für den Angeklagten

15 es.wikipedia.org/wiki/Comisi%C3%B3n_Nacional_de_Verdad_y_Reconciliaci%C3%B3n

zu entscheiden, es gibt keine Kollektivschuld. Wer diese Regeln ausser Kraft setzt, um einen verhassten Potentaten hinter Gitter zu bringen, der wirft damit den Rechtsstaat, den zu beschützen er vorgibt, gleich mit in den Kerker.

Gegen einen Pinochet-Prozess in Europa sprach sodann das Territorialprinzip. Das mag nach trockener Juristerei klingen. Doch es gibt triftige Gründe dafür, dass ein Verdächtiger grundsätzlich im Land vor Gericht gebracht werden soll, in dem das Verbrechen begangen wurde, und zwar stets nur nach den dort gültigen Gesetzen[16]. Die Strafjustiz tut sich schon schwer mit den Fällen im eigenen Revier. Bei komplexen Vorgängen in fernen und fremden Ländern, Rechtssystemen und Kulturen ist sie schnell überfordert. Kommt erst noch eine politische Komponente ins Spiel, ist die Willkür geradezu programmiert. Es war eine kolonialherrliche Anmassung, von Madrid oder Genf aus über die chilenische Politik zu richten und der südamerikanischen Nation *ex cathedra* eine juristische Vergangenheitsbewältigung aufzuzwingen. Die Juristen im fernen Europa waren schlicht nicht in der Lage, die komplexen politischen und sozialen Vorgänge in Chile abschliessend und gerecht zu beurteilen. Ein Freispruch wäre ebenso willkürlich gewesen wie ein Schuldspruch.

Bereits am 11. September 1980 hatte eine klare Mehrheit des chilenischen Volkes (67%) eine Verfassung angenommen, die eine sukzessive Rückkehr zur Demokratie vorsah und die im Übrigen heute noch gilt. Zwar versuchte Pinochet nachträglich die Regeln zu ändern, doch ein Plebiszit hinderte ihn daran. 1988 sprachen sich 54,71 Prozent der Chilenen gegen den Verbleib des Regimes aus. Das

---

16 Die eng eingegrenzten Verbrechen gegen die Menschlichkeit, die an jedem Ort der Welt angeklagt werden können, sind die Ausnahme; im Fall Pinochet waren die Voraussetzungen dafür klar nicht gegeben.

relativ knappe Resultat vermittelt eine Ahnung vom Dilemma, das sich dahinter verbirgt.

Kein Land in Lateinamerika (und kaum eines in Europa) hat eine ältere demokratische Tradition als Chile. Das Pinochet-Regime war eine Ausnahme in der Geschichte des Landes, das 1827 seinen ersten Präsidenten wählte. Die Demontage der Demokratie war allerdings längst im Gange, als die vom bis dahin als apolitisch geltenden Augusto Pinochet angeführte Militärjunta am 11. September 1973 die Regierung von Salvador Allende stürzte. Der bekennende Marxist Allende und seine Volksfront hatten das Land in eine institutionelle und wirtschaftliche Krise gestürzt, wie sie Chile zuvor kaum erlebt hatte. Der Staatsstreich war von einer ungeheuerlichen Brutalität. Doch Pinochet führte das Land aus dem Chaos und trat 1990 ordnungsgemäss zurück. Viele Chilenen – auch solche, die 1988 gegen einen Verbleib des Regimes stimmten – betrachteten die Diktatur als notwendiges Übel, das sie vor einer schlimmeren Tyrannei bewahrte.

Einen Aussenstehenden mag das befremden. Doch es steht einem Genfer Staatsanwalt nicht zu, das chilenische Volk Mores zu lehren. Als Bernard Bertossa 1998 Augusto Pinochet international zur Verhaftung ausschrieb, war Chile längst wieder eine solide Demokratie. Die chilenische Justiz wäre selber in der Lage, ja in der Pflicht gewesen, den greisen General vor Gericht zu zerren, wenn es eine belastbare Grundlage dafür gegeben hätte.

Während seiner Amtszeit eröffnete Bernard Bertossa auch eine ganze Reihe von Verfahren gegen russische Oligarchen und Politiker, die den diskreten Genfer Finanzplatz bis dahin geschätzt und auch eifrig genutzt hatten. Für Schlagzeilen sorgte etwa die Verhaftung des ehemaligen Kreml-Chefs Pawel Borodin im Jahr 2001. Doch Bertossa konnte in keinem dieser spektakulären Verfahren, die sich meistens über Jahre hinzogen, je eine Verurteilung erwirken.

Schaute man sich die Fälle etwas genauer an, war selten klar, wo Gut und Böse zu verorten war. Stets bestand der Verdacht, dass die Genfer Justiz in Machtkämpfen unter Oligarchen den Part des nützlichen Idioten für die eine oder andere Partei spielte. Was am Ende blieb, waren juristische Trümmerfelder, meist verbunden mit einem beträchtlichen menschlichen und finanziellen Kollateralschaden.

Ab und an kam doch eine Anklage zustande. 1998 brachte Bernard Bertossa den angeblichen russischen Mafiapaten Sergei Michailow vor das Genfer Geschworenengericht. Zwei Jahre hatte der Geschäftsmann im Untersuchungsgefängnis Champs Dollon verbracht. Die Beweislage war pitoyable. Eine kunterbunte Fülle von Gerüchten und Mutmassungen kontrastierte mit einem eklatanten Mangel an Beweisen und belastbaren Indizien. Nach zehn Tagen sprachen die Geschworenen den Russen frei – nicht etwa wegen Zweifeln an seiner Schuld, sondern weil nichts Konkretes gegen ihn vorlag. Der Kanton Genf musste Sergej Michailow für die unschuldig erlittene Untersuchungshaft rund 800 000 Franken Schmerzensgeld und Schadenersatz bezahlen. Das war den sparsamen Genfern dann doch zu viel. Der Fall Michailow markierte der Anfang vom Ende der Ära Bertossa.

Bernard Bertossas Karriere in Genf endete 2002 mit einem gröberen Skandal. Ein Journalist, der oft und eng mit der Staatsanwaltschaft kooperierte, hatte einen russischen Geschäftsmann zu erpressen versucht. Die Einzelheiten des Skandals, den man diskret bereinigte, wurden nie bekannt. Seltsamerweise nahm der Ruf des mit diversen Ehrendoktorwürden und anderen Auszeichnungen geehrten Strafverfolgers, welcher seine notorische Erfolglosigkeit stets mit der besonderen Raffinesse des internationalen Verbrechens erklärt hatte, keinen nachhaltigen Schaden. Man löste das Problem nach bewährter Schweizer Tradition: Bernard Bertossa wurde wegbefördert ans Bundesstrafgericht; seine nicht minder berüchtigten

Adlaten Paul Perraudin und Laurent Kasper-Ansermet komplimentierte man zur Bundesanwaltschaft respektive zur UNO.

2002 übernahm Generalstaatsanwalt Daniel Zappelli die Geschäfte und sorgte für Mässigung. Es schien, als hätte sich die Einsicht durchgesetzt, dass sich von Genf aus nicht alle Probleme der Welt lösen liessen. Die Staatsanwälte konzentrierten sich wieder darauf, heimische Diebe, Räuber, Vergewaltiger, Betrüger oder Mörder hinter Gitter zu bringen. Die Genfer Justiz verschwand für ein Jahrzehnt von der internationalen Showbühne. Mit einer Ausnahme.

Das sozialistische Parteibuch schien prima Vista das einzige, was der Filius Yves Bertossa mit seinem Vater teilte, als er 2007 bei der Genfer Staatsanwaltschaft anheuerte. Doch das erwies sich schnell als Irrtum. Kaum im Amt inszenierte Bertossa Junior ein Gesellenstück, das von seinem Vater hätte stammen können und international für Schlagzeilen sorgte: Er liess den libyschen Despoten-Sohn Hannibal Gaddafi und dessen hochschwangere Gattin wegen vermeintlicher Übergriffe auf zwei Hofdiener verhaften. Die Gaddafis hätten, so der Vorwurf, ihre Bediensteten wie Sklaven eingesperrt und misshandelt. Doch die medial inszenierte und in eine Gewerkschafts-Kampagne gegen die Ausbeutung von Diplomaten-Personal eingebettete Justiz-Aktion stand auf tönernem Fundament. Zumal sich auch in Genf die Hotelzimmer schon aus Gründen des Brandschutzes stets von innen aufschliessen lassen, kam das Ehepaar Gaddafi nach ein paar Tagen Haft wieder frei. Das Verfahren wurde eingestellt. Für die Schweizer Diplomatie mündete die Gaddafi-Affäre in ein veritables Desaster. Die Schweizer Regierung musste schliesslich vor dem Despoten zu Kreuze kriechen und sich öffentlich für die ihm zugefügte Schmach entschuldigen.

Während ein paar Jahren wurde es in der Folge ruhig um Yves Bertossa. Das änderte sich 2011, als Generalstaatsanwalt Daniel Zappelli von seinen Untergebenen wegen eines angeblichen »Mangels an

Leadership« aus dem Amt gemobbt wurde. Im gleichen Jahr avancierte Yves Bertossa zum Ersten Staatsanwalt. Und schon bald bot sich ihm die scheinbar todsichere Chance, all die bitteren Niederlagen seines Vaters und die eigene gleich mit auszuwetzen: der Fall Erwin Sperisen, pfannenfertig aufbereitet von der Organisation *TRIAL*.

TRIAL ist eine typische NGO mit Sitz in Genf. Sie wurde von Bernard Bertossa mitbegründet und hat sich der weltweiten Verfolgung von politischen Verbrechen verschrieben. Theoretisch ist *TRIAL* als *Nichtregierungsorganisation* ein privatrechtliches Unternehmen, tatsächlich ist die NGO eng mit den staatlichen Institutionen und der Politik verbandelt und agiert irgendwo in der Grauzone zwischen Politik und Verwaltungen. *TRIAL* versteht sich als eine Art globale Privatpolizei, die ohne Rücksicht auf Landesgrenzen und rechtsstaatliche Prozeduren auf informeller Ebene zwischen Strafverfolgern vermittelt und auch mal über eigene Anwälte in die Prozesse eingreift.

Was ihm *TRIAL* im Sommer 2012 auf dem Silberteller präsentierte, liess Yves Bertossas Herz höherschlagen. Die NGO hatte einen Zeugen aus Guatemala eingeflogen, der mit eigenen Augen gesehen haben will, wie Polizeichef Erwin Sperisen 2006 bei der Razzia von *El Pavón* in Guatemala eigenhändig einem wehrlosen Häftling eine Pistolenkugel in den Kopf geschossen habe.

Nun gab es ein paar Umstände, die Yves Bertossa zumindest hätten misstrauisch machen müssen. Die Story war irgendwie zu gut, um wahr zu sein. Hunderte von Akteuren aller Waffengattungen und Dutzende von Journalisten waren damals vor Ort und verfolgten die Razzia in *El Pavón*. War der politische Chef der Polizei wirklich so verrückt, vor diesem Heer von Zeugen Häftlinge eigenhändig zu erschiessen? Der vermeintliche Schlüsselzeuge Philippe Biret war zudem kein unbeschriebenes Blatt. 1992 wurde er in Guatemala wegen eines Raubmordes an einem französischen Wirtepaar zu 35 Jahren Gefängnis verurteilt. Der Franzose war in flagranti erwischt worden, als er das Geld der Opfer von einem Bankkonto abheben wollte. Obwohl eine vorzeitige Entlassung gemäss dem Gerichtsurteil explizit ausgeschlossen war, kam Biret im November 2007 nach nur fünfzehn Jahren vorzeitig frei. Alles weist darauf hin, dass die Freilassung die Belohnung war für seine Aussage gegen Sperisen. Welcher Mörder, der noch 20 Jahre in einem guatemaltekischen Gefängnis vor sich hat, würde eine solches Angebot schon ausschlagen.

Erwin Sperisen hatte sich bereits 2008 bei der Genfer Staatsanwaltschaft gemeldet, freiwillig notabene. Und er hatte auch bereitwillig Auskunft gegeben. Eine Anklage im Fall *El Pavón* war damals noch nicht absehbar. Zu jenem Zeitpunkt ging es um ganz andere Beschuldigungen, die später fallen gelassen wurden. Schon damals konnte man ahnen – wir werden darauf zurückkommen – dass es hier eher um eine politische Abrechnung denn um konkrete kriminelle Handlungen ging.

Als Bertossa vier Jahre später Erwin Sperisen auf offener Strasse verhaften liess, so als handelte es sich um einen flüchtigen Gangster, wusste er, wo dieser wohnte. Er hätte den Mann ganz einfach in sein Büro bestellen oder zu Hause abholen können. Einen Grund zur Flucht gab es für Sperisen nie. In Genf war der ehemalige Polizeichef, der auch über einen Schweizer Pass verfügt, sicherer als in jedem anderen Land. Das Verhaftungsspektakel war reine Show. Doch es passte perfekt ins Bild einer Strafuntersuchung, deren Resultat bereits feststand, bevor sie richtig angefangen hatte.

Spätestens nach der zweiten Einvernahme des Mörders Biret musste Bertossa erkannt haben: Sein vermeintlicher Schlüsselzeuge log, dass sich die Balken bogen. Gemäss Birets Aussage hatte Sperisen einem Häftling in den Kopf geschossen. Doch keine der Leichen wies Verletzungen auf, die irgendwie zu dieser Aussage passten. Weder das Kaliber der Kugeln – sie passten zu einem Gewehr, aber nicht zu einer Pistole – noch der Zeitpunkt, noch der Ort der angeblichen Exekution liess sich mit den gesicherten Fakten in Einklang bringen. Gemäss Biret müsste der Kopfschuss mit der Gewehrkugel aus einer Pistole, der keine Kopfwunden hinterliess, gegen Abend stattgefunden haben. Wie Videoaufzeichnungen belegen, müssen die Häftlinge aber schon tot gewesen sein, als Sperisen am fraglichen Morgen beim Tatort erschien.

Für einen normalen Staatsanwalt wäre spätestens hier der Punkt eingetreten, an dem er einen Verdächtigen aus der Untersuchungshaft entlässt. Mit einem Kronzeugen wie Biret lässt sich in einem funktionierenden Rechtsstaat kein Prozess gewinnen. Bertossa entschied sich für eine andere Variante. Er liess den Familienvater weiter im Kerker schmoren und bot ihm nach einem halben Jahr einen Deal an: Wenn Sperisen »auspacken« und den damaligen Innenminister Carlos Vielmann belasten würde, liesse man ihn mit einer symbolischen Warnstrafe laufen. Wie sich später herausstellte, basierte das ganze Verfahren auf solchen geheimen Kronzeugendeals, die nach Schweizer Recht ebenso illegal sind wie die Beugehaft. Auch das guatemaltekische Recht liess solche Kuhhändel damals noch nicht zu. Sperisen schlug das Angebot aus, er beharrte auf seiner Unschuld.

Die Strafverfolger in Spanien hatten darauf verzichtet, den ehemaligen Minister Vielmann in Untersuchungshaft zu setzen. Es gab auch keinen Anlass dazu. Hätte er sich ins Ausland abgesetzt, wäre er sofort nach Guatemala ausgeliefert worden. Ein Hausarrest reichte vollauf. Doch Yves Bertossa pokerte hoch: entweder alles oder nichts. Schon mit der operettenhaften Verhaftungsaktion hatte er sich selber unter Erfolgsdruck gesetzt. Nach dem gescheiterten Schacher um ein Geständnis gab es für ihn definitiv kein Zurück mehr. Ein weiteres Fiasko konnte er sich nicht leisten.

Ohne Verbündete hätte es Yves Bertossa allerdings nie geschafft, Erwin Sperisen fünf lange Jahre ohne rechtskräftiges Urteil in eine Isolationszelle einzusperren. Der Genfer Justizbetrieb ist klein und überschaubar. Man kennt sich, hat auch mal zusammen studiert oder im gleichen Laientheater gespielt. Unter Druck gerieten im Lauf des Verfahrens auch die Richter, welche Bertossas Haftanträge durchgewunken und bestätigt hatten. Mit der Zeit sassen sie alle im selben Boot. Und je mehr Widersprüche sich auftaten, je brüchiger die Anklage wurde, desto grotesker die Ausflüchte, Verbesserungs- und Erklärungsversuche, desto verbissener klammerten sich Staatsanwalt Bertossa und seine Richtergenossen an den Fall.

Sippenhaft und Rassentheorien

Anfänglich verfolgte ich den Fall Sperisen nur aus der Ferne. In den guatemaltekischen wie auch in den schweizer Medien wurde sporadisch über den Fall berichtet. Die Meldungen glichen sich wie ein Ei dem andern und gingen nie in die Tiefe. Da und dort schimmerte ein leises Unbehagen durch, doch keiner wagte sich richtig an den komplizierten Stoff heran. Aus früheren Recherchen war ich sowohl mit der Genfer Justiz wie auch mit der Realität in Guatemala einigermassen vertraut. Ich ahnte bald, dass die Dinge nicht so einfach waren, wie sie schienen. Doch die Erfahrung hatte mich gelehrt, dass es fast unmöglich ist, einem komplexen Justizfall journalistisch gerecht zu werden. Unschuldige, die im Gefängnis sitzen, verkaufen sich sehr schlecht. Im Knast beteuert bekanntlich fast jeder seine Unschuld. Die Schweizer Justiz geniesst ein hohes Vertrauen. Die meisten Menschen interessieren sich erst für die Feinheiten des Rechtsstaates, wenn sie selber in der Tinte sitzen. Ich vertraute darauf, dass die Genfer Justiz spätestens in der zweiten Instanz den Ausweg aus dem wirren Verfahren finden würde. Ich irrte mich. Im Juli 2015 bestätigte das Genfer Kriminalgericht den Schuldspruch gegen Sperisen.

Die schriftliche Begründung, so weit vorhanden, war schlicht nicht nachvollziehbar. Auf über zweihundert Seiten versuchten die Genfer Richter nachzuweisen, dass die Häftlinge vorsätzlich erschossen wurden. Das war ihnen wohl teilweise gelungen. Obwohl die Aussagen und Protokolle vor Lücken und Widersprüchen nur so strotzten und nicht einmal im Ansatz klar wurde, was im Gefängnis von *El Pavón* wirklich passiert war, erschien doch offenkundig, dass zumindest einzelne Gefangene hingerichtet worden waren, nachdem sie sich ergeben hatten. Doch die entscheidende Frage – nämlich was Erwin Sperisen als politischer Chef der Polizei mit den Morden zu tun hatte – handelte das Genfer Gericht lediglich mit ein paar summarischen Allgemeinplätzen auf eineinhalb Seiten ab.

»Gerechtigkeit und Vernunft sind zum Durchbruch gekommen«, jubelte der international bekannte Genfer Soziologieprofessor, SP-Politiker, Erfolgsautor und UNO-Emissär Jean Ziegler nach dem Urteilsspruch. Dank der »energischen und klugen Arbeit von Nichtregierungsorganisationen« habe man den Sprössling und Lakaien der »unerhört reichen Oligarchen« von Guatemala endlich zur Strecke gebracht. Mit »unerbittlicher Gewalt«, schrieb Professor Ziegler, habe der »allmächtige Polizeichef« den gerechten Wiederstand von Indiobauern – »aufständische, bitterarme Tagelöhner, hungernde Arbeiter und protestierende Gewerkschafter« – niedergewalzt und das Land mit einer »sozialen Säuberung« überzogen. Der Professor fabuliert von »sieben jungen Menschen«, die Sperisen persönlich exekutiert habe, weil diese »gegen die Misshandlung durch die Wärter« protestiert hätten.

Selten habe ich so viel Unsinn auf so engem Raum gelesen. Das meiste war schlicht erfunden und besagt mehr über Professor Zieglers Geisteswelt als die Realität in Guatemala. Die feurige Eloge auf den gerechten indianischen Kampf gegen die weisse Herrenrasse liess keine der unter den Genfer *Tierremondistes*[17] gängigen Plattitüden aus. Doch Ziegler war damit nicht allein. Schon Staatsanwalt Yves Bertossa hatte diese Rassentheorie der weissen Oligarchen, welche die Indios gnadenlos knechten und ausbeuten, diskret aber un-

---

17 *Tierremondistes* lässt sich behelfsmässig mit »Drittweltisten« übersetzten.

überhörbar in seine Plädoyers einfliessen lassen. Sie lag stets wie ein stiller Schatten über dem Prozess.

Nun stach mich doch der Hafer. Natürlich konnte ich nicht ausschliessen, dass Sperisen schuldig war. Und wenn er Schuld auf sich geladen hatte, sollte er büssen – aber dann sollte man wenigstens wissen wofür.

Es gab noch ein zweites Motiv, das mich dazu bewegte, der Sache nachzugehen: Die Sippenhaftung, die über den ganzen Sperisen-Clan verhängt wurde. Es ist das vielleicht traurigste Nebenkapitel dieser Geschichte. Die offizielle Schweiz hat nichts unterlassen, um die Familie zu drangsalieren und aus dem Land zu ekeln. Nach der Verhaftung von Erwin Sperisen entzog die Einwanderungsbehörde seiner Frau Elisabeth vorerst die Aufenthaltsbewilligung. Auch Elisabeth Sperisen hat zwar Schweizer Vorfahren, doch anders als ihr Mann und die drei gemeinsamen Kinder bewarb sie sich nie um die Staatsbürgerschaft. Die Begründung der Ausweisung: Ein eheliches Zusammenleben mit einem Untersuchungshäftling sei nicht möglich, womit auch der Aufenthaltszweck der Frau in der Schweiz entfalle. Dass sie damit auch Schweizer Kinder aus dem Land verbannten, interessierte die Bürokraten nicht. Es bedurfte den Einsatz von Anwälten, um den Willkürentscheid zu annullieren.

Nachdem die Anschuldigungen aus Guatemala die Runde gemacht hatten, verlor Elisabeth Sperisen ihre Stelle bei der UNO. Offiziell hiess es, der Vertrag würde nicht erneuert. Inoffiziell bot man ihr an, die Anstellung weiterzuführen, sofern sie sich scheiden lasse. Das Schweizer Justizministerium versuchte sogar, Erwin Sperisen die Schweizer Staatsbürgerschaft abzuerkennen. In einem Rechtsgutachten wurde die Reaktivierung einer Sonderregelung erwogen, die während dem Zweiten Weltkrieg gegen Schweizer SS-Söldner erlassen worden war und die Ausbürgerung von Kriegsverbrechern erlaubte. Der hanebüchene Versuch wurde dann allerdings abgebrochen.

Als die Beamten gegen das Ehepaar und die Kinder keinen rechtlichen Hebel fanden, nahmen sie Sperisens 70-jährigen Vater Edi ins Visier. Seit 1996 wirkt dieser als Gesandter von Guatemala bei der Welthandelsorganisation WTO in Genf. Damals empfing die offizielle Schweiz ihren »verlorenen Sohn« noch mit Pauken und Trompeten. Doch nun kam es den Funktionären in Bern plötzlich in den Sinn, dass ein Schweizer keinen fremden Staat in der Schweiz vertreten dürfe. Da die WTO keine Schweizer Institution ist, misslang der erste Anlauf. Doch Bürokraten können kreativ sein, wenn sie nur wollen. Nun fanden sie heraus, dass Edi Sperisen, der sein Einkommen stets, so wie es das Gesetz vorschreibt, in Guatemala versteuert hatte, als Schweizer auch in Genf steuerpflichtig sei. Dem betagten Edi Sperisen blieb nichts anderes übrig, als auf seine Schweizer Staatsbürgerschaft zu verzichten, um nicht mehr als die Hälfte seiner Einkünfte dem Fiskus abzuliefern.

Das langjährige Prozessieren hatte die ganze Familie ruiniert. Elisabeth Sperisen, die keine Arbeit mehr fand, strandete mit ihren drei Kinder bei der Sozialhilfe. Doch selbst hier zeigte sich die ansonsten auf ihre humanitäre Tradition so stolze Stadt Genf von geradezu schändlicher Knausrigkeit: Während Jahren zwängte sie die vierköpfige Familie in eine kleine Einzimmerwohnung.

Der ganze Fall hatte etwas Irrationales in sich. Nichts ging auf. Was trieb die Juristen und Beamten an? War es wirklich die Schande, die der ehemalige Polizeichef nicht nur über seine ganze Familie – inklusive Betagte und Kinder –, sondern auch über die Heimat seiner Vorfahren gebracht haben könnte? Oder ging es eher darum, die Zeugen eines Justizverbrechens zu vertreiben?

Da mir die Genfer Staatsanwaltschaft ein Interview mit dem inhaftierten ehemaligen Polizeichef verweigerte, beschränkte ich mich auf das, was in den Gerichtsakten stand und was ich ergänzend von seinen Angehörigen in Erfahrung bringen konnte. Es war eine Sisyphos-Arbeit. Der Aktenberg, den Staatsanwalt Bertossa angehäuft hatte, erschien so unermesslich, verschlungen und undurchdringlich wie der Dschungel von Petén. Bei der Lektüre wurde mir allerdings bald klar: Die Geschichten, die sich in den Aktenordnern verbargen, hatten herzlich wenig zu tun mit dem, was Professor Ziegler geschrieben hatte und was bislang an die Öffentlichkeit gedrungen war.

Die drei von der Feuerwehr

Erwin Sperisen wurde 1970 in Guatemala Stadt geboren, wo er in mittelständischen Verhältnissen aufgewachsen ist. Sein Grossvater Franz stammte aus einem Dorf im Kanton Solothurn. Nach dem ersten Weltkrieg war Franz Sperisen, wie damals viele Schweizer, mittellos nach Zentralamerika ausgewandert. Mit einer Glaserei schlug er sich mehr schlecht als recht durchs Leben. Erwins Vater Edi gründet mit dessen Mutter Linda eine Schreinerei, die zu ihren besten Zeiten hundert Angestellte beschäftigte. Über den lokalen Gewerbeverband kam Edi Sperisen in die Politik und wurde 1996 unter der rechtsliberalen Regierung von Álvaro Arzú zum Botschafter bei der WTO in Genf ernannt. So kam er in die Heimat seiner Vorfahren zurück.

Erwin Sperisen studierte zu jener Zeit Politikwissenschaften an der angesehenen *Universidad Francisco Marroquín*. Dort lernt er Elisabeth kennen, eine Salvadorianerin. Es sei Liebe auf den ersten Blick gewesen, sagt sie. Neben den gemeinsamen helvetischen Wurzeln und dem Interesse für Politik, ökonomische und soziale Fragen gab es eine praktische Gemeinsamkeit: Erwin (194 cm) und Elisabeth (184 cm) sind für guatemaltekische Verhältnisse von hünenhafter Statur.

Beide finanzierten ihr Studium selber. Während Elisabeth für einen liberalen Think-Tank arbeitete, holte der damalige Bürgermeister von Guatemala-Stadt, der spätere Präsident Óscar Berger, den ehrgeizigen jungen Sperisen als Praktikant in die Stadtverwaltung. 1997 heirateten Erwin und Elisabeth. Drei Jahre später kam das erste ihrer drei Kinder zur Welt. Elisabeth arbeitete trotzdem weiter. Nur so konnte sich das junge Paar ein bescheidenes Häuschen in einem mittelständischen Viertel und später die relativ teure deutsche Schule für die drei Kinder leisten.

2004 erhielt Erwin Sperisen einen unerwarteten Anruf von Innenminister Carlos Vielmann. Ohne Umschweife offerierte ihm dieser ein Amt als politischer Chef der *Policía Nacional Civil*. Das Angebot kam überraschend. Erwin Sperisen gab zu bedenken, dass er erst 34 Jahre alt sei und von der Polizeiarbeit keine grosse Ahnung habe. Seine Führungserfahrung erschöpfte sich im Einsatz bei der Freiwilligen-Feuerwehr, der er schon als Teenager beigetreten war, sowie bei der Stadtverwaltung.

Gerade deshalb sei er auf ihn gekommen, erwiderte Vielmannn. Die frisch gewählte Regierung von Óscar Berger wollte den Chefposten mit einem Aussenseiter besetzen. Das Polizeikorps sei vom organisierten Verbrechen durchdrungen, er suche jemanden, der ohne Rücksicht auf Seilschaften für Ordnung sorgen würde. Vielmann gab Sperisen Zeit für eine Antwort bis zum nächsten Morgen.

Seine Brüder, seine Eltern, seine Freunde versuchten, Erwin Sperisen diese *Mission Impossible* auszureden. Erfahrungsgemäss beträgt die Halbwertszeit eines Polizeichefs in Guatemala einige Wochen bis ein paar Monate. Im besten Fall muss er dann wegen irgendeines Skandals zurücktreten, im schlimmeren wird er einfach erschossen. Guatemala ist ein gefährliches Land. Jahr für Jahr werden 5000 Morde registriert, nur selten wird einer geklärt. Während sich die Gesetzestreuen in ihren Häusern einschliessen, die oft wie Gefängnisse vergittert sind, beherrschen Drogen- und Gangstersyndikate die Strasse. Die von der Korruption durchdrungenen Ordnungskräfte sind ein zentraler Teil des Problems, das sie lösen sollten.

Sein politischer Ziehvater Álvaro Arzú nahm den jungen Sperisen in jener Nacht persönlich ins Gebet: »Die Polizei ist ein politischer Friedhof, vergiss es«. Als Alternative stellte er Erwin Sperisen eine gut bezahlte Stellung als Kommandant der Feuerwehr in Aussicht. Im Namen der Kinder beschwor ihn seine Frau Elisabeth, das Angebot der Feuerwehr anzunehmen. Das wäre das perfekte Sprungbrett für seine ersehnte politische Karriere gewesen. Die Feuerwehr ist so ziemlich die einzige Institution in Guatemala, die in allen Schichten Ansehen geniesst. Dort konnte er kaum etwas falsch machen.

Doch die Einwände schienen ihn erst recht anzuspornen. Sperisen entschied sich für die undankbarste Alternative. »Wenn Erwin von einer Sache überzeugt ist«, sagt Elisabeth im Rückblick, »dann hilft kein Flehen und kein Drohen«. Er könne doch nicht dauernd über die korrupte Polizei klagen, habe er ihr erwidert, »und dann kneifen, wenn sich die Chance bietet, etwas zu ändern; wie soll ich das dereinst meinen Kindern erklären«.

Anfang August 2004 trat Erwin Sperisen seine Stelle als politischer Chef der Polizei an. Der erste Skandal liess keinen Monat auf sich warten. Auf Befehl des Obersten Gerichtes räumte die Polizei Ende August die *Finca Nueva Linda*. Die Farm bei Retalhuleu an der Pazifikküste war im Zuge eines komplizierten Konfliktes unter rivalisierenden Bauern-Syndikaten von mehr als tausend bewaffneten Aufständischen besetzt worden. Bei der Räumung kamen sechs Besetzer und drei Polizisten ums Leben. 22 Polizisten wurden bei der Schiesserei verwundet, und es wären zweifellos mehr Uniformierte gestorben, wäre sie nicht mit kugelsicheren Westen ausgerüstet gewesen.

Die Schlacht um die *Finca Nueva Linda* wurde von einem internationalen Netzwerk linker NGO zum Fanal für die angeblich brutale Unterdrückung der Indio-Bauern in Guatemala hochstilisiert.

Der riesenhafte Polizeichef Sperisen, den sie wegen seines roten Haarschopfs *el Vikingo* nannten, gab dieser Kampagne ein Gesicht. Die Anschuldigungen gegen den »Wikinger« machten in Genf bereits 2008 die Runde, verflüchtigten sich aber bald. In Tat und Wahrheit stand hinter dem Konflikt um die *Finca Nueva Linda* ein Machtkampf unter ehemaligen Guerilleros, bei dem die Polizei schlichtend eingegriffen hatte[18]. Als frisch gebackener Chef war Erwin Sperisen nicht einmal in die Planung des gerichtlich angeordneten Polizeieinsatzes involviert. Doch der Vorfall begründete den Mythos der »sozialen Säuberungen«, der zum Ausgangspunkt für die Genfer Prozesse werden sollte.

Zur fraglichen Zeit hatte der neue Polizeichef ganz andere Sorgen. Im Vordergrund stand für ihn der Kampf gegen die Korruption. Bessere Arbeitsbedingungen, welche die Polizisten enger an ihr Korps binden, und Wohnsiedlungen, die ihre Familien vor Übergriffen und Erpressung schützen sollten, hatten für ihn erste Priorität. Wenn sie etwas zu verlieren hatten, so seine Überlegung, waren die Ordnungshüter auch weniger anfällig für das organisierte Verbrechen. Einen weiteren Schwerpunkt setzte Sperisen bei den Renten für die Witwen und Waisen ermordeter Polizisten sowie bei einer Reform der Gesundheitsversorgung im Korps.

Das war mit ein Grund, warum Polizeichef Sperisen seinen Jugendfreund Javier Figueroa an Bord holte und zum operativen Chef der Kriminalpolizei ernannte. Figueroa war Arzt. Die beiden hatten schon bei der Freiwilligen-Feuerwehr zusammengearbeitet. Auch Figueroa hatte bis dahin keine Verbindungen zur Polizei gehabt. Sein medizinisches Fachwissen kam Erwin Sperisen beim dritten Schwer-

18 Die Kommission für Menschenrechte des guatemaltekischen Kongresses hat die Besetzung bzw. Räumung der »Finca Nueva Linda« und die komplizierte Vorgeschichte in einem ausführlichen Bericht aufgearbeitet: www.albedrio.org/htm/otrosdocs/oficiales/InformeComDDHHCongresoCasoFincaNuevaLinda.pdf

punkt seines Reformprogramms zupass: Die Polizei von Guatemala sollte endlich einen modernen rechtsmedizinischen und kriminaltechnischen Dienst bekommen.

Die Feuerwehr-Connection führt schliesslich zur dritten Hauptfigur dieser Geschichte: Vollzugschef Alejandro Giammattei. Auch er war Arzt. Auch er hatte vorher weder mit der Strafverfolgung noch mit der Regierungspartei etwas zu tun gehabt. Auch Alejandro Giammattei erhielt eines morgens einen überraschenden Anruf von Innenminister Carlos Vielmann, der ihm ohne Umschweife die Stelle als oberster Chef des Strafvollzugs anbot.

Ausser der Mitgliedschaft beim Feuerwehr-Korps verband Sperisen und Figueroa allerdings nichts mit Giammattei. Dieser war sechzehn Jahre älter als die beiden Jugendfreunde, er gehörte einer anderen Generation an. Und er war vorsichtiger. Giammattei verlangte von Innenminister Vielmann zwei Wochen Bedenkzeit. Zuerst wollte er die wichtigsten Gefängnisse von Guatemala besuchen und sich selber ein Bild von der Aufgabe machen, nicht in offizieller Mission notabene, sondern inkognito. Vielmann gewährte ihm diesen Wunsch.

Was Alejandro Giammattei bei seiner Erkundungstour durch die guatemaltekischen Knäste erfuhr und erlebte, übertraf seine schlimmsten Befürchtungen und ist in einem Buch nachzulesen, das er später verfasste.[19] Crack-Leichen, Prostitution, Waffen, Gewalt und sexuelle Übergriffe bestimmten den Alltag. Das Vollzugspersonal hatte längst resigniert und versuchte gar nicht erst einzugreifen. Die von den Gangsterbanden gekauften und bedrohten Wärter waren vielmehr ein Teil dieses perversen Systems. Ordnung in dieses infernalische Biotop zu bringen, erschien fast aussichtslos.

---

19 *Relato de una Injusticia*; Dr. Alejandro Giammattei Falla, ISBN: 978–9929–40–280–5

Im Gefängnis *Granja Modelo de Rehabilitación Penal El Pavón,* dem Namen nach ein »Musterhof für die Resozialisierung von Strafgefangenen«, waren die Missstände besonders krass. Der Arzt entdeckte Machenschaften, die an die Sklaverei gemahnen. Das Gefängnis befand sich unter der Kontrolle von Gangsterbanden. Wer in einem Bett schlafen wollte, musste dafür bezahlen, und wer nicht zahlen konnte, musste den Knastgrössen zudienen. Neue Häftlinge wurden in Auktionen an den meistbietenden Capo versteigert. Ungehorsam wurde mit harten körperlichen Strafen, bisweilen auch mit dem Tod geahndet.

El Pavón war in den 1970er Jahren als Vorzeigemodell mit eigenem Gutsbetrieb und Werkstätten gebaut worden. Über das *Komitee für Ordnung und* Disziplin (COD) hatten die Insassen ein gewisses Mitspracherecht. Der Friedensvertrag mit den Guerillas von 1996 räumte den Häftlingen faktisch die Hoheit über gefängnisinterne Belange ein. Die *COD* übernahmen nun definitiv die Kontrolle über den Knast und verbannte die Wärter aus dem Areal. Der Zugang zu *El Pavón* wurde nicht nur von aussen, sondern auch von innen verriegelt und kontrolliert. Und weil die Gangstersyndikate mehr zahlten als der Staat, arbeitete das Gefängnispersonal faktisch in deren Sold und Auftrag.

Aus dem revolutionären Selbstbestimmungsmodell war ein höllisches Experiment geworden, das seinesgleichen sucht. Giammattei stellte zwar auch fest, dass das streng hierarchische Knastregime erstaunlich geordnet funktionierte. Es gab sogar eine Art Grundbuchamt. Wer es sich leisten konnte, lebte im eigenen »Chalet« mit allem, was dazugehört: Jacuzzi, abhörsichere Telefone, Dienstboten und Bodyguards. Effizient organisiert waren aber auch die Fälscherwerkstätten, Drogenlabors und Faktoreien, in denen gestohlene Autos umgebaut wurden. Entführer-, Drogen- und Räuberbanden operierten ungeniert und ungestraft von *El Pavón* aus. Es gab Fälle von

Entführten, die hier versteckt wurden. Indizien weisen darauf hin, dass in *El Pavón* Gewalt- und Kinderpornos hergestellt wurden. 2003 starben zwei Polizisten beim Versuch, Delinquenten ins Gefängnis hinein zu verfolgen.

»Wer als Krimineller hier reinkommt«, konstatierte Giammattei, »kommt als Soziopath wieder raus«. Am Ende war es aber eine zufällige Beobachtung, die den Kinderarzt zur Zusage bewegte. Bei einem seiner Rundgänge hatte er bemerkt, dass die Wärter an Besucherinnen Intimkontrollen ohne hygienischen Schutz vornahmen. Wer sich bei der Leibesvisitation keine Geschlechtskrankheit zuzog, konnte sich glücklich schätzen. Alejandro Giammattei war erschüttert – und sagte zu.

Bereits am Tag der Amtsübergabe erlebte er seine Feuertaufe: eine Meuterei im Frauengefängnis *Santa Teresa*. Die inhaftierten Frauen verlangten eine Lockerung des Regimes bei Männerbesuchen. Dank einem persönlichen Einsatz vor Ort konnte der neue Chef den Aufstand friedlich beilegen.

Der Fatalismus im Verwaltungsapparat war betäubend. In einem ersten Schritt wollte Giammattei die Führungscrew ersetzen. Gezählten 58 Freunden oder Bekannten bot er Schlüsselstellen an. Die Stellenangebote waren nicht etwa eine Gefälligkeit an Freunde, Giammattei trat vielmehr als Bittsteller auf. Denn er brauchte in erster Linien Leute, denen er vertrauen konnte. Alle wünschten ihm viel Erfolg, kein einziger sagte zu. Giammattei ermunterte sogar den Sonderstaatsanwalt für Menschenrechte, Sergio Morales, in *El Pavón* eine Filiale zu eröffnen. Morales wies das Angebot schroff zurück. Der mediengewandte Menschenrechtler wusste nur zu gut, dass in diesem Inferno keine Lorbeeren zu holen waren. Er sollte später zu Giammatteis ärgstem Widersacher werden.

In einem ersten Schritt ordnete der neue Vollzugschef eine systematische Neuerfassung aller Gefängnisinsassen an. Niemand wusste, wie viele es genau waren. Offenbar gab es Häftlinge, die ihre Strafe längst verbüsst hatten und deren Karteikarte irgendwo im Apparat hängen geblieben oder verlorengegangen war. Sein zweites Hauptziel: Die Gefängnisse wieder unter die Kontrolle des Staates zu bringen. Der Anfang sollte in *El Pavón* mit seinen 1800 Insassen gemacht werden.

Weil dies eine militärische Operation war, beauftragte Alejandro Giammattei einen Mann vom militärischen Nachrichtendienst mit der Planung: Luis Linares Pérez. Der Geheimdienstler erhielt den Auftrag, *El Pavón* vorweg mit Informanten zu infiltrieren und eine Liste der Anführer zu erstellen, die man auf andere Gefängnisse verteilen wollte. Später wird man behaupten, die Liste – die notabene nie gefunden wurde – sei in Wirklichkeit eine Todesliste gewesen.

Am 18. Juli 2006 spitzte sich die Lage in *El Pavón* zu. Luis Zepeda, der ungekrönte Knastkönig, stellt ein Ultimatum: 57 Häftlinge, die anscheinend zu wenig Gewinn abwarfen, sollten das Gefängnis sofort verlassen, ansonsten er für nichts garantieren könne. Im Klartext: Die Männer würden ermordet. Vollzugschef Giammattei liess sich nicht auf die Erpressung ein. Am 11. September wurde der erste der verstossenen Häftlinge umgebracht. Er hiess José Hernández.

Doch all das interessierte weder die internationalen Ermittler der *CICIG* in Guatemala, die den Fall Pavón zu ihrem ersten grossen *Case* machen sollte, und erst recht nicht Staatsanwalt Yves Bertossa im fernen Genf. Häftling José Hernández stand auf einer Todesliste, die nicht in ihr Konzept passte. Er wäre ihrer Anklage im Wege gestanden. Trotz allem, es bleibt die beklemmende Frage: Liess die neue Crew von Innenminister Vielmann die Knastkönige umbringen, um das Verbrechen mit einem Verbrechen zu bekämpfen? Und wenn ja: War Erwin Sperisen Teil dieses Komplotts?

Die Inquisition meldet sich zurück

Am 25. September 2006 ist es so weit: In den frühen Morgenstunden kreist ein Aufgebot von 2500 Einsatzkräften – Armee, Polizei, Sonderkommandos, Vollzugspersonal – das weitläufige Gelände von *El Pavón* ein. Um 5 Uhr wird die Razzia per Lautsprecher angekündigt. Die Häftlinge werden aufgefordert, die Gebäude zu verlassen und sich auf den Sportplätzen zu versammeln.

Der Strafvollzugschef Alejandro Giammattei verfolgt den Einsatz an der Seite von Polizeichef Erwin Sperisen in der Zentrale des Gefängnisses. Diese befindet sich beim Haupteingang, auf der Nordseite. Um 6 Uhr wird die Stromzufuhr gekappt. Eine halbe Stunde später beginnt der Sturm auf *El Pavón*. Auf der Südseite des weitläufigen Geländes sprengen Einsatztruppen von zwei Seiten Breschen in die Zäune. Mit der Rückendeckung der Polizei dringt das Gefängnispersonal via Haupteingang sowie über die zwei seitlichen Flanken ins Areal ein. Die meisten Häftlinge ergeben sich widerstandslos und werden vom Gefängnispersonal gefesselt. Die Polizei greift nicht direkt ein.

Beim »Chalet« des kolumbianischen Drogenbarons Jorge Batres kommt es jedoch gegen 6.45 Uhr zu einer Schiesserei, die rund 20 Minuten dauert. Polizeikommandant Javier Figueroa steht in der Nähe, allerdings nicht an der Front. Dort kommen zwei Sonderkommandos zum Einsatz. Sie werden von einem gewissen Victor Rivera sowie von den Gebrüdern José und Henry Benitez angeführt. Die Szenen werden gefilmt. Ein österreichischer Gerichtsgutachter kommt später aufgrund von Videoaufnahmen zum Schluss, dass effektiv aus dem Gefängnis heraus geschossen wurde. Um eine reine Inszenierung, wie in Genf behauptet wird, handelt es sich demnach nicht.

Erwin Sperisen und Alejandro Giammattei begeben sich – auch das ist durch Videoaufnahmen belegt – erst um 7 Uhr 40 zum »Chalet« des kolumbianischen Narcos Jorge Batres, in dem die erschossenen Häftlinge liegen. Bevor er seinen Rundgang fortsetzt, wirft Sperisen aus der Distanz einen kurzen Blick auf die Leichen. Sonst unternimmt er nichts. Für die Toten war die Staatsanwaltschaft zuständig, wird er später vor Gericht erklären, er hatte am Tatort nichts verloren.

Um 8 Uhr erscheint Innenminister Vielmann auf dem Gelände. In seinem Tross befindet sich eine Gruppe von Journalisten. Um 9.30 Uhr nehmen mehrere Equipen der Staatsanwaltschaft die Spurensicherung im »Chalet« von Batres auf, die sieben Leichen werden geborgen. Um 11 Uhr informieren die Behörden an einer Pressekonferenz über die sieben getöteten Häftlinge und ziehen eine positive Bilanz. In einem *Worst-Case-Szenario* hatten sie mit bis zu hundert Toten gerechnet.

Videoaufzeichnungen und Zeugenaussagen weisen darauf hin, dass die beiden Sonderkommandos die sieben Häftlinge erschossen haben. Direkt will dies allerdings keiner der Zeugen gesehen haben. Der eine Chef des Kommandos, Victor Rivera, führte eine private Sicherheitsfirma, die bei Entführungen im Auftrag der Angehörigen vermittelte. Im fraglichen Zeitraum wirkte er auch als Berater von Innenminister Carlos Vielmann. Dem gebürtigen Venezolaner wird eine Verbindung zum in Guatemala allgegenwärtigen CIA nachgesagt. Auch die Chefs des anderen Kommandos, die Gebrüder Benitez waren im Security-Business tätig. Sie galten als Mitarbeiter der US-Drogenfahndung DEA.

Erwin Sperisen kannte Rivera und die Benitez-Brüder unbestrittenermassen, er hatte auch gelegentlich mit ihnen zu tun. Doch seiner Befehlsgewalt unterstanden sie nie. Keiner der involvierten Akteure – weder der Innenminister noch der Vollzugschef, noch der Polizeichef – will einen entsprechenden Einsatzbefehl erteilt haben. Die Rolle der Armee und der Geheimdienste, die an der Razzia beteiligt waren, wurde von der *CICIG* nie untersucht. Warum die Armee, deren Verstrickungen ins Kokaingeschäft als notorisch gelten, nie in die Ermittlungen mit einbezogen wurde, ist eines der vielen Geheimnisse dieser Untersuchung. Die *CICIG* hat nicht einmal klären können oder wollen, wer die Sonderkommandos aufgeboten hatte. Das wäre aber die entscheidende Frage gewesen.

Victor Rivera und die Benitez-Brüder wurden von den guatemaltekischen Staatsanwälten, welche die sieben Todesfälle von *El Pavón* als erste untersuchten, nie befragt. Als die internationale *CICIG* zwei Jahre später den Fall neu aufrollte, war es zu spät. Alle drei waren in der Zwischenzeit erschossen worden, auf offener Strasse, von Killer-Kommandos. War es eine Racheaktion gewesen für die Schiesserei von *El Pavón*? Man wird es wohl nie erfahren. Die Attentate gegen Rivera und die Benitez-Brüder reihen sich in Tausende von Morden ein, die in Guatemala nie geklärt wurden.

Die Regierung Berger hatte die *CICIG* gegen Ende ihrer Amtszeit 2007 selbst ins Land geholt, um die notorische Korruption im Staatsapparat zu bekämpften. Die ausländischen Ermittler, die unter der Schirmherrschaft der Vereinten Nationen agierten, waren mit weitreichenden Kompetenzen ausgestattet und weitgehend autonom. An sich standen ihre Aktivitäten in einem eklatanten Widerspruch zur Verfassung, die keine ausländischen Ermittler im Land zulässt. Doch der Leidensdruck war so gross, dass man sich nicht mehr anders zu helfen wusste.

Nach einem halben Jahrhundert des Guerilla-Terrors, der nach dem Friedensvertrag von 1996 fast nahtlos in die organisierte Kriminalität übergegangen war, lag Guatemala moralisch und institutionell darnieder. Der Vergleich mit einem Virus, das nicht bloss die Organe angreift, sondern das gesamte Immunsystem lahmlegt, ist nicht übertrieben. Die fremden Staatsanwälte und Ermittler sollten Remedur bringen. Doch Recht und Gerechtigkeit lassen sich nicht so einfach importieren wie Autos oder Spülmaschinen.

Der Hauptauftrag der *CICIG* war eigentlich die Bekämpfung der Korruption. Doch kaum war die neue Regierung unter dem Sozialdemokraten Álvaro Colom (2008 bis 2012) im Amt, wurde der Fokus auf die Menschenrechte verlegt. Die mutmasslichen Exekutionen bei der Stürmung von El Pavón sollten zum ersten Prüfstein der ausländischen Ermittler werden. Álvaro Colom kam das sehr gelegen. Die Skandale, die bald seine eigene Regierung erzittern liessen, rückten damit in den Hintergrund – der Scheinwerfer lag nun auf seinem Vorgängr, dem rechtsliberalen Óscar Berger.

Das Mandat der *CICIG* war vorerst auf zwei Jahre begrenz. Die Ermittler standen unter einem gewaltigen Erfolgsdruck. Ohne intime Kenntnisse der komplizierten guatemaltekischen Realität sollten sie schaffen, was die heimischen Juristen hoffnungslos überfordert hatte, und das subito. Dabei waren sie mit dem Anspruch angetreten, nicht die kleinen Übeltäter zur Strecke zu bringen, sondern die Drahtzieher, die Chefs. Ein ziemlich ehrgeiziges Programm, das wohl selbst Supermann an seine Grenzen gebracht hätte.

In der Not griffen die *CICIG*-Ermittler zu einer Wunderwaffe, welche die US-Justiz seit Jahren mit zweifelhaftem Erfolg gegen das organisierte Verbrechen einsetzt: so genannte Kronzeugendeals. Mutmasslichen Mitgliedern einer kriminellen Organisation wird Zeugenschutz und Straffreiheit angeboten, wenn sie die höhere Hierarchiestufe belasten. In der Theorie arbeiten sich die Ermittler damit hoch in der kriminellen Hackordnung, bis sie schliesslich die *Capos* fassen. In der Praxis funktioniert diese Methode nur, wenn die Kronzeugen hieb- und stichfeste Beweise liefern. Denn baut man allein auf ihre Aussagen, ist die Wahrscheinlichkeit gross, dass die Kronzeugen falsche Angaben machen und Unschuldige belasten, um den eigenen Kopf aus der Schlinge zu ziehen oder gar von den wahren Tätern abzulenken. Im Fall von *El Pavón* gab es indes nicht einmal den Ansatz handfester Beweise. Umso bunter war der Strauss von abenteuerlichen Aussagen und Mutmassungen gemäss Hörensagen, die sich oft diametral wiedersprachen.

Das Problem lässt sich am Beispiel des bereits erwähnten Nachrichtendienstlers Luis Linares Pérez aufzeigen, der im Vorfeld der Razzia die Gefängnishierarchie ausgeforscht hatte und der sich der *CICIG* als Kronzeuge andiente. Zur Belohnung wurde er von einer Anklage verschont, er bekam ein kanadisches Einwanderungsvisum für sich und seine ganze Familie. Linares Pérez war, anders als die angeklagten Regierungsmitglieder, während der Schiesserei nachweislich vor Ort.

Lässt man die Aussagen von Linares Pérez, die er im Laufe der Jahre immer wieder änderte, Revue passieren, fällt ein klares Muster auf: Der Kronzeuge will sich nirgends festlegen. Während er zu nebensächlichen Themen ausführlich Auskunft gibt, bleiben seine Angaben in den zentralen Punkten stets vage. Dafür gibt es eine naheliegende Erklärung: Wenn er andere konkret beschuldigen würde, würde er sich als Mitwisser automatisch auch selbst belasten. Er passte seine Aussagen stets dem vermeintlichen Stand der Ermittlungen an. So räumte Linares Pérez in einer frühen Einvernahme etwa ein, bei der Konfrontation mit den Gefangenen selber geschossen zu haben; später behauptete er, unbekannte Uniformierte hätten ihn zu Boden gedrückt und entwaffnet, er habe weder von der Schiesserei und erst recht von den Exekutionen selber gar nichts mitbekommen.

Die unter der Androhung langer Haftstrafen ausgehandelten Aussagen der Kronzeugen sind so vertrauenswürdig wie die Geständnisse, welche die Folterknechte der Inquisition beibrachten: Sie sind das Papier nicht wert, auf dem sie festgehalten wurden. Jeder Polizist oder Wärter, den die Ermittler befragten, wusste genau, dass er in einem guatemaltekischen Gefängnis nicht lange überleben würde. Wer um sein Leben fürchtet, erzählt seinen Peinigern, was sie von ihm hören wollen. Erstaunlicherweise ist es der *CICIG* trotzdem nicht gelungen, auch nur einen einzigen glaubhaften Zeugen aufzutreiben, der überprüfbare konkrete Angaben aus eigener Wahrnehmung zu den angeblichen Exekutionen gemacht hätte.

Alejandro Giammattei und Javier Figueroa wie auch Erwin Sperisen bekamen einen Straferlass anerboten, wenn sie sich schuldig bekennen und Innenminister Vielmann belasten würden. *CICIG*-Ermittlerin Gisela Rivera reiste 2009 sogar extra nach Österreich, um Figueroa ein bereits fixfertig abgefasstes »Geständnis« zu unterbreiten. Doch die drei ehemaligen Feuerwehrleute lehnten den Schacher ab. Sie zogen es vor, jahrelange ruinöse Prozesse über sich ergehen zu lassen.

Ende 2009 verliess *CICIG*-Ermittlerin Gisela Rivera Guatemala nach einer Auseinandersetzung mit ihrem Chef Carlos Castresana fluchtartig. Castresana ordnete eine Strafuntersuchung gegen sie wegen Amtsmissbrauchs an. Wenig später erliess die Staatsanwaltschaft einen Haftbefehl gegen Gisela Rivera, die seither in Costa Rica lebt. 2010 musste allerdings auch Castresana sein Pult räumen. Sein Nachfolger gab den Weg frei für die Anklage gegen die vermeintlichen politischen Verantwortlichen der aussergerichtlichen Hinrichtungen von *El Pavón*.

Gisela Rivera, eine erfahrene Juristin und Staatsanwältin aus Costa Rica, und ihre Nachfolger bei der *CICIG* wussten, was sie taten. Sie wussten, dass ihre Kronzeugen-Tricks gegen das Gesetz verstiessen und dass sie damit Unschuldige hinter Gitter bringen konnten. Doch statt in mühsamer Kleinarbeit nach harten Beweisen zu suchen, setzten sie auf den öffentlichen Druck. An Pressekonferenzen priesen sie ihre vermeintlichen Erfolge, liessen Verdächtigte öffentlich in Handschellen vorführen, um öffentlichen Druck auf die Gerichte auszuüben und vielleicht auch in der Hoffnung, dass sich diese am Ende gegenseitig beschuldigen würden. Als das Kalkül nicht aufging und die Widersprüche immer grotesker wurden, gab es für sie kein Zurück mehr.

Mag sein, dass die Ermittler zumindest anfänglich davon überzeugt waren, das Richtige zu tun. Es galt ein Zeichen gegen die Straflosigkeit zu setzen. Vielleicht suchten sie auch bloss Anerkennung und stellten ihre Karriere über alles. Der Grat zwischen Idealismus und Eitelkeit ist schmal.

Jedes Urteil eine neue Version

Im März 2014, zwei Monate vor dem ersten Sperisen-Prozess in Genf, strahlt das öffentlich-rechtliche Westschweizer Fernsehen *RTS* den Dokumentarfilm *Chasseurs de crimes* (Verbrecherjäger) aus. Im Zentrum steht die Organisation *TRIAL*. Anhand des Falls Erwin Sperisen wird aufzeigt, wie die NGO politische Verbrechen auf der ganzen Welt aufdeckt und die Täter dem gerechten Urteil zuführt. Der ehemalige Polizeichef von Guatemala wird als Haudegen beschrieben, als Vertreter der weissen Oligarchie, welche die mehrheitlich indianische Bevölkerung gnadenlos unterdrücke und ausbeute. Auch der blutige Zusammenstoss der Polizei mit den bewaffneten Besetzern in der *Finca Nueva Linda* wird aufgerollt. Es ist reine Stimmungsmache. Längst ist erwiesen, dass Sperisen mit jenem Konflikt nichts zu tun hatte. Ausführlich kommt sodann der Mörder Philippe Biret zu Wort. Mit leiser Stimme und dramatischen Worten beschreibt der vermeintliche Schlüsselzeuge von Staatsanwalt Bertossa, wie Polizeichef Erwin Sperisen Häftlinge in *El Pavón* exekutiert habe. Was die Zuschauer nicht erfahren: Die Staatsanwaltschaft von Genf weiss zu diesem Zeitpunkt schon lange, dass Birets Aussagen nicht mit den Spuren und dem Zeitablauf in Einklang zu bringen sind. Das Schlusswort überlassen die Filmautoren dem Bertossa-Intimus Baltasar Garzón. Seine Worte lassen erahnen, dass der Fall alles andere als geklärt ist. Es sei schwierig, den politischen Verbrechern auf die Schliche zu kommen, erklärte der spanische Starermittler, aber es lohne sich trotzdem.

Das Genfer Publikum scheint bestens eingestimmt. Doch kurz vor Prozessbeginn veröffentlicht der Journalist Arnaud Bédat eine verstörende Recherche: Die vermeintliche Privatklägerin Maria del Socorro Vásquez, die Mutter des getöteten Knastkönigs Luis Zepeda, weiss nichts vom Verfahren in Genf. Bédat hatte sie in Guatemala aufgesucht. Vor laufender Kamera erklärte die betagte, aber rüstige Frau, sie kenne die Anwälte nicht, die in ihrem Namen in Genf gegen Sperisen klagten und Schmerzensgeld einforderten. Maria del Socorro Vásquez wusste nicht einmal, dass Erwin Sperisen angeklagt worden war. Nach ihrer Meinung sass der falsche auf der Anklagebank. Nach ihrer Ansicht war allein Vollzugschef Alejandro Giammattei für die Exekutionen von El Pavón verantwortlich.

Die Enthüllung war vor allem peinlich für die Organisation *TRIAL.* Im Namen einer Mutter, die nichts vom Prozess wusste und diesen gar nicht wollte, trat das Hilfswerk als Privatklägerin in Genf auf und hausierte mit ihrem Engagement spendenwirksam. Materiell änderte sich an der Anklage zwar nicht viel. Mord ist ein Offizialdelikt und wird mithin von Amtes wegen verfolgt. Da Erwin Sperisen als Schweizer nicht nach Guatemala ausgeliefert werden konnte, war es zulässig, ihn in Genf vor Gericht zu stellen. Doch die Anwälte von *TRIAL,* die im Hintergrund die Fäden zogen, hatten in diesem Verfahren nichts mehr zu suchen.

Man hätte zumindest erwartet, dass Gerichtspräsidentin Isabelle Cuendet die Recherchen des Journalisten Bédat untersuchen liess. Entweder berichtete er die Wahrheit, oder man musste ihn wegen einer Irreführung der Justiz zur Rechenschaft ziehen. Doch Richterin Cuendet wischte die skandalöse Nachricht aus Guatemala mit einer schnippischen Bemerkung vom Tisch: Sie lasse sich von niemandem dreinreden, schon gar nicht von einem Journalisten.

Cuendets gehässige Reaktion war symptomatisch für einen Prozess, bei dem schnell klar wurde: Das Urteil stand längst fest, bevor die öffentliche Verhandlung überhaupt begonnen hatte. Mal fiel die Vorsitzende Cuendet dem Angeklagten misslaunig ins Wort, wenn er nicht sagte, was sie von ihm hören wollte; mal bezichtigte sie ihn sichtlich genervt des »Katz-und-Maus-Spiels«; mal mokierte sie sich mit einer sarkastischen Geste über einen Entlastungszeugen. Was immer er auch sagte, es wurde gegen den Anklagten ausgelegt.

Erwin Sperisen sass zu jenem Zeitpunkt bereits zwei Jahre in Untersuchungshaft. Man wollte die Sache möglichst schnell hinter sich bringen. Bei einem Freispruch hätte man den vermeintlichen Massenmörder Sperisen, wie seinerzeit den vermeintliche Mafia-Pate Sergej Michailow, mit mehreren hunderttausend Franken Schmerzensgeld entschädigen müssen. Doch ein derartiges Fiasko konnte und wollte sich die Genfer Justiz nicht mehr leisten.

Juristen verschanzen sich gerne hinter einer Aura wissenschaftlicher Objektivität. Doch die Wahrheit ist eine Kunst für sich. In der Praxis gibt es viele Möglichkeiten, das Recht in die eine oder andere Richtung zu lenken. Wo der gute Wille fehlt, kann ein Angeklagter nur verlieren. Zeigte er sich zerknirscht, wird das schnell mal als Schuldeingeständnis ausgelegt; weist er dagegen jede Schuld kategorisch von sich oder schweigt er gar, kann man das als Zeichen besonderer Kaltblütigkeit und Uneinsichtigkeit auslegen. Erinnerungslücken und kleinere Widersprüche lassen sich, je nach Bedarf, als Anzeichen der Lüge oder aber als Indiz für eine besonders glaubwürdige, da nicht stereotype Aussage deuten. Das gilt insbesondere für einen Prozess, in dem es keinerlei handfeste Beweise gibt, sondern bloss vage Zeugnisse und Mutmassungen gemäss Hörensagen.

Nun hätte man auch versuchen können, den Fall von der anderen Seite her aufzuschlüsseln: Wer hatte überhaupt ein Motiv, die Knastbosse von *El Pavón* zu eliminieren? Staatsanwalt Bertossa und seine Richterkollegen gaben sich in diesem Punkt wortkarg. Vielleicht lag es daran, dass die Antwort einer Verurteilung von Erwin Sperisen im Wege gestanden und die politische These der »sozialen Säuberungen« zumindest relativiert hätte. Man hätte auch Maria del Socorro Vásquez, immerhin die angebliche Privatklägerin, nach Genf einfliegen und befragen können: Wie kam sie denn zum Schluss, dass Sperisen unschuldig war – und dass ein anderer auf die Anklagebank gehörte?

Am Tag vor der Grossrazzia in *El Pavón* hatte die guatemaltekische Zeitung *Prensa Libre* den vermeintlich geheimen Einsatzplan auf einer Doppelseite in allen Details angekündigt. Das Informationsleck wurde nie geortet. Tatsache ist: In der Folge wurde Vollzugschef Alejandro Giammattei von den Gefängnisbossen mit massiven Drohungen eingedeckt. Wenn er die Aktion nicht abblase, liess man ihn wissen, werde seine ganze Familie sterben. Drohungen der Mafia gehören zu den wenigen Dingen, auf die in Guatemala Verlass ist. Sie werden umgesetzt.

Liess Giammattei die Gangster eliminieren, bevor sie seine Familie auslöschten?

Beweise dafür gibt es nicht. Es ist nicht mehr als eine Spekulation. Doch sie würde Sinn machen. Giammattei hatte als einziger ein Motiv, und er verfügte, anders als die Mitverdächtigten, über die Insiderinformationen zur Gefängnishierarchie. Die Identifizierung der Gefangenen war Sache des Gefängnispersonals. Die Polizei leistete nur Rückendeckung. Falls Giammattei die Killerkommandos angeheuert hat, gab es keinen Grund für ihn, Sperisen einzuweihen. Giammattei wäre damit ein unnötiges Risiko eingegangen. Die beiden verband nie ein Vertrauensverhältnis. Bei einer derart delikaten Aktion ist jeder Mitwisser einer zu viel.

Und selbst wenn Sperisen etwas gewusst oder geahnt hätte – könnte man es ihm verübeln, dass er Giammattei den Politermittlern nicht ans Messer lieferte?

Angenommen Alejandro Giammattei hätte die Killer tatsächlich auf die Knastbosse angesetzt: Welche Alternative stand im zur Wahl? Wie hätten Yves Bertossa und die Genfer Richter in seiner Situation gehandelt? Hätten sie zugewartet, bis die Gangster ihre Familien massakrierten? Oder hätten sie vor den Erpressern kapituliert, die Razzia abgeblasen und dem organisierten Verbrechen das Feld überlassen? Wenn ja: Hätten sie damit nicht eine noch grössere Schuld auf sich geladen?

Das sind Fragen, die einem zum Grübeln bringen sollten, wenn man die Schuld wirklich hätte klären wollen. Yves Bertossa und seine Komplizen haben den bequemeren Weg gewählt. Sie haben sich solche Fragen gar nicht erst gestellt.

In den fünf Jahren, die er in Isolationshaft verbrachte, hat die Genfer Justiz Erwin Sperisen zwei Mal zu lebenslänglicher Haft verurteilt. In erster Instanz wurde er wegen siebenfachen Mordes für schuldig befunden, in zweiter Instanz gar wegen zehn angeblichen Exekutionen. Die mageren Begründungen zu analysieren – soweit es diese überhaupt gab – würde den Rahmen dieses Buches sprengen. Es ist aber auch nicht nötig. Die Urteile könnten im Resultat widersprüchlicher kaum sein. Sie widerlegen sich gegenseitig.

Das Kriminalgericht vertrat in erster Instanz noch die Meinung, der politische Chef der Polizei habe Gefangene eigenhändig exekutiert. Es stützte sich dabei auf den Kronzeugen Biret, den französischen Mörder, der sich mit seiner Aussage die Freiheit erkauft hatte. Die grotesken Unstimmigkeiten in seinen Aussagen – der Kopfschuss, der keine Kopfwunden hinterliess, die Gewehrkugeln aus der Pistole, die falsche Tageszeit – erklärte man sich mit einer »posttraumatischen Belastungsstörung«, welche die Erinnerung des Zeugen getrübt haben könnte. Dass Biret gelogen haben könnte, um aus dem Gefängnis zu entrinnen, wurde gar nicht erst in Betracht gezogen.

Das war dem Appellations-Gericht dann doch etwas zu viel. Im Berufungsverfahren warf man Sperisen exakt das Gegenteil vor: Er habe den Tatort vorsätzlich gemieden, hinter seiner Passivität verstecke sich eine besondere Raffinesse und Skrupellosigkeit. Er war der Chef, so die lapidare Begründung, also müsse er die Exekutionen auch angeordnet haben. Dass es noch viele andere Chefs auf dem Feld gab und die Polizei nur eine Nebenrolle spielte, übersah man geflissentlich.

Wer in *El Pavón* konkret welche Befehle erteilte und wer diese ausführte, wurde nie sauber ermittelt, es steht weder in der Anklageschrift geschrieben noch wurde es in einem Urteil geklärt. Irgendwie muss es irgendwo eine Verschwörung unter allen gegeben haben. Also verurteilte die Genfer Justiz kurzerhand alle, auch die drei angeblichen Mitverschwörer Vielmann, Giammattei und Figueroa, ohne dass sich diese in Genf je hätten verteidigen können – und obwohl diese im Ausland längst freigesprochen worden waren.

Im Sommer 2017 bereitete das Bundesgericht der kafkaesken Justizfarce ein vorläufiges Ende. Wegen einer ganzen Reihe fundamentaler Mängel (Verletzung der Unschuldsvermutung, Verweigerung des rechtlichen Gehörs, fehlende oder willkürliche Begründungen) hob es den Schuldspruch auf und verfügte Sperisens Freilassung. Da das Bundesgericht nur in seltenen Fällen direkt Urteile fällt, ging der Fall damit zurück nach Genf. Aber wenigstens kam Sperisen nun frei. Spätestens ab diesem Zeitpunkt ging es den »Verbrecherjägern« nur noch um die eigene Haut.

Die Jäger werden zu Gejagten

Während dreier Jahre – für guatemaltekische Verhältnisse eine Ewigkeit – hatte sich Erwin Sperisen als Polizeichef im Amt gehalten. Für seine Frau und seine Kinder war es eine schwierige Zeit gewesen. Sie konnten sich nur noch mit Bodyguards bewegen, ständig war mit Anschlägen zu rechnen. Gangsterbanden versuchten permanent, wahlweise mit Drohungen und Geldangeboten über Mittelsmänner den Polizeichef auf ihre Seite zu ziehen. *Plomo o plata* nennt sich das hinlänglich bekannte System, *Blei oder Geld.* Nachdem Ende 2006 die Entführung des ältesten Sohnes knapp vereitelt werden konnte, zog Elisabeth Sperisen mit den Kindern zu den Schwiegereltern nach Genf. Im Frühling 2007 trat Erwin Sperisen aus seinem Amt zurück und reiste seiner Familie in die Schweiz nach.

Alles schien auf bestem Weg. Sperisen hatte eine Stelle bei der internationalen Polizeiorganisation Interpol im nahen Lyon in Aussicht, wo man sein Engagement in Guatemala mit Wohlwollen zur Kenntnis genommen hatte. Seine Frau Elisabeth hatte einen Job bei der diplomatischen Mission von Guatemala an der UNO gefunden, die Kinder lebten sich in der Schweiz schnell ein. Mit der Anklage der *CICIG* zerschlugen sich 2010 alle Pläne.

Acht Jahre später, im April 2018, kam es zu einem dritten Prozess in Genf. Erwin Sperisen wurde nun nicht mehr in Ketten vorgeführt, er betrat den Gerichtssaal durch den Haupteingang als freier Mann. Was als Tragödie begonnen hatte, wurde vollends zur Farce. Zwei mittlerweile pensionierte *CICIG*-Agenten, die Staatsanwalt

Bertossa für den Prozess extra aus Spanien hatte einfliegen lassen, mussten im Zeugenstand eingestehen, dass sie selber gar nicht in die Ermittlungen involviert waren. Anders als in ihren Berichten nachzulesen war, beruhten ihre Beschuldigungen gegen Sperisen lediglich auf »Informationen gemäss Hörensagen«. Ansonsten tauchte am Prozess nichts auf, was nicht schon längst bekannt gewesen wäre.

Die entlarvenden Geständnisse der Ermittler führten aber nicht zum längst fälligen Freispruch. Die Zeugen wurden lediglich aus dem Recht gewiesen. Auf eine Anzeige wegen Falschanschuldigung und Irreführung verzichtete das Gericht stillschweigend. Man tat so, als hätte es die lügenhaften Ermittler nie gegeben. Es war die Fortsetzung einer Konstante, die sich durchs ganze Verfahren gezogen hatte: Was nicht ins Konzept einer Verurteilung passte, wurde einfach aus dem Recht gewiesen. Es existierte fortan nicht mehr.

Das Genfer Appellationsgericht unter dem Vorsitz von Alessandra Cambi Favre-Bulle – sie leitete schon den zweiten Prozess und hatte auch Bertossas Haftanträge abgesegnet – erfand nun eine dritte Tatversion. Im diametralen Widerspruch zu den früheren Urteilen wurde Erwin Sperisen kurzerhand vom Chef zum Untergebenen seiner Untergebenen degradiert. Gemäss dieser neuen Version soll der polizeiliche Einsatzleiter Javier Figueroa das Massaker ausgedacht, geplant und durchgeführt haben. Das einzige Indiz: Figueroa befand sich zur fraglichen Zeit in der Nähe des Tatortes. Die ursprünglichen Mitverschwörer – Minister Vielmann, Vollzugschef Giammattei – fanden keine Erwähnung mehr in diesem Urteil, sie hatten plötzlich aufgehört zu existieren. Da Figueroa ein Jugendfreund von Sperisen war, so die Begründung, habe er diesen gedeckt. Denn Jugendfreunde können keine Geheimnisse voreinander haben.

In der Version Drei wird Sperisen nur noch vorgeworfen, keine Ermittlung gegen Figueroa eröffnet zu haben, nachdem er dessen Verbrechen erkannt haben musste. Es ist der absurdeste aller Vorwürfe. Der politische Chef der Polizei hätte sich strafbar gemacht, wenn er sich in die Ermittlungen der Staatsanwälte eingemischt hätte, die bei der Razzia in *El Pavón* von allem Anfang an vor Ort waren.

Tatsache ist sodann: Javier Figueroa wurde in exakt derselben Sache 2013 in Österreich nach einem aufwendigen Geschworenenprozess freigesprochen. Es hinderte die Genfer Justiz nicht, ihn fünf Jahre später in Abwesenheit zum Mörder zu erklären – ohne dass sich irgendwelche neuen Erkenntnisse ergeben hätten, ohne dass er sich je hätte verteidigen können.

Der Fall ruht, während diese Zeilen geschrieben werden, wieder seit einem Jahr beim Bundesgericht in Lausanne. Erwin Sperisen befindet sich auf freiem Fuss. Dass die Bundesrichter ihr eigenes Urteil revidieren, erscheint eher unwahrscheinlich. Doch gewiss ist nichts. Mit Justiz hat der Fall schon lange nur noch am Rande zu tun. Die Jäger von einst sind heute die Gejagten, es geht nur noch um Gesichtswahrung und Zeitgewinn.

Elisabeth, die Ehefrau von Erwin Sperisen, leitet inzwischen den konsularischen Bereich der Botschaft von Guatemala in Bern. In seiner Heimat – welch bittere Ironie – gilt Sperisen als Justizopfer. 40 000 Follower auf Facebook halten ihn mit Durchhalteparolen bei Stimmung. Wie das Bundesgericht auch entscheiden mag, Recht und Gerechtigkeit werden damit nicht wiederhergestellt. Allein der Prozess hat den ganzen Familienclan an den Rand des Ruins getrieben. Niemand wird Sperisen und seinen Angehörigen die fünf Jahre in der Isolationszelle von Champs Dollon zurückgeben können. Was als Lehrstück in Sachen Menschenrechte gedacht war, endet in Unrecht und Willkür.

Man mag einwenden, der Sperisen-Skandal sei ein Sonderfall, der nur unter ganz speziellen Umständen möglich war. Wo Menschen am Werk sind, passieren Fehler, und wenn es das Schicksal will, führt eine Kette von Fehlern zur Katastrophe. Doch das würde zu kurz greifen. Mit Vorsatz wurde in den Genfer Amtsstuben das Recht zu Unrecht verdreht. Das Justizversagen hat System.

Studenten der Juristerei lernen im ersten Semester, dass Recht und Gerechtigkeit wenig gemein haben. Ein beschlagener Jurist ist in der Lage, das Eine wie auch das Gegenteil davon zu begründen. Richter fällen nicht abschliessende Urteile, weil sie im Besitz der absoluten Wahrheit wären, sondern weil irgendjemand das letzte Wort haben muss. Es dient dem Rechtsfrieden. Allerdings sollte die Begründung so ausfallen, dass die Mehrheit der Rechtsunterworfenen der Logik folgen und sich danach richten kann. Es dient der Rechtssicherheit. Mehr darf man von der Justiz nicht erwarten: Rechtsfrieden und Rechtssicherheit. Das ist schon sehr viel.

Mit der Aufklärung wurden die Inquisitoren aus den Gerichtssälen verbannt, die menschliche Eigenverantwortung und individuelle Schuld rückten ins Zentrum der Strafjustiz. Entscheidend war nicht mehr, wie die Dinge *scheinen*, sondern wie sie in ihrem inneren Wesen *sind*. Die Französische Revolution befreite die Gerichtsbarkeit aus den Kabinetten der Feudalherren und übertrug sie dem Volk. In seinem Namen sollten Geschworene das gerechte Urteil finden. Staatsanwälte, Anwälte und Richter waren für das Rechtliche zuständig. Sie sollten klare Regeln definieren und ein faires Verfahren garantieren. Richter und Geschworene überwachen sich damit gegenseitig. Gemeinsam sorgten sie dafür, dass Recht und Gerechtigkeit, Rechtssicherheit und Rechtsfrieden sich die Waage hielten. Es war die vielleicht grösste zivilisatorische Errungenschaft der letzten tausend Jahre.

Lässt man den Sperisen-Prozess Revue passieren, könnte man meinen, diese Errungenschaften der Aufklärungen seien ausser Kraft gesetzt worden. Das individuelle Verschulden der Angeklagten, ihr konkreter Tatbeitrag, das alles schien völlig belanglos. Ihre

Beweggründe und Motive finden in den Urteilen bestenfalls beiläufig und schematisch Erwähnung. Was der Verurteilung im Wege stand, wurde ausgeblendet. Erwin Sperisen war für die Genfer Juristen eine abstrakte, im Grunde austauschbare Figur, an der es ein Exempel zu statuieren galt. Und wenn es mit der einen legalistischen Formel nicht aufging, zauberte man flugs eine andere aus dem Ärmel.

Wie konnte ein über Jahrhunderte gewachsenes und bewährtes Justizsystem derart aus den Fugen geraten? Die Hauptverantwortung tragen zweifellos die Genfer Staatsanwälte und Richter. Getrieben von einer grenzenlosen Selbstüberschätzung wollten sie Weltpolizist spielen, sie warfen dafür ihre heiligsten Prinzipien über Bord. Die Wurzel des Übels liegt aber jenseits des Atlantiks. *Lawfare* nennt man dort das Phänomen, welches sich nach den Guerillakriegen des letzten Jahrhunderts wie eine Plage über ganz Lateinamerika ausgebreitet hat und heute die vielleicht grösste Bedrohung für Rechtsstaatlichkeit und Demokratie darstellt.

Justiz auf den Hund gekommen

Im Büro von Staatsanwaltes Otto Ardón herrschte eine muffige Enge. Eingeklemmt zwischen Bergen von Akten, vor sich ein wackeliges Blechpult mit einer klapprigen Schreibmaschine drauf, empfing mich der junge Strafverfolger in seinem Kabäuschen. Sein abgeschossener Anzug, die ausgetretenen Schuhe und ein verwaschenes Hemd wiesen darauf hin, dass er nicht zu den Grossverdienern im Land gehörte. Von der Strasse dröhnte der infernalische Strassenlärm der *Zona 1*, dem Zentrum von Ciudad Guatemala, durch die undichten Fenster.

Es war Anfang September 1998. Ich hielt mich wegen eines anderen Gerichtsfalls in Guatemala auf. Da ich zwischen zwei Verhandlungsterminen eine Woche lang nichts zu tun hatte, beschloss ich, dem *Fall Gerardi,* der damals international Wellen warf, etwas auf den Grund zu gehen. Ein halbes Jahr zuvor, am 26. April 1998, hatte man die fürchterlich zugerichtete Leiche des 75j-ährigen Bischoffs Juan Gerardi in der Kirche San Sebastián aufgefunden – mitten in der Stadt, ein Steinwurf vom Präsidentenpalast entfernt. Der Mord stank förmlich nach Politik. Staatsanwalt Otto Ardón führte die Ermittlungen.

Da ausser Bischof Gerardis Schlüsselbund nichts fehlte, erschien ein Raub unwahrscheinlich. Wenige Tage vor dem Mordanschlag war der sogenannte *Remhi*-Report veröffentlicht worden. Der Bericht mit dem anklagenden Titel »Nie wieder!« wurde unter Gerardis Oberaufsicht vom kirchlichen Büro für Menschenrechte (*ODHA*) erarbeitet und denunzierte schwere Menschenrechtsverletzungen aus der Zeit der Guerilla-Kriege (1960–1996). Gemäss dem *Remhi*-Report waren die Täter fast ausschliesslich bei der Armee zu suchen.

Es erschien naheliegend, dass der Mord mit dem *Remhi*-Report zu tun hatte. Unter Druck stand nicht nur die Armee, sondern bald auch die damals amtierende rechtsliberale Regierung von Álvaro Arzú. Reflektierte man die These allerdings etwas genauer, ergab sie wenig Sinn. Arzú, der zwei Jahre zuvor den Friedensvertrag mit den Guerillas unter enormen Konzessionen durchgeboxt hatte, dürfte kein Interesse daran gehabt habe, seinen Erfolg durch die skandalöse Bluttat zu gefährden. Wenn die Armee dahinter steckte, wäre das Vorgehen von seltener Dummheit gewesen. Denn erstens war der *Remhi*-Report zu diesem Zeitpunkt längst verfasst und gedruckt, und zweitens erhielt er durch den Mord erst recht Gewicht.

Und drittens galt Juan Gerardi – im Gegensatz zu den in Guatemala einflussreichen so genannten *Befreiungstheologen* – nicht als Freund der Guerilla. Der Bischof hatte während den blutigsten Zeiten des Konfliktes die Diözese im hart umkämpften Hochland von Quiché geleitet und war dort von der Guerilla vertrieben worden. Noch kurz vor dem Erscheinen des doch sehr einseitigen *Remhi*-Reports, an dem er selber kaum mitgewirkt hatte, verurteilte Gerardi in einem Interview die Verbrechen der Guerilla gegen die Zivilbevölkerung scharf. Damit dürfte er seine eigenen Leute mehr verärgert haben als die Militärs. Denn vom Terror der Dschungelkrieger stand so gut wie nichts in ihrem Report. Kurzum: Für die Armee wäre Gerardi die falsche Zielscheibe gewesen.

Die Spurensicherung war mehr als dürftig. Als Polizei und Staatsanwaltschaft am Tatort eintrafen, hatten zahlreiche Schaulustige – Angehörige des Bischofs, Kirchenvertreter, Menschenrechtler, Journalisten – viele Spuren zerstört. Die rudimentäre erste Obduktion der durch zahlreiche heftige Schläge entstellten Leiche Gerardis erwies sich als unbrauchbar und fehlerhaft. Wertvolle Zeit ging verloren, bis die Regierung, alarmiert von internationalen Protesten, Forensiker der *Complutense*-Universität aus Madrid zur Untersuchung des Falles einfliegen liess.

Der erste Zwischenbericht aus Madrid vom 18. Juni 1998 schlug in Guatemala ein wie eine Bombe. Die spanischen Forensiker hatten an mehreren Stellen von Gerardis Körper tiefe Bisswunden gefunden, die sie mit an Sicherheit grenzender Wahrscheinlichkeit dem Gebiss des Schäferhundes Balú zuordneten. Balú gehörte dem 35-jährigen Priester Mario Orantes. Orantes hatte zusammen mit dem Bischoff und der 58-jährigen Köchin Margarita López im Anbau der Kirche gelebt. Der treue Schäfer Balú war scharf dressiert, er gehorchte dem Priester Orantes – und nur Orantes – aufs Wort. Wenn er den ihm bestens vertrauten Bischoff gebissen hatte, musste sein Meister etwas mit dem Mord an Gerardi zu tun haben.

Orantes war neben der Köchin, die angeblich schlief und vom Lärm nichts mitbekommen haben will, in jener Nach als einziger im Haus. Der Priester hatte Gerardis Leiche entdeckt. Er informierte zuerst Freunde und kirchliche Würdenträger über die Bluttat. Erst nach einer geschlagenen Stunde kam es ihm in den Sinn, die Feuerwehr zu alarmieren, welche wiederum Staatsanwaltschaft und Polizei aufbot. Bei den Einvernahmen verstrickte sich Mario Orantes in Widersprüche. Das Bild einer zumindest schillernden Figur wurde abgerundet durch ein ganzes Arsenal an Feuerwaffen und einer stattlichen Sammlung von billigen Horror-Videos, die man in Orantes Privatgemach sicherstellte, was alles eher schlecht zum Image eines frommen Gottesdieners passte.

Am 22. Juli 1998 liess Staatsanwalt Otto Ardón den Priester Mario Orantes verhaften. Der Schäfer Balú wurde mit in Gewahrsam genommen. Das Verbrechen gegen den Menschenrechts-Märtyrer Gerardi schien sich in einer innerkirchlichen Affäre aufzulösen.

Oder war es gar ein Beziehungsdelikt? Der Armenanwalt Mario Menchú – er ist nicht mit der Friedensnobelpreisträgerin Rigoberta Menchú verwandt, verteidigte damals einen Bettler, den man kurz nach der Tat verhaftet hatte – brachte die Version ins Spiel: Priester Orantes, dem eine homosexuelle Neigung nachgesagt wurde, soll vom Bischof bei einem Schäferstündchen überrascht worden sein; um seine Sünde zu vertuschen, habe er den Bischoff umgebracht. Die Gerüchte schossen ins Kraut.

Doch es konnte nicht sein, was nicht sein durfte. Mit Orantes' Verhaftung handelte sich Staatsanwalt Ardón die erbitterte Feindschaft der klerikalen Menschenrechtler ein. Die *ODHA* engagierten die besten Anwälte im Land, mit dem erklärten Ziel, die *pista política* zu verfolgen, die »politische Spur«. Die Anwälte der Kirche reichten sogar eine Strafanzeige wegen Begünstigung gegen Otto Ardón ein.

Natürlich konfrontierte ich Staatsanwalt Ardón beim Besuch in seiner Besenkammer als erstes mit diesem Vorwurf. Er zuckte nur resigniert mit den Schultern: »Welche *pista política* denn?« Er würde jeder konkreten Spur noch so gerne folgen, versicherte mir der Mann, wenn es sie denn gäbe. Doch ausser anonymen Gerüchten gegen einen alten Hauptmann der Armee, einen gewissen Byron Lima, habe er schlicht und einfach nichts in der Hand.

Das Büro von Rechtsanwalt Nery Rodenas war bedeutend komfortabler als jenes von Staatsanwalt Ardón. Dem Chefjuristen der kirchlichen Menschenrechtsorganisation *ODHA* stand auch eine Sekretärin zu Diensten, die mir einen vorzüglichen Kaffee servierte. Was ich suchte – konkrete Hinweise auf die *pista política* – konnte mir indes auch Rodenas nicht bieten. Stattdessen schob er mir vier prall gefüllte Ordner mit Zeitungsausschnitten zu, die ich gerne in aller Ruhe konsultieren dürfe. Der Papierberg half nicht weiter. Dort fand sich wohl eine erschlagende Fülle von Hypothesen, von der politischen Analyse über geheime Gerüchte bis zu dreisten Verleumdungen, nur nichts Handfestes. Die Menschenrechtler der *ODHA,* das wurde mir schnell klar, fochten ihren Kampf bar jeder sachlichen Grundlage über eine Medienkampagne aus.

Mit Juristerei hatte die Morduntersuchung im Fall Gerardi spätestens nach der Verhaftung von Orantes nicht mehr viel zu tun. Sehr viel aber mit Politik. Was wirklich passiert war, schien kaum noch jemanden zu interessieren. Es ging fortan nur noch darum, irgendeinen Sündenbock zu finden, den man irgendwie mit der Regierung Arzú in Verbindung bringen konnte. Vier Monate wehrte sich Staatsanwalt Otto Ardón standhaft, dann warf er das Handtuch und trat den Fall an einen Nachfolger ab, der willens war, die imaginäre *pista política* zu verfolgen.

Was weiter geschah, lässt sich im Buch *Quien mató el Obispo? – Autopsia de un Crimen Político*[20] (Wer hat den Bischoff getötet? – Autopsie eines politischen Verbrechens) nachlesen. Mit Akribie haben die politisch unverdächtigen Journalisten Maite Rico (*El País*) und Bertrand de la Grange (ehemals *Le Monde,* später Sprecher der UNO in Guatemala) den Fall Gerardi aufgearbeitet. Obwohl auch sie den Täter in klerikalen Kreisen vermuten, konnten die Journalisten das Rätsel nicht lösen. Doch eines scheint klar: Die drei Militärs, die 2001 zusammen mit dem Priester Mario Orantes und der Köchin Margarita López zu Höchststrafen verurteilt wurden, hatten mit dem Mord definitiv nichts zu tun.

Am 14. Januar 2000 übergab Präsident Álvaro Arzú die Amtsgeschäfte seinem Nachfolger Alfonso Portillo. Arzú hatte während seiner vierjährigen Amtszeit die defizitären Staatsbetriebe privatisiert. Mit den freigewordenen Mitteln trieb er den Ausbau der Infrastruktur voran. Auch war es ihm gelungen, die Guerilla-Dachorganisa-

20 *Quien mató el Obispo,* Maite Rico und Bertrand de la Grange, Ediciones Martínez Roca, Madrid, 2005

tion *URNG* in einen Friedenspakt einzubinden. Der Pakt wurde in einem Referendum vom Volk zwar abgelehnt, doch die Guerilla versank in der Bedeutungslosigkeit.

Arzús von linken und kirchlichen Kreisen harsch kritisierte neoliberale Politik bescherte dem Land nach Jahrzehnten der Krise erstmals wieder ein Wachstum und sinkende Armutsquoten. Am Anfang von Arzús Amtszeit verfügten in Guatemala 30 Prozent der Haushalte über einen Stromanschluss, vier Jahre später waren es 70 Prozent. Der Gerardi-Mord, den ihm seine politischen Gegner mit allen Mitteln in die Schuhe zu schieben versuchten, war das einzige, was diese Erfolge überschattete.

Arzús Nachfolger Alfonso Portillo hatte eine – gelinde gesagt – bewegte politische Laufbahn hinter sich. Sie begann bei der Guerilla *EGP* (*Ejercito Guerillero de los Pobres*). In den 1970er Jahren setzte sich Portillo nach Mexico ab, um Recht und Wirtschaft zu studieren. Nach einem Wirthausstreit, in dessen Verlauf er am 23. August 1982 im mexikanischen Chilpancingo die Mitstudenten Gustavo Cabrera Encarnación und Arturo Visoso mit mehreren Pistolenschüssen getötet hatte, flüchtete er zurück nach Guatemala (Portillo hat diese Tat nie bestritten, er setzte sie vielmehr im Wahlkampf ein mit dem Slogan: »Wer sich selber zu verteidigen weiss, der kann auch ein Land verteidigen«). 1985 schloss er sich der Sozialdemokratischen Partei an, vier Jahre später wechselte Portillo zu den Christdemokraten, und 1995 wechselte er schliesslich zu den Republikanern des legendären Generals Efraín Ríos Montt. Da Ríos Montt – wir werden ihn im nächsten Kapitel wieder antreffen – als ehemaliger Diktator damals selber nicht kandidieren durfte, schickte er 1999 Alfonso Portillo in den Wahlkampf. Mit Erfolg.

Portillo machte den Mord an Bischof Gerardi, den er dem amtierenden Präsidenten Álvaro Arzú persönlich in die Schuhe schob, zu seinem grossen Wahlkampfthema. Und er versprach, den Fall nach seiner Wahl zu lösen. Das war ganz im Sinn von Bischof Mario Ríos Montt, dem Bruder des Generals. Dieser leitete das Vikariat für Menschenrechte der katholischen Kirche und zog gemäss den Recherchen der Journalisten Rico und de la Grange die Fäden im Fall Gerardi. Der Kreis schloss sich damit. Es war vielleicht das einzige Wahlversprechen, das Alfonso Portillo als Präsident tatsächlich erfüllen sollte. Mit Justiz hatte die politische Vendetta freilich nichts zu tun.

Das Verfahren gegen Oberst Byron Lima Estrada, dessen Sohn Hauptmann Byron Lima Oliva sowie gegen den Offizier José Obdulio Villanueva erinnert in vielem an den Sperisen-Prozess. Das Vorgehen der Staatsanwaltschaft war deckungsgleich. Beweise gab es keine, lediglich angebliche Kronzeugen, die erst im Laufe der Jahre von der *ODHA* ins Spiel gebracht wurden, ihre widersprüchlichen Aussagen mehrmals revidierten und dafür mit einem kanadischen Aufenthaltsvisum belohnt wurden. Was nicht ins Bild passte, wurde in sein Gegenteil verkehrt oder ganz einfach ignoriert.

Das einzige konkrete Indiz war etwas gar konkret, um wahr zu sein. Im Verfahren tauchte plötzlich ein Taxifahrer auf, der sich das Nummernschild eines Autos gemerkt haben will, welches er in der Nähe des Tatortes gesichtet habe und das über viele Umwege Byron Lima zugeordnet wurde. Der Taxifahrer musste über ein Computer-Gedächtnis verfügt haben. Anders kann man sich nicht erklären, wie er sich die zahllosen Nummernschilder merkte, die in jener Nacht an ihm vorbeifuhren.

Gemäss dem Gerichtsurteil sollen die drei ehemaligen Militärs den Mordplan ausgeheckt haben; Priester Mario Orantes und die Köchin Margarita López hätten den unbekannten Mörder demnach gedeckt. Wer Bischof Gerardi erschlagen haben soll, liessen die Richter offen. Ein Tatmotiv war nicht einmal im Ansatz erkennbar. Keiner der drei Militärs hatte eine persönliche Beziehung zu Gerardi gehabt, keiner von ihnen wurde vom *Remhi*-Rapport tangiert. Schleierhaft blieb auch, warum der schillernde Priester Orantes und die Köchin dem unbekannten Mörder geholfen haben sollten. Entscheidend war einzig, dass Hauptmann Byron Lima Oliva der Präsidialgarde angehörte – und dass man so einen Link zum Präsidenten Arzú konstruieren konnte. Die ominöse *pista política*.

Bliebe noch anzumerken, dass der im Gerardi-Prozess verurteilte Offizier José Obdulio Villanueva zwei Jahre später, am 12. Februar 2003, bei einem Gefängnisaufstand erstochen und anschliessend geköpft wurde. Hauptmann Lima Oliva wurde am 20. Juli 2016 bei einer Revolte im Gefängnis *El Pavón* neben zwölf weiteren Häftlingen und einer Besucherin von Mitgefangenen ermordet. Sein Vater und der Priester Mario Orantes wurden 2014 begnadigt. Die Köchin Margarita Lopez, die der katholischen Kirche während 35 Jahren treu gedient hatte, schloss sich im Gefängnis im Alter von 60 Jahren einer evangelischen Freikirche an. Über ihr weiteres Schicksal ist nichts bekannt.

Auch die Drahtzieher des Politprozesses kamen nicht ungeschoren davon. General Efraín Ríos Montt wurde im Mai 2013 wegen »Genozids« zu 80 Jahren Gefängnis verurteilt. Den Vorsitz führte die Richterin Jazzmin Barrios, die schon im Gerardi-Prozess eine federführende Rolle gespielt hatte. Verurteilt wurde er wegen Massakern, die im Kampf gegen die Guerilla an der Bevölkerung verübt worden waren. Man konnte dem General zwar nicht nachweisen, dass er diese Schlächtereien angeordnet oder auch nur gebilligt hätte. Doch als de-facto-Herrscher zur fraglichen Zeit, so verfügte Richterin Barrios, trage er trotzdem die Verantwortung. Das Urteil wurde vom obersten Gericht später aufgehoben. Ex-Präsident Alfonso Portillo schliesslich wurde 2008 verhaftet und später wegen Geldwäscherei und Unterschlagung an die USA ausgeliefert, wo er in New York mit einem Kronzeugendeal eine Strafreduktion aushandelte.

Fortsetzung der Politik mit anderen Mitteln

Der Gerardi-Prozess war der Auftakt zu einer wahren Flut von Polit-Prozessen, welche Guatemala seit der Jahrtausendwende destabilisieren und an den Rand des institutionellen Kollapses gebracht haben. Rund 150 Politiker oder hohe Staatsfunktionäre befanden sich gemäss der Zeitung *Prensa Libre* Ende 2017 in Guatemala in Haft, die meisten ohne Urteil. In den meisten Fällen mischte auch die im Fall Sperisen tätige UNO-Untersuchungskommission *CICIG* bei den Ermittlungen mit.

Wie viele der Inhaftierten sind schuldig? Einige zweifellos. In den meisten Fällen geht es um Korruption und Menschenrechtsverletzung. Das sind weit verbreitete Übel in Lateinamerika. Die Vetternwirtschaft gehört neben der fehlenden Rechtssicherheit zu den grössten Feinden einer nachhaltigen Entwicklung. Politiker stehen generell in einem miserablen Ruf. Noch schlechter ist allerdings die Reputation der Staatsanwälte und Richter, welche die Korruption und den Missbrauch bekämpfen sollten. Und das betrifft nicht nur Guatemala.

Ausufernde Verfahren, mit denen ungeliebte, aber gewählte Politiker aus dem Amt gehebelt werden sollen, sind auch in den USA beliebt. Mit Vorliebe werden zu diesem Zweck angebliche Sex-Geschichten eingesetzt. In den 1990er Jahren traf es den Demokraten Bill Clinton mit der Lewinsky-Affäre, gegen den Republikaner Donald Trump wurde Stormy Daniels in Stellung gebracht. Im Amerikanischen spricht man in solchen Fällen von *Lawfare*, eine

Kombination von *Law* (Gesetz) und *Warfare* (Kriegszug) – die Fortsetzung der Politik mit anderen Mitteln.

Es geht bei solchen Verfahren nicht einmal in erster Linie darum, den politischen Gegner einer Verurteilung zuzuführen. Ein möglichst langes und ausuferndes Gerichtsverfahren ist vielmehr das Ziel der Übung: Es beschädigt den Ruf des Betroffenen, bringt ihn im Idealfall vielleicht sogar in Untersuchungshaft, bindet seine Ressourcen und treibt ihn unter Umständen in den finanziellen Ruin. Und wenn die Zielperson nach Jahren des Prozessierens freigesprochen werden sollte, interessiert das in der Regel niemanden mehr – der Schaden ist längst angerichtet.

Die Justiz spielt in diesem zynischen Konzept, das Recht in Unrecht verkehrt, den Part des nützlichen Idioten. Allerdings gibt es, vor allem in Lateinamerika, auch politisierende Richter und Staatsanwälte, die sich aktiv an solchen Hexenjagten beteiligen. Anders als in den USA, die immerhin auf robuste Institutionen bauen können, haben die Politjuristen in der südlichen Hemisphäre ein leichtes Spiel.

Gemäss dem *Latinobarometro*, einer von Europäischen Staaten gesponserten NGO, welche seit über zwei Jahrzehnten mit jährlichen Umfragen die Stimmung in 18 lateinamerikanischen Staaten erhebt, wird die Kriminalität von den Guatemalteken mit Abstand als grösstes Problem wahrgenommen. 15,5 Prozent der Befragten trauen der Polizei »ein wenig«, richtig vertrauen mögen ihr aber bloss 9,5 Prozent. Etwas besser steht die Regierung mit 10,5 Prozent vollem Vertrauen da, merklich schlechter die Justiz mit 8,2 Prozent. Der Armee vertrauen immerhin 23,8 Prozent. Doch die einzige Institution, die in ganz Lateinamerika grosses Ansehen (98 Prozent) geniesst, ist die Feuerwehr.

Dass einer im Gefängnis sitzt, kann auch bedeuten, dass er der falschen Partei angehört, dass seine Widersacher bessere Beziehungen zur Justiz haben – oder dass er ganz einfach das Bestechungsgeld für die Strafverfolger nicht aufbringen konnte. Fast aussichtslos ist ein faires Verfahren bei einem so genannten *caso mediático.* Wenn die – von Korruption leider nicht ausgenommenen – Medien ein Exempel fordern, wagt nur selten ein Richter, sich dem vermeintlichen Ruf der Strasse zu widersetzen, gleichgültig wie schwach die Beweislage sein mag. Er würde sich damit selber unweigerlich dem Vorwurf der Korruption aussetzen.

Besonders betroffen neben Guatemala sind von der *Lawfare*-Plage Kolumbien und Peru. Dafür gibt es eine historische Erklärung. Alle drei Länder litten in jüngerer Vergangenheit unter dem anhaltenden Terror von Guerillas, der die staatlichen Institutionen geschwächt und zu einer unheilvollen Verpolitisierung des Justizapparates geführt hat. Die marxistische Linke ist in diesen drei Ländern mit dem Ende der Guerillas zwar aus der politischen Landschaft praktisch verschwunden, jedoch nicht aus den Gerichten und Staatsanwaltschaften. Sie sind die letzten Bastionen des Klassenkampfes. Über die NGO-Branche sind sie international sehr effizient vernetzt. Die Kronzeugenregelung, Anklage-Deals und Zeugenschutz-Programme, die einst im Kampf gegen den Guerilla-Terror eingeführt wurden, sind ihre schärfsten Waffen.

Gegen alle der fünf – notabene demokratisch gewählten – Präsidenten sowie eine Reihe von Ministern, die Peru in den vergangenen drei Jahrzehnten regiert haben, laufen heute Strafverfahren. Sind sie schuldig? Vielleicht, vielleicht auch nicht. Ausser Alberto Fujimori – ich werde auf seinen Fall zurückkommen – wurde keiner der ehemaligen Würdenträger verurteilt. Die komplizierten und langwierigen Verfahren weisen alle dasselbe Muster auf: Schwammige Aussagen von Kronzeugen, die mit einem eklatanten Mangel an handfesten Beweisen kontrastieren.

Seit Oktober 2018 sitzt in Lima auch die Oppositionsführerin und Abgeordnete Keiko Fujimori im Untersuchungsgefängnis. Ihrer Partei wird das Verschleiern von Spenden im Wahlkampf von 2011 vorgeworfen. Offenbar wurden grössere Spenden in kleinere aufgestückelt, um den Geldgeber zu verschleiern. Ob dies auf Fujimoris Befehl geschah, ist allerdings unklar. Da die Transparenz-Vorschriften sehr strikte sind, operieren alle grossen Parteien in Peru im Graubereich. Weil es sich dabei aber um Administrativ-Vergehen handelt, wäre die Sache an sich verjährt. Doch die Staatsanwaltschaft konstruierte kurzerhand einen Fall von »Organsierter Kriminalität« und »Geldwäscherei«. Welche Verbrechen dahinterstecken, bleibt schleierhaft, zumal es keine Hinweise auf Drogen- oder Bestechungsgelder gibt. Das Einzige was klar ist: Die Untersuchungshaft wurde schon mal vorsorglich auf drei Jahre festgelegt. Die streitbare Keiko Fujimori wird damit nicht an den Wahlen 2021 teilnehmen und der Regierung bis dahin kein Kopfzerbrechen mehr bereiten.

»Auf dem Feld gibt es keine Guerillas mehr«, sagte der Anwalt von Byron Lima am Rande des Gerardi-Prozesses in Guatemala, »der Kampf findet heute in den Gerichtssälen statt; die Mittel mögen sich geändert haben, die Ziele sind dieselben«. Im Krieg, ob mit Waffen oder Paragraphen ausgetragen, büssen Schuldige wie Unschuldige. Und wie in jedem Krieg ist das erste Opfer stets die Wahrheit.

Das war das Panorama, vor dem sich der junge Erwin Sperisen 2004 entschied, statt das Kommando der Feuerwehr jenes der Polizei zu übernehmen. Sperisen war gewarnt, er wusste, dass er sich in ein Haifischbecken begab, aus dem selten einer unversehrt wieder herauskommt. Er sagte trotzdem zu. Erwin Sperisen war in einem schrecklichen Bürgerkrieg aufgewachsen, er hatte den Friedensprozess als Teenager erlebt, ihm wurde eine privilegierte Ausbildung zuteil, er glaubte daran, dass es möglich sei, sein Land aus der Barbarei zu befreien und in eine moderne Zivilisation zu überführen. Er wollte das Feld nicht den Kriminellen überlassen. Das war vielleicht naiv. Dass sein Schicksal in einem Genfer Kerker enden würde, konnte sich damals allerdings kaum jemand vorstellen.

Der General im Labyrinth

Eine Woche lang holperten wir mit dem Jeep über Naturstrassen, quer durch das Departement Huehuetenango, von der Cordillera de los Cuchumatanes über Esquipulas und Santana Huista bis hinunter zur mexikanischen Grenze. In verschlafenen Dörfern mit Namen wie Iztán, Tzipoclaj oder Huixoc hielten wir jeweils kurz an. Auf dem Hauptplatz, der überall etwa gleich aussah – ein quadratischer, streng symmetrisch angelegter Park mit Palmen, Bürgersteigen und Sitzbänken, in der Mitte ein Monument, darum herum das Gemeindehaus, eine Kirche, eine Kneipe und ein paar Ladenlokale – hielt der Kandidat jeweils eine zwanzigminütige Rede.

Da oder dort erwarteten uns die lokalen Vertreter der Christdemokratischen Partei mit einer Lautsprecheranlage. Wo sie fehlte, behalf sich der Kandidat mit einem Megaphon. In der Regel begann er seinen Diskurs – es war immer derselbe – auf einem fast leeren Platz, der sich allmählich mit Menschen füllte: Indianerinnen mit in ihren filigran bestickten Huipiles und nicht selten einen Säugling auf dem Rücken, die Männer unter breitrandigen Hüten, eine Machete aber auch mal einen Revolver am Gurt. Schweigend und mit starren Minen hörten sie dem Kandidaten zu. Man wusste nie, ob sie ihm zustimmten, ob sie ihn überhaupt verstanden.

Bisweilen trieb Franco Ovalle, der Gouverneur von Huehuetenango, den Konvoy plötzlich zur Weiterreise an. »Mala onda«, murmelte er dann jeweils, was in etwa mit »schlechte Stimmung« zu übersetzen ist. Mehr war ihm nie zu entlocken. Ovalle kannte »seine

Leute«, das genügte. Er hatte seine *Smith&Weston* – eine auf Hochglanz polierte silberne Kanone gröberen Kalibers – stets in der Westentasche versteckt, und zwar so, dass man die Ausbeulung gut sehen konnte.

Mit von der Partie war auch eine etwas streng geschminkte und joviale Amerikanerin mittleren Alters, die perfekt Spanisch sprach, gerne einen Schluck zu viel Rum trank und kaum je von der Seite des Kandidaten wich. Sie war von der CIA, wie mir Ovalle im Laufe der Reise beiläufig erzählte, so als wäre das die grösste Selbstverständlichkeit der Welt. Jeder wusste es, keiner sprach darüber. Wie ich später bemerkte, reiste auch bei anderen Wahlkampfteams in Guatemala stets eine Vertreterin des US-Nachrichtendienstes mit. Irgendwie hatten sich alle stillschweigend damit arrangiert. Vielleicht war es ganz gut, wenn die Amerikaner etwas besser über Guatemala informiert waren. Sie haben in der Geschichte dieses Landes schon genug Unheil angerichtet.

Das war im September 2003, ich war für eine Reportage über die Präsidialwahlen in Guatemala unterwegs. Wahlkampf in Guatemala ist ein hartes Geschäft. Wer von den Bauern gewählt werden will, der muss zu ihnen aufs Land reisen. Das galt erst recht für den Kandidaten Jacobo Arbenz Junior, den ich begleitete. Er hatte den grössten Teil seines Lebens im Exil verbracht. Sein Vater, Jacobo Arbenz Senior, war eine international bekannte Grösse gewesen. Doch in Guatemala selber konnte sich kaum jemand an den Reformer erinnern, der 1954 mit tatkräftiger Hilfe der US-Regierung und des Bananen-Riesen *United Fruit Company* gestürzt wurde. Arbenz Junior erlitt an den Urnen eine böse Abfuhr. Trotzdem war es eine lehrreiche Reise.

Während den Fahrten übers Land und den langen Abenden in den abgelegenen Dörfern wurde viel über Politik gesprochen. Es waren komplizierte und verrückte Geschichten, die man stets auf einen

Nenner bringen konnte: Irgendwie waren sie alle miteinander verbandelt, verschwägert und verstrickt. Keiner spielte mit offenen Karten. Ihre Redeschlachten waren meist nicht mehr als Theaterspektakel. Die mit Inbrunst vorgetragenen Pläne und Versprechen konnten, je nach Interessenlage, über Nacht zum puren Gegenteil mutieren. Ihre grossartigen Ankündigungen waren nichts anderes als Nebelpetarden, die von den wahren Plänen ablenken sollten. Niemand schien sich darüber aufzuhalten. Man erwartete nichts anderes.

Es zeichnete sich schnell ein Kopf-an-Kopf-Rennen zwischen dem liberalen Óscar Berger, dem Sozialdemokraten Álvaro Colom und dem konservativen General Efraín Ríos Montt ab. Auch Ríos Montt begleitete ich ein paar Tage lang auf Wahltournee. Seine Kandidatur war besonders umstritten. Der General hatte Guatemala zwischen März 1982 und August 1983 nach einem Militärputsch regiert. Die Guerillas standen damals vor dem Durchbruch, am Ende seiner kurzen Amtszeit waren sie militärisch besiegt. Ríos Montt hatte seine Anhängerschaft vor allem bei den Indios und Mestizen auf dem Land. In urbanen Kreisen galt er gemeinhin als unwählbar.

Im Vorfeld der Wahlen hatte die Friedensnobelpreisträgerin Rigoberta Menchú beim spanischen Starermittler Baltasar Garzón – der Mann tauchte später auch im Fall Sperisen wieder auf – eine Strafanzeige gegen Efraín Ríos Montt deponiert. Der Vorwurf war der schwerste, den es überhaupt gibt: Genozid. Da es sich beim Völkermord um ein Verbrechen gegen die Menschlichkeit handelt, kann er überall zur Anklage gebracht werden. Auch im fernen Spanien.

Die Strafanzeige bezog sich auf den Tod von 1771 Ixil-Indianern, die während des fünfzehnmonatigen Interregnums von Ríos Montt getötet worden waren. Die meisten Morde gingen mutmasslich auf das Konto der so genannten *Patrullas de Autodefensa Civil*

(PAC). Ríos Montt baute diese Bauernmilizen, die schon sein Vorgänger im Kampf gegen die Guerillas implementiert hatte, während seiner *de-facto*-Präsidentschaft massiv aus und liess im grossen Stil Waffen an die indianische Landbevölkerung verteilen. Die *PAC*, in ihrer Mehrheit Indios und Mestizen, machten kurzen Prozess mit den Dschungelkriegern, deren Anführer fast ausnahmslos aus den Städten kamen. Es kam auch zu brutalen Raubzügen gegen die Bevölkerung. Doch so schrecklich das Blutvergiessen auch war, getötet wurden zwei Prozent der Ixil-Bevölkerung von Quiche, deren Vernichtung nie das Ziel war. Ein Genozid ist etwas anderes.

In Guatemala selber wäre Menchú mit der Strafanzeige damals nicht weit gekommen. Das politische Motiv im Wahlkampf war zu offenkundig. Doch beim spanischen Politfahnder Baltasar Garzón rannte sie damit offene Türen ein. Garzón erliess umgehend einen internationalen Haftbefehl gegen Efraín Ríos Montt. Rund um die Welt übertrafen sich die Medien gegenseitig mit Gruselberichten über den Völkermörder, der es wagte, sich einer Wahl zu stellen. Die altehrwürdige *Neue Zürcher Zeitung* liess sich zu einem Titel (»Die Opfer schreien unter der Erde«) hinreissen, wie man sie ansonsten nur in der Boulevard-Presse liest. Der Deutsche *Spiegel* schickte Reporter Matthias Matussek nach Guatemala, und was dieser unter dem Titel »Wahlen im Totenhaus« berichtete, konnte einem das Blut in den Adern gefrieren lassen. Matussek charakterisierte Ríos Montt als »Trinker, Verschwörer, ein korruptes, frömmelndes Monster, neben dem der Fall Fidel Castro zur Heiligsprechung vorgelegt werden müsste«. Die »schwer erträglichen Rhetorikbrühe« des Generals erinnerte ihn an die Nazis.

Nun war allerdings auch der Weltpresse nicht entgangen, dass Ríos Montt just bei der indianischen Landbevölkerung, die unter den Massakern am meisten gelitten hatte, am meisten Zuspruch genoss. Wie ging das auf? Die *NZZ* diagnostizierte eine Art »Stockholm-Syndrom«, eine paradoxe Bindung zwischen Opfern und Tätern. Für den Deutschen Matussek dagegen war ein »Führer« am Werk, der das tumbe Volk verführte.

Waren diese Indios wirklich so einfältig, dass sie ihren eigenen Schlächter wählten? Was mir die Bauern auf meinem Streifzug mit Arbenz durch Huehuetenango erzählt hatten, wies in eine ganz andere Richtung. Für die meisten war Ríos Montt »el General«, der sie vom Albtraum der Guerillas befreit, eine Amnestie für Exilpolitiker erlassen, das Wahlgericht gegründet und damit die Rückkehr zur Demokratie eingeleitet hatte. Einige erinnerten sich auch daran, dass Ríos Montt den Unterricht in indianischen Sprachen an den Schulen eingeführt hatte. Dass er der evangelikalen Bewegung *el Verbo*[21] angehörte, liess die meisten kalt. In den Kriegsgebieten hatte die Katholische Kirche während des Konfliktes am meisten Schäfchen an die evangelischen Freikirchen verloren.

Die Wahlkampagne von Efraín Ríos Montt war professionell orchestriert, ganz im amerikanischen Stil: Meetings mit Tausenden von Anhängern, die in Bussen herangekarrt und mit Baseballmützen, T-Shirts und Fähnchen der Republikaner bei Stimmung gehalten wurden. Der Kandidat liess sich gerne mit dem Helikopter einfliegen. An seiner Seite trat stets seine Nummer zwei auf, der ehemalige Guerillero Pedro Palma Lau, der legendäre *Comandante Pancho*. Von geiferndem Populismus, den man ihm in den Medien partout unterstellte, konnte zumindest bei den Auftritten, die ich verfolgt hatte, keine Rede sein. Es waren eher Predigten, in denen Ríos Montt seine Wähler aufforderte, nicht auf Wunder von der Regierung zu warten, sondern selber Verantwortung zu übernehmen. Seine Tonlage war für lateinamerikanische Verhältnisse sogar sehr

---

21 *El Verbo* ist ein Ableger von *Gospel Outreach*; die Bewegung geht auf die Hippie-Ära zurück, in der ihre Anhänger unter dem Begriff *Jesus People* bekannt wurden.

gemässigt. Der Diskurs von Pedro Palma Lau drehte vor allem um seinen Wandel vom Guerillero zum Demokraten.

Es gab zu jener Zeit kaum Interviews mit Ríos Montt. In den guatemaltekischen Medien wurde er gemieden wie ein Aussätziger, dem man am besten nicht zu nahekam. Wer ihn ungefiltert sprechen liess, hätte sich dem Vorwurf ausgesetzt, einem Völkermörder eine Bühne zu bieten. Auch keiner der internationalen Journalisten, die ihn mit Schimpf und Schande eindeckten, hatte je mit dem Mann gesprochen. Es schien mir daher geboten, seine Sicht der Dinge anzuhören.

Ríos Montt empfing mich bei sich zu Hause. Der unauffällige Reihenbau war eingeklemmt zwischen einer Tortilla-Bäckerei und einem Krämerladen. Der 77jährige General legte eine bemerkenswerte Geistesgegenwart zutage. Auch sonst passte so gut wie nichts an diesem hageren und ausgenommen freundlichen Mestizen zum Bild eines Schlächters. Selbst die härtesten Vorwürfe parierte er mit entwaffnender Offenheit, bisweilen auch mit beissender Ironie. Ein Wolf im Schafspelz? Vielleicht. Aber bevor man sich ein Urteil bildet, sollte man die Menschen zumindest anhören.

Ríos Montt stellte nicht in Abrede, dass die Armee schreckliche Massaker verübt hatte, auch während seiner Amtszeit. Als der General im März 1982 nach einem Putsch junger Offiziere an die Macht katapultiert wurde, drohte das Land in ein Chaos zu versinken. »Die *PAC* und die Bewaffnung der Indios diente nicht nur dem Kampf gegen die Guerilla«, erklärte Ríos Montt, »es ging auch darum, dass sich die Bauern vor marodierenden Armee-Einheiten schützen konnten«. Vielleicht war das eine nachträgliche Beschönigung. Aber sie hatte doch eine innere Logik.

Die politische Karriere von Efraín Rios begann mit der Ära von Jacobo Arbenz Guzmán. Auch Arbenz, Nachkomme eines Schweizer Auswanderers aus Andelfingen, war ein Militär. Er trat aus der

Armee aus, als er 1951 zum Präsidenten gewählt wurde. Arbenz ging als Reformer in die Geschichte ein, der es unter anderem möglich gemacht hatte, dass ein einfacher Soldat wie Ríos Montt in Guatemala überhaupt zum General aufsteigen konnte. Ríos Montt schaffte es bis in den Stab von Arbenz.

Als Arbenz 1954 nach einer US-Intervention als angeblicher Kommunist gestürzt wurde, tauchten einige seiner Gefolgsleute in den Untergrund ab. Sie sollten später die erste Guerilla-Bewegung gründen. Ríos Montt hängte seine Uniform an den Nagel und schlug eine akademische Laufbahn ein. Er studierte in Italien und in den USA, danach wirkte er vor allem als Dozent an Militärakademien. 1974 gewann er, mit Unterstützung der Christdemokraten, die Präsidialwahlen. Ein Militärputsch hinderte Ríos Montt daran, das Amt anzutreten. Er zog sich von der Politik zurück und wurde Prediger bei der Freikirche *El Verbo*. Später gründete Ríos Montt die Republikanische Partei, für die er 1994 ins Parlament einzog. Soviel zum Werdegang des »frömmelnden Monsters«.

Der gemässigte rechtsliberale Óscar Berger ging als Sieger aus den Wahlen von 2003 hervor. Berger berief Carlos Vielmann zum Innenminister, und dieser holte die drei Feuerwehrleute Alejandro Giammattei, Javier Figueroa und Erwin Sperisen an Bord. An ihrer Seite zog auch Rigoberta Menchú in die Regierung ein. Für ihre Dienste im Wahlkampf gegen Ríos Montt belohnte Berger die Friedensnobelpreisträgerin mit einem eigens für sie geschaffenen Posten als *Ehrenbotschafterin*. So wurden Erzfeinde zu Freunden – aber nur vorübergehend.

Die kollektive Rigoberta Menchú

Anders als auf der Weltbühne ist die Friedensnobelpreisträgerin Rigoberta Menchú in Guatemala selber nicht gerade beliebt. Zweimal (2007 und 2011) kandidierte sie für das Präsidentenamt, beide Male war das Resultat gemessen an ihrem Bekanntheitsgrad erbärmlich (3,09 beziehungsweise 3,2 Prozent der Stimmen). Das entspricht ziemlich genau dem Wähleranteil der ehemaligen Guerillas, und das ist kein Zufall. In ihrer Heimat gilt Menchú nicht als Friedensengel, sondern als ehemalige Guerillera. Bekannt wurde sie hier allerdings erst 1992, als sie mit dem Friedensnobelpreis ausgezeichnet wurde. Für viele Guatemalteken war es ein Affront sondergleichen.

In der amerikanischen und europäischen linksalternativen Szene war Menchú schon etwas früher bekannt. Als Emissärin der guatemaltekischen Guerilla-Dachorganisation *URNG* jettete sie in den 1980er Jahren um die Welt, um das Leid der Indios zu beklagen. 1983 erschien unter ihrem Namen das Buch »*Ich heisse Rigoberta Menchú, und so wuchs mein Bewusstsein*«. Sie landete mit ihrem Erstling einen Weltbestseller, der in zahlreiche Sprachen übersetzt wurde. Es ist die Geschichte eines Indianermädchens, das ohne jede Schulbildung in einer verträumten Naturwelt aufwächst, die gnadenlose Ausbeutung der Landarbeiter durch weisse Grossgrundbesitzer und die brutale Repression eines Militärregimes erlebt, als Teenager einen heroischen Aufstand der Indios mitorganisiert und schliesslich, nachdem Soldaten ihre engsten Angehörigen bei lebendigem Leib verbrannt oder zu Tode gequält haben, bei der Guerilla landet.

Die Saga der Rigoberta Menchú wurde 1998 durch David Stoll entzaubert. Der amerikanische Ethnologe wies in einer differenzierten Recherche (*Rigoberta Menchú und die Geschichte aller Guatemalteken*[22]) nach, dass ihre Autobiographie in den zentralen Punkten erfunden war. Einen Bruder, der verhungert sein soll, hatte es nie gegeben; die öffentlichen Hinrichtungen von nahen Angehörigen hatten nie stattgefunden. Die Friedensnobelpreisträgerin war auch nicht als Analphabetin im Hochland aufgewachsen, sondern unter der Obhut von Nonnen in einer internationalen Schule in der Hauptstadt, was ihre perfekten Spanischkenntnisse erklärt. Ihr allgegenwärtiger Vater Vicente war kein armer Landarbeiter, wie sie behauptete, sondern ein relativ wohlhabender Landbesitzer und ein alles andere als friedlicher Politaktivist.

David Stoll war dank jahrelangen Feldforschungen mit Guatemala bestens vertraut, er kannte auch Angehörige von Rigoberta Menchú. Seit über einem Jahrzehnt wusste Stoll um ihre Lügen. Doch er getraute sich lange nicht, seine politisch unkorrekten Erkenntnisse zu veröffentlichen. Die Befürchtungen waren berechtigt. Als die Publikation endlich erschien, wurde Stoll mit wütenden Beschimpfungen eingedeckt: »CIA«, »verantwortungslos«, »Faschist«. Menchú selber bezichtigte ihren Kritiker kolonialistischer Arroganz. Schliesslich räumte sie aber doch halbherzig ein, in ihre angebliche Lebensgeschichte fremde Biographien eingebaut zu haben, um die Welt aufzurütteln. Ihre Anhänger fanden dafür eine brillante Rechtfertigung: Indianer pflegten halt eine »kollektive Erinnerung«, sie würden nicht so genau zwischen *ich* und *wir* unterscheiden. Das Nobel-Komitee rettete sich in die Begründung, es habe Menchú nicht für ihre Biographie geehrt, sondern für ihr Friedensengagement.

22 David Stoll, »Rigoberta Menchú and the Story of All Poor Guatemalans«, 1999, Westview Press

Was Menchú für den Frieden geleistet haben soll, bleibt allerdings schleierhaft.

Gemäss Stoll gab es effektiv blutige Landkonflikte in Menchús Heimatdorf, allerdings nicht zwischen Weissen und Ureinwohnern, sondern zwischen den eingesessenen Uspanteko-Indios und den zugewanderten Kitche (die Menchús gehörten zu letzteren). Guatemalas Bevölkerung hatte sich im letzten Jahrhundert verfünffacht, und der Staat war nicht in der Lage, die rasante Kolonialisierung des Regenwaldes in kontrollierte Bahnen zu lenken. Die Folge waren komplizierte und blutige Zwiste um neue Ländereien. Vicente Menchú führte während Jahrzehnten einen Prozess um 150 Hektar Land, allerdings nicht gegen die etwas weisseren *Ladinos*, sondern gegen seine Schwiegereltern.

Auch in Menchús wahrer Biographie findet sich Gewalt, nur war es etwas anders als in ihrer getürkten Autobiographie. 1981 verbrannten ihre Eltern bei der Stürmung der spanischen Botschaft in Guatemala Stadt durch linke Aktivisten bei lebendigem Leib. Schuld an diesem schrecklichen Tod waren nicht die Ordnungskräfte, sondern die versehentliche Explosion eines Molotow-Cocktails aus den eigenen Reihen. Im Alter von 22 Jahren wurde Rigoberta darauf von katholischen Ordensschwestern nach Mexiko verbracht. Dort schloss sie sich dem Kader der Guerilla an, welches in Chiapas unter der Schirmherrschaft von Monseñor Samuel Ruiz aus dem Exil agierte und agitierte. Dank ihren frühen Erfahrungen mit den Nonnen und dem *Peace-Corps*, aber auch dank Angehörigen, die über die halbe Welt verteilt lebten, war Menchú mit der Mentalität der Nordländer bestens vertraut. Sie erzählte den Amerikanern und Europäern jene Geschichte, die sie von ihr hören wollten.

1982 traf Rigoberta Menchú während einer Europatournee in Paris auf Elisabeth Burgos Debray, eine altgediente Klassenkämpferin mit direktem Draht zur Regierung von François Mitterrand.

Burgos stammt aus der venezolanischen Oberschicht. Ihr zweiter Name erinnert an ihren ehemaligen Gatten, den französischen Philosophen Régis Debray. Wie viele ihrer Generation wurde Burgos durch die kubanische Revolution politisiert. 1967 begleitete sie zusammen mit Régis Debray den *Che* Guevara auf seinem letzten Feldzug nach Bolivien. Burgos verwurstete Menchús Geschichte als Ghostwriterin zur Pseudo-Autobiographie und lancierte damit einen Scoop.

Die von der Guerillera zur Friedensbotschafterin umgedeutete Rigoberta Menchú hat ihre Opferrolle als weise lächelnde Ureinwohnerin perfekt verinnerlicht. Sie ist so falsch wie das Klischee der weissen Oligarchie, die wehrlose indianische Völker ausbeutet, misshandelt und abschlachtet. Óscar Berger, Carlos Vielmann, Alejandro Giammattei oder Erwin Sperisen mögen europäische Vorfahren haben. Doch reinrassige Lateinamerikaner sind selten. Ihnen eine guatemaltekische Heimat und Identität abzusprechen, nur weil sie weiss sind, ist zutiefst rassistisch und zeugt von Ignoranz. Doch der Rassenmyhtos, auf den Professor Jean Ziegler und Staatsanwalt Yves Bertossa unverblümt anspielten und der wie ein schwerer Schatten über dem Sperisen-Prozess hing, war stärker als jede Realität.

Stalin II am Ping-Pong-Tisch

Maria Cristina Villanova de Arbenz hatte ihren neunzigsten Geburtstag schon hinter sich, als ich sie im Herbst 2005 in San José, der Hauptstadt von Costa Rica aufsuchte. Umsorgt von ihrem Sohn Jacobo lebte sie in einem bescheidenen Häuschen. Nach einer herzlichen Begrüssung beklagte sich die betagte Frau mit einem entwaffnenden Lächeln über ihre schwindenden Geisteskräfte: »Ich kann mich nicht mehr daran erinnern, was vor fünf Minuten passierte; was sich vor fünfzig Jahren zugetragen hat, weiss ich dagegen noch bis ins Detail, als wäre es vor fünf Minuten passiert.« Und das war wirklich nicht übertrieben.

Während Stunden rekapitulierten wir ihre bewegte Lebensgeschichte. Villanova erzählte von ihrer Jugend als Kind von Grossgrundbesitzern in El Salvador; wie sie in Guatemala ihren Gatten Jacobo Arbenz kennen lernte; wie Arbenz zum Präsidenten von Guatemala gewählt wurde; wie er das Land von Grund auf reformieren und demokratisieren wollte; wie er nach vier Jahren gestürzt und aus dem Land vertrieben wurde; wie die Familie Arbenz auf der Suche nach einer Bleibe in der Welt herumirrte und schliesslich in Kuba strandete. Dort traf das Ehepaar Arbenz neben anderen Grössen der Revolution auch auf Ernesto »Che« Guevara.

»El Che empfing uns in seiner Villa«, erinnerte sich Villanova, »er war viel kleiner, als ich ihn mir vorgestellt hatte; während unserer Gespräche sass er auf einem Ping-Pong-Tisch; unser Traum war es, auf Kuba eine Finca zu bewirtschaften; doch Guevara erwiderte schroff, das sei vorbei, die Landwirtschaft werde kollektiviert; sein Béret nahm er sich nicht einmal zum Essen ab«.

Arbenz und seine Frau wurden auch in Kuba nicht glücklich. Die Castro-Diktatur war nicht das, was sie sich unter einer besseren Gesellschaft vorgestellt und wofür sie gekämpft hatten. Die Familie trennte sich schliesslich, Jacobo Arbenz zog nach Mexico, wo er 1971 einsam und unter mysteriösen Umständen in der Badewanne starb. Maria Villanova kehrte auf die Finca ihrer Eltern nach El Salvador zurück, wurde dort allerdings bald von den Guerillas vertrieben, so dass sie schliesslich nach Costa Rica auswanderte.

Es war ein bewegtes Schicksal voller Hoffnung und Enttäuschungen, das untrennbar mit der Geschichte Lateinamerikas verwoben war und in einem eigentümlichen Kontrast stand zur heiteren Gelassenheit, mit der die einst bildhübsche und immer noch stolze Frau erzählte. Maria Villanova schonte sich selber nicht. Sie sprach über ihre Fehler, über ihre Naivität. Im Rückblick sei es wohl falsch gewesen, meinte sie, politisch Verfolgte aus ganz Lateinamerika in Guatemala aufzunehmen. Man hätte zuerst für sich selber schauen sollen, bevor man sich die Probleme anderer mit aufhalste. Jacobo Arbenz habe zu viel auf einmal gewollt. Man sollte sich nichts vormachen: »Am Ende wurde Arbenz von seinen eigenen Leuten gestürzt«. Das Scheitern könne man auch nicht allein der *United Fruit Company* zuschieben: »Das Problem war nicht, dass wir transnationale Firmen im Land hatten, sondern dass es nur eine einzige gab.«

Als Jacobo Arbenz 1950 zum Präsidenten gewählt wurde, befand sich Guatemala faktisch unter der Kontrolle der *United Fruit Company*. Das Land war eine Bananenrepublik im wahrsten Sinne des Wortes. Die US-Company kontrollierte die Stromversorgung, die Eisenbahn, den einzigen Hochseehafen im Land. Der *United Fruit* gehörte ein grosser Teil des kultivierbaren Landes, von dem sie allerdings nur einen kleinen Teil nutzte. In einer breiten Allianz, in die auch Gewerkschaften und Kommunisten eingebunden waren, versuchte Jacobo Arbenz die Monopole der *United Fruit* zu brechen. Unter Arbenz wurde die Strasse gebaut, welche die Eisenbahnlinie der Bananen-Company zum Hafen von Puerto Barrios konkurrenzierte. Mit dem Hochseehafen von Santo Tomás erhielt die Exportwirtschaft eine Alternative. Das Wasserkraftwerk von Jurún Marinalá legte das Fundament zu einer landesweiten Stromversorgung.

Arbenz lancierte ein Programm zum Aufbau öffentlicher Volksschulen, die es zuvor in Guatemala kaum gab. Damit handelte er sich die erbitterte Feindschaft der damals noch stockkonservativen katholischen Kirche ein. Sie hatte das Schulwesen bis dahin beherrscht. Für Spannungen mit den USA sorgte vor allem die Agrarreform. Sie sah zwar nur eine Enteignung grosser Brachen vor und eine Entschädigung der Besitzer, allerdings zum Steuerwert, den viele Latifundisten, sofern sie überhaupt Steuern zahlten, viel zu tief angesetzt hatten. Jacobo Arbenz brachte damit neben der *United Fruit* und den USA auch einen Teil der heimischen Oberschicht gegen sich auf.

In den USA schaffte er es zusammen mit seinen Anhängern bis ganz oben auf die rote Liste des Kommunistenfressers Senator Joseph McCarthy. Die USA fürchteten einen sowjetischen Satelliten in der Nähe des Panama-Kanals. War Arbenz ein verkappter Marxist? Maria Villanova antwortete mit einem mitleidigen Lächeln: »Arbenz war ein Demokrat, liberal von der Zehe bis zur Scheitelspitze, ein Schweizer eben, ziemlich bieder und immer pünktlich.« Er sei gegen alle Seiten offen gewesen. Doch auch das habe sich, meinte sie, im Rückblick als nicht sehr klug erwiesen. Im Präsidentenpalast und namentlich im Büro für Agrarreform seien damals Revolutionäre ein- und ausgegangen, die »andere Vorstellung von Demokratie hatten als wir«.

Guatemala strahlte während der Ära Arbenz grosse Hoffnungen über ganz Lateinamerika aus und war ein Hort für politisch Verfolgte, denen grosszügig Asyl gewährt wurde. Zu dieser Gruppe gehörte auch die Peruanerin Hilda Gadea. Sie arbeitete im Büro für Agrarreform, als sie einen jungen Argentinier kennen lernte: Ernesto Guevara, Sprössling einer wohlhabenden Familie, ein Pionier des Rucksacktourismus. Nach Abschluss seines Medizinstudiums war Guevara die Pazifikküste hoch getrampt, bis er schliesslich mit leeren Taschen in Guatemala strandete. Die Mestizin Hilda Gadea nahm sich des stattlichen weissen und einige Jahre jüngeren Argentiniers an, sie weihte ihn in die Geheimnisse von Marx und Lenin ein. Mit durchschlagendem Erfolg. Ende 1953 schrieb Ernesto Guevara seiner Tante Beatriz: »Vor einem Bild des alten, betrauerten Stalin habe ich geschworen, nicht eher zu ruhen, bis diese kapitalistischen Kraken vernichtet sind«. Fortan unterschrieb er seine Briefe auch mal mit »Stalin II«.

1954 invadierte eine kleine, über die CIA finanzierte Söldnertruppe Guatemala. US-Botschafter John Peurifoy – ein strammer Antikommunist, der zuvor schon den Sturz von Regierungen im Iran und in Griechenland angezettelt hatte – führte Regie. Die angeheuerten Rebellen nutzten dieselben Methoden, welche später die Guerillas anwenden sollten. Die USA unterstütze sie mit Flugzeugen und liessen den Präsidenten-Palast bombardieren. Militärisch waren die Söldner der Armee bei weitem unterlegen. Ihre vielleicht schärfste Waffe war ein Piratensender, den die Amerikaner in ihrer Botschaft in Guatemala Stadt eingerichtet hatten und der rund um die Uhr falsche Gerüchte über einen Umsturz verbreiteten. Heute würde man von Fake News reden. Seine eigenen Leute nutzten das Chaos, um Arbenz zu stürzen.

Nach dem Sturz von Arbenz wollte niemand im Westen dem vermeintlichen Kommunisten Asyl gewähren. Die Schweiz, die Heimat seines Vaters, erklärte sich zwar bereit, die Familie aufzunehmen, allerdings nur unter der Bedingung, dass Arbenz auf seine guatemaltekische Staatsbürgerschaft verzichtete. Für den gestürzten Reformer, der möglichst schnell nach Guatemala zurückkehren wollte, war das keine Option. So kam es, dass sich Arbenz zuerst in der Sowjetunion und später auf Kuba niederliess. Heimisch wurde er dort nie. Der Sozialismus war nie seine Sache gewesen.

Hilda Gadea und Ernesto Guevara flohen nach dem Sturz von Arbenz nach Mexico, wo sie heirateten. Trauzeuge war ein gewisser Raúl Castro, den die beiden in einer billigen Absteige kennen gelernt hatten. Der Kubaner verpasste dem Argentinier den Rufnamen *Che*, unter dem er weltberühmt werden sollte. 1956 schloss sich Ernesto Guevara den Castro-Brüdern an und setzte zusammen mit einer Handvoll kubanischer Desperados auf der Jacht *Granma* (Grossmutter) auf die Insel über. Anders als Guevara waren Fidel und Raul Castro damals noch keine Kommunisten.[23] Die Guerilla, die sie gründeten und die drei Jahre später das Batista-Regime auf Kuba stürzte, versprach nichts anderes als freie Wahlen und Demokratie. Das kubanische Volk wartet bis heute darauf.

Nach dem Sturz von Arbenz brandete eine antiamerikanische Welle durch ganz Lateinamerika. Spätestens 1961, als Fidel Castro offiziell den »sozialistischen Charakter« seines Regimes verkündete, dürfte einigen US-Strategen klar geworden sein, dass sie einen kapitalen Fehler begangen hatten. Im gleichen Jahr begründete Präsident John F. Kennedy im Kampf gegen den Kommunismus die *Allianz für den Fortschritt*. Das Programm entsprach ziemlich genau den Reformen, welche die Regierung von Jacobo Arbenz eingeleitet hatte.

---

23 Gemäss der Castro-Biographie des preisgekrönten ehemaligen *Spiegel*-Reporters Carlos Widmann war Fidel Castro in jungen Jahren vielmehr ein grosser Bewunderer von Benito Mussolini (Carlos Widmann, *Das letzte Buch über Fidel Castro*. Hanser, München 2012)

Doch die Einsicht kam zu spät. Ein Jahr zuvor hatte, inspiriert von der kubanischen Revolution, eine Gruppe von abtrünnigen jungen Soldaten und Offizieren der guatemaltekischen Armee die ersten Guerillas gegründet.

Das ist in grossen Zügen der historische Hintergrund, vor dem 2010 die internationalen Strafverfolger der *CICIG* die Anklage gegen Innenminister Vielmann, Vollzugschef Giammattei, Polizeichef Sperisen und den Kommandanten Figueroa formulierten. Wusste der Genfer Staatsanwalt Yves Bertossa, worauf er sich einliess, als er zwei Jahre später sein Sonderkommando losschickte, um Erwin Sperisen zu verhaften? Wohl kaum. Bertossa liess sich von den gängigen Mythen der Genfer *Tierremondistes* leiten. Für ihn standen Täter und Opfer, Gut und Böse von allem Anfang an fest. Der Staatsanwalt und seine Richter liessen sich in ihrer Mission auch nicht beirren, als die gekauften Kronzeugen sich heillos in Widersprüche verstrickten und die Beweise dahinschmolzen wie die Butter in der Sonne.

Von ihren wohltemperierten Büros aus wollten die Genfer Juristen die Welt erklären. Als ihnen der Fall entglitt, gingen sie mit der Brechstange ans Werk. Merkten sie nicht, dass sie damit selber Verbrechen begingen? Was hinter den starren Minen der Richter vorging, als sie ihre Urteile verkündeten, wissen nur sie selber. Sicher war es dem einen oder andern unwohl bei der Sache. Aber schliesslich war es doch für die gute Sache.

Im Namen der Menschenrechte

Am 28. Oktober 2016 um 5.40 Uhr in der Früh stürmt eine schwer bewaffnete Polizeieinheit im Auftrag der internationalen Untersuchungsbehörde *CICIG* in Ciudad Guatemala das Privathaus des ehemaligen Finanzministers und Unternehmers Pavel Centeno. Da die guatemaltekische Verfassung Hausdurchsuchungen zu nächtlicher Stunde verbietet, glaubt Centeno an einen Raubüberfall und schiesst auf die Eindringlinge. Im Zuge eines Schusswechsels wird er von den vorrückenden Polizisten erschossen[24]. Wie sich später herausstellen sollte, wurde das falsche Haus gestürmt. Der Haftbefehl galt einem gewissen Ronald García, gegen den die *CICIG* wegen Geldwäscherei ermittelte.

Gemäss offizieller Version soll sich Pavel Centeno selber umgebracht haben. Dafür fehlte ihm nicht nur ein Motiv, auch die Bilder vom Tatort sprechen dagegen: Der Tote hatte ein Magazin in seiner linken Hand; seine rechte Hand konnte er für den Suizid kaum verwendet haben, da der rechte Arm eine schwere Schusswunde aufwies. Centeno müsste, nachdem er sich mit der Linken erschossen hatte, noch schnell die Pistole in seine Rechte gelegt und ein Magazin behändigt haben.

Vier Tage nach dem tödlichen Zwischenfall erstattete die *Fundación contra el Terrorismo en Guatemala* eine Strafanzeige gegen die

---

24 Liga pro Patria, *CICIG y el Imperio de la Ley*, Guatemala Mai 2018 ligapropatria.com/2018/03/22/informe-1-homicidio-impune-por-inmunidad-diplomatica/

CICIG beziehungsweise deren Chefermittler Iván Velázquez. Als Auftraggeber trug Velázquez zweifellos eine Mitverantwortung für die Tragödie; ob ihn auch ein strafrechtliches Verschulden traf, sollte gerichtlich untersucht werden. Doch dazu kam es nie. Denn der Kolumbianer Iván Velázquez machte erfolgreich diplomatische Immunität geltend.

Tatsächlich spricht der Vertrag zwischen der UNO und Guatemala den *CICIG*-Ermittlern diplomatische Immunität zu. Verfassungsrechtler hatten bereits früher darauf hingewiesen, dass dies eine rechtlich unmögliche Konstellation ist. Denn der Diplomaten-Status verbietet auch strikte jede Einmischung in die inneren Angelegenheiten eines Gastlandes. Tatsächlich war die Einmischung in die inneren Belange von Guatemala aber die Hauptmission der *CICIG,* und zwar auf höchster politischer Ebene.

Der ungeklärte Tod von Pavel Centeno war der Tropfen, der das Fass zum Überlaufen brachte. Es kam zu zornigen Protesten gegen die *CICIG.* Seit der Kolumbianer Iván Velázquez Ende 2013 die Führung der Truppe übernommen hatte, waren die internationalen Ermittler definitiv zum wohl mächtigsten Player in der guatemaltekischen Politik geworden. Bar jeder Rechenschaftspflicht und Kontrolle bestimmten Velázquez und seine Helfer, welcher Politiker hinter Gitter kam und wer verschont wurde. Velázquez, Träger des »Alternativen Nobelpreises«[25], hatte sich bereits mit den Politprozessen gegen die Regierung von Álvaro Uribe in seiner Heimat den Ruf eines »Sozialjustiz-Caudillos«[26] eingehandelt, der auch mal mit Guerilleros fraternisiert, mit deren Gegnern aber umso härter ins Gericht geht.

Am 25. August 2017 erklärte der guatemaltekische Staatspräsident Jimmy Morales den CICIG-Chef zur *Persona non grata* und verwies

---

25 Right Livelihood Award

26 antiguareport.com/2018/07/ivan-velasquez-social-justice-caudillo/

ihn so des Landes. Da Velázquez über einen Diplomatenstatus verfügt, stand dem Präsidenten gemäss dem Wiener Übereinkommen diese Kompetenz zweifelsfrei zu. Er musste den Landesverweis, der juristisch nicht anfechtbar ist, nicht einmal begründen. Doch die *CICIG* funktioniert nach eigenen Gesetzen, ihre Antwort liess nicht lange auf sich warten. Sie focht die Aberkennung des Diplomaten-Status vor dem Verfassungsgericht umgehend an. Fünf Tage später, am 30. August 2017, eröffnete die *CICIG* ein Strafverfahren gegen den Sohn und den Bruder von Präsident Morales wegen angeblicher administrativer Unregelmässigkeiten bei einem Landkauf.

Während diese Zeilen geschrieben werden, schwelt der Rechtsstreit um den Verbleib der *CICIG* in Guatemala ungelöst weiter. Die unerwünschten internationalen Ermittler weigern sich standhaft und bislang mit Erfolg, das Land zu verlassen. Die *CICIG* hat nicht nur die Politik, sondern auch die guatemaltekischen Richter und Staatsanwälte im Griff. Die Ermittler sind niemandem Rechenschaft schuldig. Wer nicht nach ihrer Pfeife tanzt, riskiert – unter welchem Rechtstitel auch immer – im Kerker zu landen oder muss zumindest mit einem ruinösen Strafverfahren rechnen. Die fremden Justizsöldner sind damit zur ernsthaften Bedrohung geworden für die Demokratie und die Rechtsstaatlichkeit, zu deren Schutz sie ins Land gerufen wurden.

An der Gewalt in den guatemaltekischen Gefängnissen hat die CICIG kaum etwas geändert, Mord und Totschlag gehören nach wie vor zum tristen Alltag. Am 8. Mai 2019 wurden bei einer Meuterei in El Pavon wieder sieben Häftlinge erschossen. Die Wahrscheinlichkeit, dass die Schuldigen je überführt werden, ist gering.

Drei Monate später, am 11. August 2019, wurde Alejandro Giammattei – gemäss dem Genfer Urteil einer der Hauptschuldigen im Fall Sperisen – in freien Wahlen mit fast 60 Prozent der Stimmen zum Präsidenten von Guatemala gewählt.

Chinochet

»Eine Gesellschaft, die Gleichheit über Freiheit stellt, wird keines von beidem erreichen.« *(Milton Friedmann)*

Als Alberto Fujimori in Peru die Regierung übernahm, stand die südamerikanische Republik vor dem Abgrund. Zwei Jahrzehnte sozialistische Planwirtschaft und der Terror der Guerillas hatten das an sich reiche Land ruiniert, über die Hälfte der Bevölkerung lebte bei einer Hyperinflation von 7000 Prozent und notorischen Versorgungsengpässen in bitterer Armut. Nicht aus Überzeugung, sondern weil ihm keine andere Wahl blieb, privatisierte der Sohn japanischer Einwanderer die maroden Staatsunternehmen, öffnete die Grenzen und liess den Marktkräften freien Lauf. Mit brutalen aber effizienten Methoden beendete er den Guerilla-Krieg in kürzester Zeit. Innerhalb weniger Jahre blühte Peru förmlich auf, die Armutsquote sank dramatisch. Die untersten Volksschichten, die am meisten von den Reformen profitierten, wurden zu Fujimoris treusten Verbündeten. Der Erfolg hat allerdings eine bittere Kehrseite: Der Reformer trickste und schummelte, was das Zeug hielt, verbündete sich mit Gangstern und hielt sich nur an die demokratischen Regeln, soweit sie ihm dienten. Noch bitterer ist die Frage, die Peru seither spaltet: Wäre es auch anders möglich gewesen?

Stunde Null

Die Avenida Abancay ist eine der Hauptachsen im Zentrum von Lima. Der zähflüssige Verkehr, der sich auf acht Fahrspuren zwischen dem *Río Rimac* und dem *Parque Universitario* am *Congreso de la República*, dem *Museo de la Inquisición*, der *Bibliotéca Nacional*, dem *Mercado Central* und diversen Ministerien vorbeiwälzt, ruht normalerweise nicht einmal während der Nacht. Doch an jenem Donnerstagmorgen war mein klappriger Datsun das einzige Auto weit und breit. Es war der 9. August 1990. Die Ruhe in der Millionen-Metropole war gespenstisch, ja bedrohlich.

Am Vorabend hatte der frisch eingesetzte Premierminister Carlos Hurtado Miller in einer kurzen TV-Ansprache Preiserhöhungen angekündigt, wie es sie Peru nie zuvor gegeben hatte. Sie sollten später als *Fujishock* in die Geschichte eingehen. Der staatlich kontrollierte Preis für ein Kilogramm Mehl explodierte über die Nacht um das Siebenfache, auf 1,5 Millionen Inti, eine Galone Benzin gar um das Zweiunddreissigfache. Ein Kilo Bohnen kostete neu 2,8 Millionen Inti. Gestiegen war zwar auch der gesetzliche Minimallohn, allerdings nur um knapp das Vierfache, auf 16 Millionen Inti. Man brauchte kein Mathematiker zu sein, um auszurechnen, was das für jene 55 Prozent der Peruaner bedeutete, die in bitterer Armut lebten.

Hurtado Miller beschloss seine Hiobsbotschaft, die lediglich ein paar Minuten gedauert hatte, mit einem Stossgebet: »Gott möge uns beistehen.«

Bevor ich an jenem Morgen nach Lima losgefahren war, hatte ich in der Nachbarschaft noch ein paar Orangen gekauft. Als ich zahlen wollte, zuckte die Ladenbesitzerin nur ratlos mit der Schulter. Sie habe keine Ahnung, wieviel die Früchte an diesem Tag wert seien, meinte sie. Ich möge mich doch bitte in der Stadt erkundigen und am Abend bezahlen.

Das ganze Land befand sich in einem Schockzustand. Alles schien möglich, nichts schien gewiss.

Die Peruaner hatten sich an vieles gewöhnt. Seit Jahren hielt die Inflation das Land im Würgegriff. Der *Leuchtende Pfad* und die *Tupac Amaros*, deren Guerilla-Terror längst auch in der Hauptstadt Lima angekommen war, kontrollierten einen beträchtlichen Teil des Landes. Täglich detonierte irgendwo eine Bombe, vorzugsweise neben einer Tankstelle. Am helllichten Tag wurden Polizisten auf offener Strasse erschossen. Oft ging es den *Terroristas*[27] nur darum, in den Besitz ihrer Waffen zu gelangen. Selbst Kleinunternehmer mussten damit rechnen, wahlweise im Namen von Mao oder Lenin entführt zu werden. Zahllose Brücken, Strommasten und Funkantennen wurden in die Luft gesprengt. Selten verging ein Tag ohne Blackout. Irgendwo wurde immer gestreikt, und wenn die Terroristen einen *Paro Armado* (Bewaffneter Streik) verkündeten, blieben viele zu Hause – nicht, weil die Leute streiken wollten, sondern weil sie Repressalien befürchteten. Man arrangiert sich stets irgendwie, in der Meinung, dass es nicht mehr schlimmer kommen könne, um dann festzustellen, dass es sehr wohl immer noch schlimmer kommen kann, solange man lebt. Doch nun schien das Ende nah.

Peru war bankrott. Schlicht und einfach bankrott.

---

27 In Peru werden die Anhänger des *Leuchtenden Pfades* und des *Movimiento Revolucionario Tupac Amaru (MRTA)* als »terroristas« bezeichnet; der Begriff »Guerilla« war nie gebräuchlich.

Innerlich verwünschte ich mich dafür, dass ich in die Stadt gefahren war. Offiziell war es ein ganz normaler Arbeitstag. Es gab keine Ankündigung, keine Warnung, aber jeder – ausser eben mir – schien begriffen zu haben, dass es an diesem Tag nicht ratsam war, Geschäften nachzugehen. Plünderungen lagen in der Luft. Wo sonst überfüllte Busse in einem mühseligen *Stop-and-Go* um jeden Zentimeter Asphalt kämpften, lungerten Scharen von ausgemergelten Gestalten aus den Armenvierteln schweigsam durch die Avenida Abancay. Sämtliche Geschäfte und Ämter waren verbarrikadiert. Auf den Dächern markierten bewaffnete Wachleute Bereitschaft. Panzerfahrzeuge mit vermummten Soldaten in Kampfmontur, die Gewehre im Anschlag, patrouillierten auf den Strassen. Die Spannung war mit den Händen zu greifen. Alle schienen nur darauf zu warten, dass einer den ersten Stein warf.

Das grosse Chaos blieb aus. Nur vereinzelt war es zu kleinen Scharmützeln gekommen, wie am nächsten Tag in den Zeitungen zu lesen war. Vier Zivilisten wurden erschossen. Doch der grosse Volksaufstand war ausgeblieben. Es war, als hätte eine ganze Nation resigniert. Jeder wusste, dass es so nicht weitergehen konnte. Aber keiner wusste, wo die Reise hingehen würde.

Wenige Tage vor dem Schock, am 28. Juli 1990, hatte der neue Präsident Alberto Fujimori auf die Verfassung geschworen. Seine Regentschaft begann mit einer faustdicken Lüge. Bis zum ersten Wahlgang war der Mathematiker und Agronom mit japanischen Wurzeln eine unbekannte Figur im politischen Leben gewesen. Seine Minipartei *Cambio 90* hatte er eigens für die Kandidatur gegründet. Fujimoris Ziel war es gewesen, eine Bekanntheit zu erreichen, die ihm wenigstens eine Wahl in den Senat ermöglichte. Ein Regierungsprogramm hatte er nicht. Seine einzige Message: Er würde die neoliberale Schocktherapie verhindern, die sein Gegner zum Kern seines Programms gemacht hatte. Es war der international berühmte

Schriftsteller und spätere Nobelpreisträger Mario Vargas Llosa. Gemäss den Umfragen war der Literat so gut wie gewählt. Doch in der zweiten Runde kippte die Stimmung im Volk plötzlich zu Gunsten des unbekannten Emporkömmlings. Für die wirkliche Überraschung sorgte Fujimori allerdings erst nach seiner Amtseinführung: Er setzte exakt jenes neoliberale Schock-Programm um, das zu verhindern er versprochen hatte – und zwar in einer Radikalität, die man selbst Vargas Llosa kaum zugetraut hätte.

Der Wahlsieg von Alberto Fujimori ist ein Mysterium, über das viel geschrieben und spekuliert wurde. Der staubtrockene Professor war und ist ein miserabler Redner. Obwohl in Peru aufgewachsen und wahrscheinlich auch im Land geboren – selbst das war zeitweise umstritten – blieb ihm der Akzent seiner aus Japan eingewanderten Eltern ein Leben lang erhalten. Womöglich war es gerade seine vermeintliche Unbeholfenheit, die ihn so populär machte. Die Peruaner hatten die Nase voll von gewieften Rhetorikern, die ihnen das Blaue vom Himmel versprachen. Vielleicht half dem hageren Asiaten auch seine stoische Mentalität und die Physiognomie, welche der grossen ethnischen Mehrheit der Peruaner, Indios oder Mestizen, in gewisser Weise nahekommt.

Obwohl sich Japaner und Chinesen nicht sonderlich gut vertragen, blieb der Ruf des *Chinito* an Fujimori hängen. Die Chinesen gelten in Peru als fleissig, bescheiden und geschäftstüchtig. Eine Rolle spielten sicher auch die evangelikalen Freikirchen. Sie haben vor allem bei der indianischen Landbevölkerung einen erheblichen Einfluss und setzten auf Fujimori, obgleich dieser formell katholisch ist. Vielleicht war es auch schlicht ein Votum des Protests und der Verzweiflung. Wenn schon alle anderen gescheitert waren, versuchte man es halt mal mit dem *Chinito.*

Fujimori begnügte sich nicht mit dem »Schockprogramm«. Er übernahm von Vargas Llosa auch ein Team von hochkarätigen Finanzspezialisten. Die *sieben Samurais*, wie sie im Volksmund genannt wurden, unterzogen die Wirtschaft einer veritablen Rosskur. Peru öffnete seine Grenzen für den Wahren- und Kapitalverkehr, Subventionen und Preisvorgaben wurden eliminiert, Steuern und Zölle gesenkt. In einer zweiten Phase privatisierte Fujimori praktisch alle Staatsbetriebe, von der Strom- und Wasserversorgung und der Müllabfuhr über Strassenbau und Telekommunikation bis hin zu Fabriken und Bergbauunternehmen. Die Regulierungen – vom Arbeitsrecht über das Steuerrecht, bis zum Mieterschutz – wurden entrümpelt, bürokratische Prozesse vereinfacht. Die einst mächtigen Gewerkschaften verschwanden praktisch von der Bildfläche.

Selten zuvor wurde ein Land einer derart radikalen Kur unterzogen. Die ersten zwei Jahre waren hart. 1990 erreichte die Inflation eine Rekordmarke von 7946 Prozent. Hunderttausende von Beamten verloren ihre vermeintlich sicheren Jobs. Ohne die Suppenküchen, die in den ärmeren Vierteln eilends eingerichtet wurden, hätten viele die Schocktherapie kaum überlebt. Doch ab 1992 setzte ein nachhaltiges Wachstum ein, das bis heute anhält und markant über dem südamerikanischen Schnitt liegt. Die Inflation ist seit 1992 kein Thema mehr. Der Wechselkurs zum Dollar hat sich seither nicht mehr gross verändert, die Staats- und Auslandverschuldung war stets unter Kontrolle. Eine Art institutionelle Schuldenbremse verhindert, dass der Staat wesentlich mehr ausgeben kann, als er einnimmt. Anders als viele Euro-Staaten hätte Peru die Maastrichter Kriterien locker erfüllt.

Und das wichtigste: Die Armutsquote sank innerhalb zweier Jahrzehnte von über 50 auf knapp 20 Prozent der Bevölkerung. Wer Wahlen gewinnt, bestimmt in Peru heute eine aufstrebende Mittelschicht.

Als Alberto Fujimori 1990 an die Macht kam, war Peru ein klassisches Drittweltland. Die spanischen Kolonialherren waren zwar schon 170 Jahre zuvor vertrieben worden. Doch ihre feudalistisch geprägte Hinterlassenschaft war noch stark zu spüren. Dank einem vielfältigen Reichtum an Bodenschätzen war die Republik, die sich von der Pazifikküste über die Anden bis tief ins Amazonasbecken erstreckt, nie arm gewesen. Ob Gold, Silber, Kautschuk, Guano, Salpeter, Alpaka-Wolle, Fischerei, Erdöl, Kupfer oder Zink, immer wieder hatte es Zeiten des wirtschaftlichen Booms gegeben. Wirklich profitiert hatte von den Bonanzas aber meist nur eine überschaubare, in sich geschlossene Oberschicht. Die Hautfarbe war das wichtigste Merkmal einer steilen sozialen Pyramide: Zuoberst die Weissen, dazwischen eine kleine Mittelschicht von Kreolen und Asiaten, zuunterst die grosse Masse der *Cholos*, Mestizen, Indios und Zambos, die unter sich wiederum ein schwer durchdringbares Kastensystem kultivierten.

Das alles gibt es in Ansätzen auch heute noch. Doch es ist nicht mehr zu vergleichen, mit den Verhältnissen, die ein Vierteljahrhundert zuvor herrschten. Und für diesen Wandel steht ein Name: Alberto Fujimori.

Völlig stehengeblieben war die Zeit seit Perus Unabhängigkeit von 1821 nicht. Seit den 1920er Jahren gab es einflussreiche marxistische Strömungen im Land. In den 1930er Jahren setzte ein Wachstum ein, das bis in die 1960er Jahre andauerte und einer zusehends breiteren Schicht der Bevölkerung zugutekam. 1948 putschte sich der populistische General Manuel Odría an die Macht. Während seiner achtjährigen de-facto-Herrschaft liess der Caudillo zahlreiche Schulen, Universitäten und Spitäler bauen, Arbeitsgesetze und Sozialversicherungen wurden eingeführt. In den 1960er Jahren setzte der gewählte Fernando Belaunde Terry die Politik der *obras públicas* (gemeinnützige Werke) mit einem Schwerpunkt auf Bildung, Gesundheit und Infrastruktur unter demokratischen Regeln weiter. Die Volksschule wurde in jener Epoche – theoretisch bestand die allgemeine Schulpflicht seit 1906 – auch auf dem Land zusehends zur Selbstverständlichkeit.

Nach der kubanischen Revolution schwappte in den 1960er Jahren eine Aufbruchstimmung über ganz Lateinamerika. Von Mexico bis Argentinien dominierten marxistische Strömungen den Diskurs an den Universitäten. In fast allen Ländern südlich des Rio Grande formierten sich Guerilla-Bewegungen, die den Umsturz wahlweise nach den Rezepten von Trotzki, Lenin oder Mao mit Gewalt erzwingen wollten. Anders als in Europa, wo die *Roten Brigaden*, die *Rote Armee Fraktion* oder *Action Directe* nie Aussicht auf Erfolg hatten, war der bewaffnete Kampf für die lateinamerikanischen Staaten eine existentielle Bedrohung. In Brasilien, Argentinien, Uruguay, Bolivien und Chile putschen sich Militärdiktaturen an die Macht, als Rechtfertigung diente ihnen stets die kommunistische Gefahr.

Die Guerillas der 1960er Jahre waren in Peru zwar militärisch schnell besiegt worden. Doch es schien nur eine Frage der Zeit zu sein, bis sich die rebellischen *Focos* in den Anden zu einem Flächenbrand ausweiteten. Seit 1958 gab es ein »Gesetz zur Agrarreform«. In weiten Kreisen hatte sich ein Konsens durchgesetzt, dass eine Neuordnung des Landbesitzes unausweichlich war. Doch keiner wagte das Vorhaben umzusetzen, welches an den Grundfesten der Gesellschaft rüttelte. Das änderte sich radikal, als sich General Juan Velasco Alvarado am 2. Oktober 1968 an die Macht putschte.

Velasco, der sich sinnigerweise ebenfalls mit dem Spitznamen *el Chino* feiern liess, war ein Mestize aus einfachen Verhältnissen. Beim Heer hatte er sich vom Soldaten zum General hochgedient. Als erstes dekretierte das Militärregime die Verstaatlichung aller Erdölvorkommen, es folgten der Bergbau, die Fischerei und schliesslich die Schwerindustrie. Am 24. Juni 1969 verkündete Velasco mit dem Dekret 17 716 eine Landreform, die ihresgleichen sucht: Elf Millionen

Hektar Land wurden enteignet und an neu gegründete Genossenschaften verteilt. Der Name der Institution, welche die Reformen vorantrieb und überwachte, *Sinamos*, war zugleich Programm: »Ohne Herren!«

Während in Europa und in den USA die Studenten mit den Konterfeis von Mao Zedong und Che Guevara durch die Strassen zogen, wollte Velasco der Welt zeigen, dass es einen *dritten Weg* gab, weder kommunistisch noch kapitalistisch. Der General berief sich dabei auf die Tradition der Inkas, die in den Anden ansatzweise bis heute besteht und eine kollektivistische Komponente aufweist. Leitfiguren seiner Revolution waren die Mestizen José Gabriel Condorcanqui – besser bekannt unter seinem Kriegsnamen Tupac Amaru – seine Frau Micaela Bastidas Puyucahua und die Kommandantin Tomasa Tito Condemayta. Das Trio hatte 1780 einen militärischen Angriff auf die alte Inka-Metropole Cuzco lanciert und die spanische Kolonie in schwere Nöte gebracht.

Anders als der demokratisch gewählte Salvador Allende, der 1970 im benachbarten Chile dank den Eigenheiten des Wahlsystems mit einem Stimmenanteil von bloss 36 Prozent an die Macht gespült wurde und ähnliche Ziele verfolgte, genoss der Putschist Velasco in allen Schichten Perus anfänglich eine grosse Popularität. Sein Regime galt als *Dictablanda*, als »weiche Diktatur« mit menschlichen und sozialen Zügen. Die Pressefreiheit war zwar eingeschränkt, doch die Journalisten sympathisierten ohnehin mit dem Regime. Juan Velasco unterschied sich in diesem Punkt auch von seinem chilenischen Pendant Augusto Pinochet, der sich 1973 an die Macht putschte und dem sozialistischen Experiment mit eiserner Faust ein abruptes Ende bereitete. Die politische Verfolgung in Peru war etwas selektiver. Sie führte in der Regel ins Exil und nur selten zum Tod. Und vor allem: Velascos Diktatur wurde ausserhalb des Landes kaum als solche wahrgenommen.

An gutem Willen mangelte es fürwahr nicht. Der linksnationalistische Diskurs, der den Indios ein neues Selbstbewusstsein zu geben schien, fand auch international Anklang. Dass Velasco ein enges Bündnis mit der Sowjetunion einging und die Beziehungen zu den USA erkalten liess, verzieh man ihm. Manch einem erschien der *dritte Weg* die einzige gangbare Alternative zu einem harten Marxismus und einem drohenden Guerilla-Krieg. Die enteigneten Grossgrundbesitzer wurden mit Gutscheinen besänftigt, die es ihnen theoretisch erlauben sollten, sich als Kleinindustrielle neu zu etablieren. Auf dem Papier mutete das alles ganz vernünftig an. Mit der Armee im Rücken – Peru leistete sich das grösste stehende Heer Südamerikas – sass der General zudem fest im Sattel.

So hoffnungsvoll sie begannen, so grandios scheiterten Velascos Reformen. Weder der CIA noch sonst eine finstere Macht trug die Schuld. Es war die Wirtschaft. Sowohl die Agrarproduktion wie auch die Schwerindustrie und der Bergbau brachen unter der sozialistischen Planwirtschaft förmlich zusammen. Innerhalb weniger Jahre verkümmerte Peru vom weltweit grössten Fischexporteur zum Selbstversorger. Das Heimatland der Kartoffel musste zeitweise Erdäpfel aus Holland importieren. An den Machtverhältnissen änderte sich derweil wenig. Die Gewerkschaftsführer und staatliche Funktionäre, die an die Stelle der alten Patrons getreten waren, gebärdeten sich nicht minder selbstsüchtig. Im mittleren Kader der Kooperativen kommandierten meistens dieselben Leute, die schon unter den Latifundisten gedient hatten, unter neuem Titel aber mit den althergebrachten Methoden. Nur war keiner mehr da, der sie kontrollierte und zum Erfolg antrieb. Mit der Zerstörung der Latifundien ging nicht zuletzt auch viel Knowhow verloren. Die Not der Bauern war bald grösser als je zuvor. Viele zogen sich in die Subsistenzwirtschaft zurück oder wanderten in die Städte ab, wo sie in den schnell wachsenden Armenvierteln strandeten.

1975 musste Velasco abdanken. Das sozialistische Militärregime hielt sich zwar noch weitere fünf Jahre an der Macht. Doch der Elan war verflogen, es ging nur noch um Besitzstandwahrung. Auch Präsident Fernando Belaunde Terry, der 1980 unter einer sozialdemokratisch gefärbten Verfassung wiedergewählt wurde, konnte das Ruder nicht herumreissen. Seine fünfjährige Amtszeit war geprägt von Stagnation und Inflation, derweil in den Anden eben jener Guerillakrieg aufflammte, der durch Velascos Reformen hätte vermieden werden sollen.

1985 ging nochmals ein Ruck der Hoffnung durch das Land. Der Sozialdemokrat Alan García, ein begnadeter Redner, schien die magische Formel gefunden zu haben: Wenn wir den Arbeitern mehr Lohn geben, predigte er, können sie auch mehr Geld ausgeben; folglich wächst die Wirtschaft, entstehen neue Jobs, gibt es mehr Arbeiter, die wiederum mehr Geld ausgeben können. Der perfekte Selbstläufer! Am Anfang würde zwar der Schuldenberg grösser, doch dank dem generierten Wachstum würde man das Defizit bald ausgleichen können. Und das Beste: Mit dem Wohlstand und sozialen Programmen würde auch den Terroristen der Boden entzogen.

Doch wie jedes Perpetuum Mobile funktionierte das Wundersystem der Regierung García nur in der Theorie.

Das *deficit spending* führte anfänglich zwar tatsächlich zu einem Wachstumsschub. Doch nach knapp zwei Jahren war die Fiesta vorbei. Das Erwachen aus dem Konsumrausch war hart. Ab 1987 schlitterte Peru in eine anhaltende Rezession, die schliesslich in eine Hyperinflation mündete. Statt die Zügel zu lockern, reagierte die Regierung mit immer strengeren Regulierungen und Eingriffen in den Markt, welche die Konjunktur definitiv strangulierten. Der maoistische *Leuchtende Pfad* und die kubanisch gepolten *Tupac Amarus* (MRTA) nutzten das Chaos und wüteten dreister als je zuvor. Das einzige was boomte, war das Kokaingeschäft, doch dieses wurde von den Terroristen kontrolliert. Hunderttausende von Peruanern wanderten ins Ausland ab, zuerst nach Venezuela und Argentinien, später in die USA, nach Europa oder Japan. Die Funktionäre der regierenden APRA-Partei räumten alles ab, was nicht niet- und nagelfest war. Nur zu gut wussten sie, dass sie nach den nächsten Wahlen lange nicht mehr an die Macht kommen würden. Peru befand sich im freien Fall.

Das war das Szenario, als Alberto Fujimori am 28. Juli 1990 in den Präsidentenpalast einzog. Fujimori war kein Ideologe. Es war die bittere Realität, die das sozialistische Konzept als untauglich entlarvt hatte und ihn zum Handeln zwang. Da Peru seine Schulden schon lange nicht mehr bediente, war keiner bereit, auch nur einen Cent nachzuschiessen. Im Rückblick war es das Beste, was dem Land passieren konnte. Freiwillig hätte wohl keine Regierung in den sauren Apfel gebissen. In der Not rief Fujimori seinen Widersacher zur Hilfe.

Marktwirtschaft von unten

Der Mathematiker Fujimori mochte ein miserabler Kommunikator sein, aber rechnen konnte er. Radikale Sparmassnahmen waren unumgänglich. Doch ihm fehlte nicht nur ein Programm, sondern auch das Personal. Am Tag nach seinem Wahlsieg bot er dem bekannten Ökonomen Hernando de Soto das Amt des Premierministers und eine *Carte Blanche* an. Nur gab es da noch ein kleines Problem: Hernando De Soto war das ökonomische Aushängeschild seines Gegners Vargas Llosa.

Hernando de Soto war gerade mal sieben Jahre alt gewesen, als der Odría-Militärputsch von 1948 seine Familie ins europäische Exil vertrieb. In Genf studierte er Wirtschaftswissenschaften und Politik. Seine Berufskarriere begann beim GATT, einem Vorläufer der Welthandels-Organisation WTO. 1973 wechselte er zur damaligen *Swiss Bank Corporation.* 1979 kehrte de Soto in die Heimat seiner Eltern zurück, zunächst als Manager einer Bergbau-Firma, danach amtierte er kurz als Gouverneur der Zentralbank Perus. 1980 gründete Hernando de Soto in Lima das private *Institut für Freiheit und Demokratie*, welches er bis heute leitet.

Offiziell schlug de Soto das Angebot von Fujimori zwar aus. Doch der Ökonom mochte die Chance, endlich in der Praxis umzusetzen, was er sein halbes Leben lang in der Theorie gepredigt hatte, nicht an sich vorbeiziehen lassen. Er liess sich als Berater anheuern. Die neoliberale Revolution, die Peru in den folgenden Jahren erlebte, trug seine Handschrift, in jedem Punkt und bis auf das letzte Komma.

1986 hatte Hernando de Soto das Buch *El otro Sendero* (in der deutschen Version *Marktwirtschaft von unten*) lanciert. Es widersprach den gängigen Dritte-Welt-Theorien diametral und wurde zuerst in Peru und später auch international zu einem vielbeachteten Bestseller. Im Kern war es ein radikales Plädoyer für die freie Marktwirtschaft. Die Probleme in den Entwicklungsländern waren nach de Sotos Meinung hausgemacht und konnten nur von diesen selber gelöst werden. Das Potential dazu war durchaus vorhanden, man musste die Menschen nur machen lassen. Niemand sollte ihnen vorschreiben, was für sie gut und notwendig ist, das wüssten sie selber am besten. Der Staat sollte sich in wirtschaftlichen Belangen darauf beschränken, die Grundlagen für einen freien Wettbewerb zu gewährleisten. Und das sind in erster Linie Rechtssicherheit und Eigentumsgarantien. Alles Weitere würde sich von selber ergeben. Aus de Sotos Sicht bedingen sich wirtschaftliche Freiheit und Demokratie gegenseitig. Auf die Dauer würde das eine ohne das andere nicht auskommen.

Was de Soto predigte, war nicht neu. Adam Smith hatte die theoretischen Grundlagen bereits 1776 in seinem Standardwerk *Untersuchung über Wesen und Ursachen des Wohlstandes der Völker* definiert. Adam Smith gilt als Begründer der modernen Wirtschaftswissenschaften. Doch sein Denken ging viel weiter. Die Gewinnoptimierung an sich interessierte ihn nicht. Ihn trieb eine zutiefst moralische Frage um: »Was ist bedeutsamer: das allgemeine, gesellschaftliche Glück oder das persönliche, individuelle Glück?« Auf empirischen Pfaden gelangte Adam Smith zur Einsicht, dass es dem allgemeinen Wohlbefinden dient, wenn jedes Individuum zuerst einmal im Rahmen seiner gesellschaftlichen Grenzen versucht, sein persönliches Glück zu erhöhen. Am besten wäre es deshalb, die »unsichtbare Hand des Marktes« frei gewähren zu lassen, denn sie würde am ehesten dafür sorgen, dass die Bedürfnisse der Menschen gedeckt werden. Hundert Jahre später entwarf Karl Marx mit seinem Standartwerk *Das Kapital* gleichsam die Antithese zu Smiths liberalem Konzept. Marx glaubte, die Gesetzmässigkeiten der Wirtschaft durch eine theoretische Analyse so weit durchschaut zu haben, dass er sie überwinden, kontrollieren und lenken konnte. Zahllose Zauberlehrlinge haben seither versucht, die marxsche Theorie in die Praxis umzusetzen. Alle sind gescheitert.

Aussergewöhnlich an der *Marktwirtschaft von unten* war, dass Hernando de Soto die empirische Erfahrung der reinen Theorie vorzog. Zusammen mit Studenten begab er sich in die Labyrinthe der staatlichen Bürokratie hinein. In einem ersten Schritt gründeten die Studenten mehrere Firmen und dokumentierten fein säuberlich all die Unwägbarkeiten und Hindernisse, die sich einem Unternehmer in den Weg stellten. Es war der Irrsinn, den jeder Peruaner im Alltag erlebte und der zwangsläufig zu Korruption und Misswirtschaft führt.

Doch De Soto ging weiter. Als Erster wagte er sich auch in die Innereien der Armenviertel. Was er dort an Unternehmergeist und Innovation entdeckte, lässt jedes Kapitalistenherz höherschlagen. Fernab von jeglicher staatlichen Hilfe und Regulierung, abseits der Institutionen und Gremien, stiess er auf brodelnde Biotope, die sich über einen knallharten Wettbewerb selber regulierten. Das einzige, was diesem florieren Markt fehlte, waren Eigentumsgarantien, die notfalls vor einem ordentlichen Gericht eingeklagt und durchgesetzt werden konnten.

Das Risiko, das wusste de Soto als Ökonom nur zu gut, ist wirtschaftlich betrachtet nichts anderes als ein Kostenfaktor, und zwar ein gewichtiger. Je grösser die Unwägbarkeiten, desto höher muss die Gewinnmarge sein, die den drohenden Verlust kompensiert. Ohne Eigentumsgarantie gibt es keine langfristige und nachhaltige Investition. Hier lag der Schlüssel zu allem. Fehlende Rechtssicherheit ist

Gift für jede Wirtschaft. Geschütztes Eigentum ist die Voraussetzung für Kredite, die wiederum für eine moderne Wirtschaft so wichtig sind wie der Sauerstoff für das Leben.

De Soto weitete seine Feldforschungen später auf Afrika und Asien aus. Überall ortete er das gleiche Phänomen: In den informellen Immobilien, Manufakturen und Werkstätten der vermeintlich armseligen Vorstädte und Slums schlummerten ungenutzte Milliardenbeträge, welche nur darauf warteten, als produktives Kapital wachgeküsst zu werden. Wenn es nur gelänge, diesen schlafenden Giganten zu wecken und in die formale Wirtschaft einzubinden, erschien alles möglich. Damit würden auch die wirtschaftlichen Abgründe zwischen den sozialen Klassen überwunden.

Die Emission von Rechtstiteln stand neben der Elimination bürokratischer Leerläufe und der Zerschlagung der Monopole im Zentrum, als er in der Regierung von Alberto Fujimori das Zepter übernahm. Hernando De Soto hoffte, mit der Eigentumsgarantie sogar den illegalen Kokaanbau in den Griff zu kriegen. Wenn die Bauern, so das Kalkül, einen formalen Anspruch auf ihr Land hatten, konnten sie zur Verantwortung gezogen und notfalls belangt werden, wenn sie illegale Geschäfte betrieben. Rechtstitel sollten schliesslich auch die alten Landkonflikte in den Anden beenden.

Und nicht zuletzt sollte es die Registrierung des Privateigentums dem Staat erlauben, Steuern einzutreiben. De Sotos Rezepte waren denn auch alles andere als staatsfeindlich. Das Ziel war es vielmehr, den Staat vom feudalen Herrn zum Diener seiner Bürger umzugestalten. Der Staat sollte sich auf seine zentralen Aufgaben beschränken, diese aber effizient wahrnehmen.

Nach zwei Jahren, im April 1992, warf De Soto das Handtuch. Mit den »sieben Samurais« hatte er die Basis zu den wirtschaftlichen Reformen gelegt. Es gab erste ermutigende Fortschritte. Trotzdem kam das Projekt nicht richtig voran. Alles schien blockiert. Es gab zu viele Privilegierte an den Hebeln der Macht, die kein Interesse hatten, dass sich etwas änderte. Damit beginnt der unschöne, schmutzige Teil der Erfolgsgeschichte.

Rasputin

Am 6. April 1992 patrouillierten in Lima wieder die Panzer auf der Avenida Abancay. Vor dem Kongress kam es zu einem Handgemenge zwischen Abgeordneten und Soldaten, die ihnen den Zugang zum Parlament verwehrten. Doch anders als zwei Jahre zuvor zirkulierte der Verkehr auf der Avenida munter weiter, als wäre nichts geschehen. Einige Schaulustige blieben stehen, viele mit skeptischen Blicken, niemand mischte sich ein. Als die Uniformierten Wasserwerfer auffuhren und die Herren mit ihren feinen durchnässten Anzügen schimpfend den Rückzug antraten, wich die Skepsis einer allgemeinen Belustigung. Grössere Proteste blieben aus.

In der Nacht zuvor hatte Präsident Alberto Fujimori den Senat und das Repräsentantenhaus aufgelöst. Einige wenige Personen wurden verhaftet, kamen aber nach wenigen Stunden wieder auf freien Fuss. Tote oder Verletzte waren nicht zu beklagen. Fujimori berief sich formell auf die Verfassung, die es dem Präsidenten erlaubte, das Parlament aufzulösen und Neuwahlen auszurufen. Tatsächlich handelte es sich um einen kalten Staatsstreich, der es ihm ermöglichen sollte, ein halbes Jahr lang faktisch als Alleinherrscher zu regieren und zu reformieren.

In der Sache rechtfertigte Fujimori seinen Putsch mit einem Notstand. Allein im Vorjahr wurden 1956 Terroranschläge registriert, im laufenden Quartal waren es 537 Attentate. Die unter sich heillos zerstrittenen Politiker, so argumentierte er, verhinderten einen effizienten Kampf gegen die Guerillas. Die Message kam an.

Gemäss repräsentativen Umfragen, die nicht einmal Fujimoris Gegner in Zweifel zogen, billigten 71 bis 82 Prozent der Peruaner den Fujimoris *autogolpe*[28]. Peru war sich des anhaltenden Blutvergiessens überdrüssig.

Über die Nacht mutierte *El Chinito* im Volksmund zu *Chinochet*. Das war eine Anspielung auf den chilenischen General und Putschisten Augusto Pinochet. Viele empfanden es eher als Ehrbezeugung denn als Beschimpfung. Die Meinungen waren fast einhellig: Endlich nahm einer die Zügel in die Hand und tat, was zu tun war, auch wenn es schrecklich war. In Wahrheit war Fujimori viel weniger mächtig, als er sich gab. Mangels einer schlagkräftigen Partei stützte er sich auf einen Verbündeten: Das Heer. Doch diese Allianz hatte ihren Preis.

Als Mittelsmann fungierte ein gewisser Vladimiro Lenin Montesinos. Unter dem Regime von General Velasco hatte der ehemalige Heeresoffizier eine steile Karriere absolviert. 1975 wurde Montesinos jedoch wegen Hochverrats unehrenhaft aus dem Dienst entlassen und zu einer langjährigen Gefängnisstrafe verurteilt. In flagranti hatte man den hochrangigen Militär damals ertappt, als er dem CIA die Kopie einer Rüstungsvereinbarung zwischen Peru und der damaligen Sowjetunion verkaufte. Im Gefängnis studierte Montesinos Rechtswissenschaften. Nach seiner Begnadigung wirkte er in den frühen 1980er Jahren als Anwalt für den kolumbianischen Kokainkönig Pablo Escobar und für peruanische Offiziere aller Gattungen, die bis über die Ohren in die Drogenschiebereien verwickelt waren. Das sind Mandate, die ein anständiger Anwalt in Peru ablehnt, weil sie wenig mit Juristerei zu tun haben, dafür umso mehr mit Korruption, Erpressung und Mord.

---

28 Als »*autogolpe*« wird in Lateinamerika der Putsch eines gewählten Präsidenten gegen die verfassungsmässige Ordnung bezeichnet.

Offiziell bekleidete Montesinos im Fujimori-Regime lediglich die Funktion eines Beraters. Faktisch kontrollierte er den Geheimdienst *SIN*, der unter seiner Führung zu einer Art Parallelregierung wurde. In den Medien erhielt Vladimiro Montesinos den Spitznamen *Rasputin*. Und diesen hatte er sich redlich verdient. Der Anwalt war ein Meister der Intrigen, Erpressung und Bestechung. Mit seinem Insiderwissen über ihre schmutzigen Geschäfte, welches er frei von jeglichen Skrupeln einsetzte, hatte Montesinos sie alle in der Hand, nicht nur die Offiziere und Generäle, sondern auch die Staatsanwälte und Richter. So avancierte der faktische Geheimdienstchef bald zum faktischen Gebieter über Heer und Justiz, dem sich keiner straflos widersetzte.

Das Machtgefüge war kompliziert, doch es lässt sich einfach auf den Punkt bringen: Fujimori überliess dem faktischen Geheimdienstchef das lukrative Drogengeschäft, das Erdöl (Petroperu war der einzige Staatsbetrieb, der nie privatisiert wurde, da er angeblich von nationalstrategischem Interesse sein soll), die Streitkräfte und den Kampf gegen die Guerilla. Dafür hielt ihm dieser den Rücken frei für seine Wirtschaftspolitik.

Formal kehrten in Peru bald wieder demokratische Verhältnisse ein. Bereits im September 1992 wurde in sauberen Wahlen eine Legislative gewählt, die – nun mit einer absoluten Mehrheit von Fujimori-Anhängern – in einem halben Jahr die Verfassung revidierte.

Die neue Verfassung lehnte sich stark an die alte an, viele Paragrafen wurden wörtlich übernommen. Allerdinges gab es ein paar zentrale Änderungen, die dem Präsidenten mehr Macht einräumten. Die Kompetenzen des auf eine Kammer reduzierten Parlaments wurde auch insofern limitiert, als Richter, Staatsanwälte und andere Magistraten fortan von einem autonomen Wahlgremium bestimmt wurden. Alle sozialistischen Elemente wurden aus der Verfassung gestrichen und durch ein Bekenntnis zum freien Markt ersetzt, das dem Staat jegliche unternehmerische Tätigkeit untersagt. Ausgebaut wurde auch die Autonomie der Kommunen, was bald sehr erfreuliche Resultate zeitigte. Im August 1993 wurde die neue Verfassung in einem Referendum relativ knapp vom Volk angenommen.

Der grösste Erfolg, der Alberto Fujimori eine ungeheure Popularität bescherte und ihm 1995 die problemlose Wiederwahl sicherte, war der militärische Sieg über den Terrorismus. Innerhalb eines Jahres gelang es der Regierung nach dem Staatsstreich, sowohl den *Leuchtenden Pfad* wie auch die *Tupac Amarus* weitgehend zu zerschlagen. Die Methoden waren rabiat und spotteten oft jeder Rechtsstaatlichkeit. Doch der Terror, der gemäss der *Wahrheitskommission*[29] 70 000 Menschenleben gefordert hatte, nahm ein schnelles Ende. Der Albtraum war vorbei.

Wie viel von diesem Erfolg effektiv auf das Konto von Fujimori ging, ist ein heiss umstrittenes Thema. Eine simple Antwort gibt es nicht, denn es spielten viele Faktoren mit. Fujimoris grösstes Verdienst war es vielleicht, dass er seine Pläne pragmatisch änderte, wo sie nicht aufgingen.

- Dem faktischen Geheimdienstchefs Vladimiro Lenin Montesinos gelang es erstmals, die verschiedenen militärischen und polizeilichen Institutionen, die sich bis dahin oft gegenseitig bekämpft und neutralisiert hatten, unter einem Dach zu vereinen und einer gemeinsamen Strategie zu verpflichten.
- Entscheidend war die Verhaftung von Abimael Guzmán, dem Führer des *Leuchtenden Pfades*, am 12. September 1992. Mit ihm fiel fast das ganze Kader der streng hierarchisch geführten Organisation. Weder Folter noch Gewalt hatten zum Erfolg geführt, sondern kriminalistische Kleinarbeit, geschicktes Taktieren und sehr viel Geduld. Erstmals schaffte es die Polizei, die zuvor als

---

29 *Comisión de Verdad y Reconciliación*, Informe final, www.cverdad.org.pe/ifinal/

hermetisch abgeschottet geltende Organisation zu infiltrieren und mittlere Kader mit einer Kombination von Vorzugsbehandlung und Erpressungen umzudrehen.

- Entscheidend war eine grosszügige Kronzeugenregelung, die Fujimori noch vor seinem kalten Staatsstreich per Dekret durchgesetzt hatte. Fujimori führte anonyme Richter ein, er beschnitt Verteidigerrechte massiv, im *summarischen Prozess* wurde im Zweifel faktisch gegen den Angeklagten entschieden. Die Massnahmen spotteten jeder Rechtsstaatlichkeit und brachten zweifellos viele Unschuldige hinter Gitter. Fujimori erteilte allerdings auch sehr grosszügig Begnadigungen. Wer sich kooperativ zeigte, hatte Chancen auf eine vorzeitige Freilassung. In den von Spitzeln des Geheimdienstes durchdrungenen Terroristen-Knästen wurde eine Art informelle Triage vorgenommen. Der Gefängnispriester Hubert Lancier[30], ein persönlicher Freund der Familie Fujimori, stellte die Listen der Begnadigungen zusammen.
- Fujimori gewährte dem *Roten Kreuz* uneingeschränkten Zugang zu den Gefängnissen. Die Übergriffe des Gefängnispersonals auf die Häftlinge gingen damit zurück. Die *Capos* der Terroristen, mit denen sich niemand anzulegen wagte, verloren so ihren Nimbus als Schutzpatrons der Gefangenen. Auch die in den 1980er Jahren notorischen Übergriffe von Polizei und Militär auf die Zivilbevölkerung wurden unterbunden, wie später selbst die Fujimori alles andere als freundlich gesinnte *Wahrheitskommission* einräumte.
- Die bereits vorhandenen *rondas campesinas* – Selbstverteidigungsorganisationen der Indio-Kommunen – wurden im grossen Stil

30 Ich führte 1998 ein ausführliches Interview mit Padre Lancier, das allerdings nie publiziert wurde.

gefördert und bewaffnet. Zwischen 1992 und 1994 wurden 4628 *comités de autodefensa* neu gegründet, denen 232 668 Bauern angehörten. Sie machten den Guerillas auf dem Land in kürzester Zeit den Garaus. Wie in Guatemala kam es auch in Peru zu schweren Übergriffen der Bauernmilizen gegen die eigene Bevölkerung. Doch die Botschaft der Armee an die Bauern war klar: Wir stehen auf eurer Seite.

- Gemäss dem Bericht der *Wahrheitskommission* entzog das Militär unter der faktischen Führung von Vladimiro Montesinos den Terroristen die lukrative Rolle als Beschützer des Drogenhandels, indem es diesen selber kontrollierte. Es galten feste Tarife. 2000 Dollar bezahlte zum Beispiel die kolumbianische Drogenmafia der Armee pro Kleinflugzeug, das auf der Piste von Campanilla landen durfte. Die Koordination klappte nicht immer. Im August 1992 beschoss die Luftwaffe Soldaten des Heers beim Beladen eines Fliegers mit Kokainbase.
- Die paramilitärische Kommandoeinheit *Grupo Colina*, von der nie klar war, wem sie unterstellt war, ermordete gezielt Dutzende von mutmasslichen Sympathisanten und Helfer der Terroristen. Im November 1991 mähte ein Killerkommando im historischen Zentrum von Lima, in den *Barrios Altos*, ohne jede Warnung fünfzehn Teilnehmer einer Party von Sympathisanten des *Leuchtenden Pfades* mit Schnellfeuergewehren nieder. Insgesamt ermordete die Geheimtruppe mindestens 49 Verdächtige. Der Kommandant des *Grupo Colina*, Santiago Martin Rivas, erklärte dem Journalisten Umberto Jara später in stundenlangen Interviews die Strategie mit einer verstörenden Nüchternheit[31]. Es war Krieg, rechtfertigte sich Rivas, der Krieg

---

31 *Ojo por ojo,* Umberto Jara, edición Planeta 2003; Martin Rivas zog allerdings einige Aussagen, die Präsident Alberto Fujimori persönlich belasteten, später zurück.

hat seine eigenen Regeln, der *Grupo Colina* hätte nichts anderes getan, als die Terroristen mit ihren eigenen Mitteln zu bekämpfen. Die Ermordeten waren keine wichtigen Figuren in der Guerilla – diese wollte man lebendig –, die an ihnen begangenen fürchterlichen Folterungen brachten kaum neue Erkenntnisse. Das Ziel war die Einschüchterung: Kein Helfer der Terroristen, und sei er noch so unwichtig, sollte sich sicher fühlen. Es war eine menschenverachtende, aber effiziente Methode. Mit dem Gegenterror verschwanden die Sympathisanten und Helfer der Guerilla, die bis dahin vor allem an den Universitäten offen agitiert hatten, schnell von der Bildfläche.

– In den Bereich der psychologischen Kriegsführung gehörten auch die Gitterkäfige und schwarzweiss gestreiften Overalls, in denen die inhaftierten Terroristen ausgiebig zur Schau gestellt wurden. Die öffentliche Demütigung in der lächerlichen Montur war widerwärtig und primitiv, doch sie nahm der Guerilla den Nimbus der Unbesiegbarkeit.

Das Fujimori-Regime hatte autoritäre Züge, doch eine Diktatur war es nicht. Die blutigen Machenschaften des *Grupo Colina* etwa waren in den peruanischen Massenmedien seit den frühen 1990er Jahren ein Dauerthema. Die mutmasslichen Drahtzieher bis hinauf in die Armeespitze wurden beim Namen genannt. Santiago Martin Rivas und sein Stellvertreter Carlos Pichilingüe Guevara – beide gehörten formell dem Heer an – wurden im Februar 1994 von der Militärjustiz zu langjährigen Haftstrafen verurteilt. Ein Jahr später, kurz nach seiner glorreichen Wiederwahl, verfügte das Parlament auf Fujimoris Antrag allerdings eine Amnestie für alle Mitglieder der Streitkräfte.

Nach den (sauberen) Wahlen von 1995, die er gegen den ehemaligen UNO-Generalsekretär Javier Perez de Cuellar mit einer komfortablen Zweidrittels-Mehrheit gewann, stand Fujimori im Zenit seiner Popularität. Die breite Zustimmung in der Bevölkerung täuschte indes über seine grösste Schwäche hinweg: Fujimori war es nie gelungen, eine solide politische Basis aufzubauen. Seine reale Macht stützte sich auf das von Vladimiro Montesinos kontrollierte Heer. Das sollte sich rächen. *Rasputin* verlangte seinen Tribut, und das nicht zu knapp.

Spätestens 1997 begann Fujimoris Stern zu sinken. Im Mai jenes Jahres brachte Vladimiro Montesinos den einflussreichen TV-Sender *Frecuencia Latina* faktisch unter seine Kontrolle. Der Besitzer des Senders, der israelisch-peruanische Doppelbürger Baruch Ivcher, wurde mit legalistischen Tricks ausgebürgert und des Landes verwiesen. Über Strohmänner weitete Vladimiro Montesinos seinen Einfluss bald auf praktisch alle TV-Stationen aus. Der Angriff auf die Medien- und Meinungsfreiheit kam bei vielen Peruanern schlecht an. Als Alberto Fujimori 1999 – wiederum mit einer legalistischen Spitzfindigkeit – seine verfassungswidrige Wiederkandidatur ankündigte, war die Spaltung des Landes perfekt. Nach einem schmutzigen Wahlkampf schlug die Kritik der Fujimori-Gegner in Verbitterung und Hass um.

Im Jahr 2000 schaffte Fujimori die Wiederwahl zwar knapp, allerding bloss, weil die 29,93 Prozent der leer oder ungültig eingelegten Stimmen nicht mitgezählt wurden. Im Parlament verloren die *Fujimoristas* ihre Mehrheit. Am 14. September veröffentlichte der unabhängige Kabelsender *Canal N* ein Video, welches zeigte, wie Geheimdienstchef Montesinos einen Überläufer der Opposition mit einem Bündel Dollar-Scheinen für seinen Verrat honorierte. Wenige Tage später kündigte Fujimori die Auflösung des Geheimdienstes und Neuwahlen auf den kommenden April sowie einen Verzicht auf eine weitere Kandidatur an. Vladimiro Lenin Montesinos wurde ins Exil komplimentiert. Mit einer fürstlichen Abfindung von 15 Millionen Dollar im Gepäck reiste er nach Panama aus.

Doch es war zu spät. Alberto Fujimori konnte das Steuer nicht mehr herumreissen. Am 13. November 2000 verliess der Präsident seine Heimat in Richtung Asien. Wenige Tage später erklärte er per Fax aus Tokyo seinen Rücktritt. Schon einen Monat zuvor, unmittelbar nach dessen Ankunft in Panama, hatte die Bezirksanwältin Cornelia Cova in Zürich aufgrund einer Verdachtsmeldung ein Schweizer Bankkonto von Vladimiro Montesinos entdeckt. In kriminalistischer Kleinarbeit schlüsselte Cova in den folgenden Wochen und Monaten ein ganzes Netz von Briefkastenfirmen mit Konten auf, die über die halbe Welt verstreut waren. 113 von insgesamt mutmasslich 250 Millionen Dollar, die Montesinos und seine Vasallen beim Militär aus korrupten Waffendeals mit Israel und Russland abgezweigt und in Tarnfirmen rund um den Erdball deponiert hatten, wurden blockiert. Die Ära Fujimori war zu Ende gegangen. Doch die Reformen waren nicht mehr rückgängig zu machen. Sie wirken bis heute nach.

Hungerflüchtlinge aus dem Schlaraffenland

Fujimori selber war, so weit ersichtlich, nicht verwickelt in die korrupten Waffengeschäfte. Einiges spricht dafür, dass die Militärs tatsächlich autonom und hinter seinem Rücken agiert hatten. Sie brauchten sein Plazet nicht. Fujimoris Regierung selbst blieb von Korruptions-Skandalen denn auch weitgehend verschont. Trotzdem spaltet der Name Fujimori seither die Nation. Für die einen ist er nicht weniger als der Retter des Vaterlandes, für die andern ein übler Diktator.

Eines kann ihm allerdings niemand streitig machen: Das Fujimori-Regime beendete ein Jahrzehnt des Blutvergiessens und zwei Jahrzehnte eines nicht minder mörderischen wirtschaftlichen Niedergangs. Und die Stabilität hielt an. Vier ordentlich gewählte Regierungen sind Fujimori seither gefolgt, linke wie rechte, Nationalisten und Liberale, die einen etwas populistischer, die anderen technokratischer. Sogar der grandios gescheiterte Sozialdemokrat Alan García kam 2006 für fünf Jahre wieder an die Macht. Seine Regierung war ganz ordentlich. Es gab Krisen und Skandale, sämtliche Nachfolger von Fujimori wurden in Korruptionsprozesse verwickelt, doch die von ihm eingeführte Liberalisierung hat bislang alles überstanden. Keiner hat es bislang gewagt, das erfolgreiche freiheitliche Wirtschaftsmodell anzurühren, welches das Land aus dem Albtraum erweckt hatte.

Wäre der Wandel zum Guten auch unter einem demokratischen Regime möglich gewesen? Hätte der Schriftsteller Mario Vargas

Llosa die Wende geschafft? Wir wissen es nicht. Aber es gibt eine bittere, für jeden Humanisten schwer verdauliche Realität: Die Demokratie hatte zwischen 1980 und 1992 zwölf Jahre Zeit, um zu erreichen, was Fujimori als faktischer Diktator mit dem korrupten Montesinos im Rücken innerhalb weniger Monaten schaffte. Doch die gewählten Politiker waren nicht Willens oder nicht in der Lage das Chaos aufzuräumen, welches das Velasco-Regime hinterlassen hatte.

Bald drei Jahrzehnte nach dem *Fujishock* ist Peru immer noch weit von einer hoch entwickelten Industrienation entfernt. Eine Armutsquote von 20 Prozent ist immer noch inakzeptabel. Die Institutionen und politischen Parteien sind schwach und verletzlich, das soziale Ungleichgewicht bleibt prekär, Regierungskrisen gehören zum *courant normal.* Bürokratie und Korruption, die Defizite bei Bildung, Gesundheitsversorgung und Infrastruktur sind noch lange nicht überwunden. Die Liberalisierungen im Arbeitsrecht wurden zum Teil wieder aufgehoben, ein rigider Kündigungsschutz führt dazu, dass vor allem in den unteren Lohnsegmenten Schwarzarbeit eher Regel als Ausnahme ist. Doch vergleicht man das heutige Peru mit dem, was es vor drei Jahrzehnten war, stellt man doch eine beeindruckende Entwicklung fest. Es gibt Anlass zu Selbstvertrauen und Hoffnung.

Eine wachsende Mittelschicht kann sich heute Annehmlichkeiten leisten, die einst einer kleinen Elite vorbehalten waren. Und siehe da: Die Peruaner beginnen sich plötzlich für Anliegen zu interessieren wie Umweltschutz, Gewalt in der Familie, Schutz von Minderheiten oder Tierrechte, für die sie früher bestenfalls ein Schulterzucken übrighatten. Die Bildung ist ein Dauerbrenner in der öffentlichen Debatte. Nach wie vor gibt es Spitäler, die eine Notfallaufnahme verweigern, weil ein Verletzter nicht zahlen kann; doch sie müssen heute damit rechnen, dafür öffentlich an den Pranger gestellt zu werden. Die raffinierte und vielfältige peruanische Küche – neben dem Fussball vielleicht die einzige Leidenschaft, welche alle Volksschichten verbindet – hat sich zum Exportschlager gemausert. *Gourmet* ist nicht mehr ein Privileg der Reichen. Wer es nicht glaubt, sei zu einem Streifzug durch die auch an Wochentagen rammelvollen Kneipen in Lima, Arequipa, Cuzco, Piura oder Pucallpa eingeladen.

Vorbei sind in Peru auch die Zeiten, in denen ein paar wenige alteingesessene Oligarchen-Clans die Monopole und Pfründe unter sich aufteilten. Ein Heer von erfolgshungrigen und ungemein agilen Unternehmern, die ihre Skills im knallharten informellen Markt der Armenviertel erworben haben und den internationalen Wettbewerb nicht scheuen, macht ihnen den Platz streitig. Die Wirtschaftswelt musste sich an Namen wie Añaño, Tabuada, Chan oder Ataucusi gewöhnen, die man früher selbstredend zum Dienstboteneingang verwiesen hätte. Die vermeintlichen Indianer[32] aus den Anden konkurrenzieren mitunter die echten Inder auf dem umkämpften amerikanischen IT-Markt.

Der Höhenflug der Rohstoffpreise, der nach der Jahrtausendwende mit dem Aufstieg Chinas einsetzte, hat das peruanische Wirtschaftswunder zweifellos begünstigt. Doch das Wachstum hat schon viel früher eingesetzt, und es wurde selbst durch die weltweite Finanzkrise von 2008 nur vorübergehend gebremst. Das sozialistische Venezuela, das noch in viel grösserem Umfang von der Erdöl-Hausse profitierte, raste im selben Zeitraum in den Abgrund. Gegen eine halbe Million Elendsflüchtlinge aus Venezuela, die heute in Lima

32 Man möge dem Autor den Gebrauch des altertümlichen Begriffs *Indianer* nachsehen; seine Frau, eine Quechua, hat ihm verboten, sie als *Indigene* oder *indígena* zu bezeichnen, was auf Spanisch nichts anderes bedeutet als Eingeborene und sehr nahe liegt bei *indigente*, was mit *Bettler* zu übersetzen wäre.

mit Handkuss jene Arbeiten erledigen, für die sich viele Peruaner zu schade sind, sind die Zeugen der Realität.

Als der Caudillo Hugo Chavez um die Jahrtausendwende seine *Revolución bolivariana* ausrief, gehörte Venezuela zu den reichsten Ländern Südamerikas. Der unermessliche Erdölreichtum des Landes sollte endlich auch der breiten Bevölkerung zugutekommen. Der *Sozialismus des 21. Jahrhunderts* würde alles besser machen. Linke Politiker aus aller Welt pilgerten nach Caracas, Venezuela wurde zur trendigen Destination für NGO-Kongresse. Die mit Petro-Milliarden gedopte *bolivarianische* Umverteilungspolitik strahlte bis nach Brasilien und Argentinien aus.

Die Länder an der südamerikanischen Pazifikküste – Chile, Peru und Kolumbien – verweigerten sich dem neosozialistischen Lockruf und hielten an ihren liberalen Modellen fest. Die Resultate sprechen für sich. Während sich die Pazifik-Allianz eines anhaltenden Wachstums erfreut, schlitterten Brasilien und Argentinien trotz brummender Weltkonjunktur mit ihren Umverteilungs-Modellen in eine wirtschaftliche und institutionelle Krise. In Venezuela selber mündete die vermeintliche Neuerfindung des Sozialismus in ein veritables Chaos. Die Katastrophe war absehbar. Die Rezepte von Hugo Chavez und seines Nachfolgers Nicolás Maduro waren in ihrem Kern dieselben, die General Velazco dreissig Jahre zuvor Peru aufgezwungen hatte – mit denselben verheerenden Folgen.

Man mag dem entgegenhalten, dass auch der linksnationalistische Caudillo Evo Morales in Bolivien ein recht ansehnliches Wachstum zustande gebracht hat. Schaut man sich das bolivianische Modell allerdings etwas genauer an, zeigt sich, dass in der Kampfrhetorik des vermeintlichen Indios – tatsächlich spricht der Mestize Morales weder Aymara noch Quechua, sondern nur die Sprache der Spanischen *conquistadores* – ziemlich viel heisse Luft mitschwingt. Morales rührte den freien Kapital- und Devisenverkehr nie an, die Wirtschaft kann sich relativ frei entfalten, Staatsverschuldung und Verstaatlichungen halten sich in Grenzen. Das Beispiel Morales zeigt lediglich, dass man ein Regime nicht an dem messen sollte, was es verkündet, sondern an dem, was es tut und vor allem nicht tut.

Als Gegenmodell zur freien Marktwirtschaft wird bisweilen auch der chinesische Staatskapitalismus angeführt. Tatsächlich zeigt gerade das Beispiel China die Überlegenheit der freien Märkte in aller Deutlichkeit auf. Nach drei von Hungersnöten gezeichneten Jahrzehnten der Planwirtschaft verordnete der Reformer Deng Xiaoping 1979, drei Jahre nach Maos Tod, der Volksrepublik eine spektakuläre Kehrtwende. Der Liberalisierungs-Prozess begann zögerlich, er ist noch lange nicht abgeschlossen, aber er weist seither nur in eine Richtung. Der Staat und vor allem die Kader der kommunistischen Einheitspartei kontrollieren zwar nach wie vor einen grossen Teil der Produktion. Doch selbst die Staatsbetriebe sind relativ autonom und knallhart auf kapitalistische Gewinnoptimierung getrimmt.

Die überwältigende und vor allem auch nachhaltige Steigerung der Produktivität verdankt China in erster Linie dem privaten Sektor. Von Sozialismus und Umverteilung ist heute in China nicht mehr viel zu spüren. 2016 zählte Der *World Wealth Report*[33] 719 499 Dollar-Millionäre im Reich der Mitte und 314 Milliardäre. 60 Prozent der chinesischen Spitäler befinden sich in privater Hand, private Schulen weisen hohe Wachstumsraten aus. Auch in China gibt es Sozialversicherungen, doch diese verteilen das Geld weit weniger grosszügig, als sie dies in Europa tun. Ohne Gegenleistung gibt es nichts, die Selbstbehalte bei den Krankenkassen sind schmerzhaft. Kommunismus sieht anders aus.

33 publications.credit-suisse.com/ tasks/ render/ file/ index.cfm?fileid=432759CA-0A73–57F6–04C67EF7EE506040

Das Besondere an China ist die Langfristigkeit des Reformprozesses. Unter dem Motto »Ein Land – zwei Systeme« liess Deng Xiaoping Anfang der 1980er Jahre in den Provinzen Guangdong, Fujian und Hainan versuchsweise Sonderwirtschaftszonen mit einer relativ weitgehenden Autonomie einrichten. Es waren die ärmsten und rückständigsten Gegenden der Volksrepublik, und sie lagen in sicherer Distanz zu Peking. Erst nachdem das Experiment überzeugende Resultate zeitigte, wurde der Rest des Landes allmählich für den freien Markt geöffnet. Mitte der 1980er Jahre erhielten vierzehn weitere Küstenstädte, darunter Shanghai, ähnliche Freiheiten.

Das Regime war gut damit beraten, die Schleusen der Freiheit nicht zu schnell zu öffnen, wie der Tiananmen-Aufstand 1989 zeigte. Im Westen wurden die Revolten als Ruf nach demokratischen Freiheiten wahrgenommen, was für einen Teil der Studenten zugetroffen haben mag. Der wirkliche Auslöser lag aber eher bei massiven Preiserhöhungen für Grundnahrungsmittel, die im Zuge der Liberalisierung unumgänglich waren. Das Regime schlug die Proteste brutal nieder und drosselte den Reformprozess. Von Demokratisierung ist seither in China kaum noch die Rede. Den grossen wirtschaftlichen Durchbruch schaffte das Land schliesslich mit der Öffnung der Grenzen für den Aussenhandel um die Jahrtausendwende und dem Beitritt zur Welthandelsorganisation WTO. Seither geht es mit dem Staatskapitalismus in China steil aufwärts. Die neuste Smartphone-Generation dürfte heute die meisten Chinesen mehr interessieren als der Preis für ein Kilo Reis.

Das chinesische Regime hat dem Marxismus nicht abgeschworen. Gemäss offizieller Doktrin muss ein Land auf dem Weg zum Kommunismus die Phasen des Kapitalismus und des Sozialismus zwingend durchschreiten. Maos Fehler wäre es demnach bloss gewesen, dass er diese Zwischenstationen ausgelassen hat und auf der Direttissima ins kommunistische Nirwana steuerte. Ob sich die Geschichte an die ideologischen Vorgaben der neunen chinesischen Chefideologen hält, steht freilich in den Sternen. Mehr als Gedankenspiele sind es nicht. Tatsache ist: Der entfesselte Markt hat Millionen von Chinesen innerhalb kürzester Zeit aus bitterer Not und Armut befreit. Doch die Parteidiktatur und die unweigerlich damit verbundene Willkür steht der Entwicklung auch im Weg. 46 Prozent der chinesischen Millionäre würden gemäss einer Umfrage gerne ins Ausland auswandern. Neben der Bildung wurden die fehlende Freiheit und Rechtssicherheit als Hauptgrund für das Fernweh genannt[34]. Nachhaltigkeit sieht anders aus.

Es bleibt die Frage: Sind der freie Markt und die Demokratie wirklich untrennbar miteinander verbunden, wie Hernando de Soto postuliert? Oder wird auch diese These von Wunschdenken getragen? Misst man sie an der praktischen Erfahrung, erscheint das Resultat durchzogen. Für die hoch industrialisierten und prosperierenden Nationen in Nordamerika, Ozeanien und Europa sowie für Japan ging die Formel vorzüglich auf. In den Entwicklungsländern funktionierte sie selten. Die Erfahrung zeigt, dass die Demokratie erst eine Chance hat, wenn die grosse Mehrheit der Bevölkerung einen gewissen Wohlstand geniesst und etwas zu verlieren hat. Zuerst kommt das Fressen, dann die Freiheit.

Wenn die Planwirtschaft einmal ihre verheerenden Folgen gezeitigt hat, das lehrt uns die Geschichte von Peru und Chile, ist ein demokratischer Ausweg schwierig. So gross die Not der Bevölkerung auch sein mag, das zeigt das aktuelle Beispiel Venezuela, umso verbissener verteidigen die herrschenden Eliten ihre Pfründe. Wenn das Schiff einmal leck geschlagen hat, ist jeder sich selbst am nächsten, orientieren sich die Menschen instinktiv an einem starken Kapitän.

---

34 www.welt.de/finanzen/article183102216/Wie-China-mit-Willkuerjustiz-gegen-Superreiche-vorgeht.html

Das ist eine bittere und ernüchternde Erkenntnis für jeden Demokraten. Das einzig Tröstliche: Sowohl in Chile wie auch in Peru ging die Demokratie gestärkt aus einer relativ kurzen Phase der Diktatur hervor. Es besteht wenigstens die Hoffnung, dass de Sotos Formel von der unteilbaren Freiheit langfristig Bestand hat.

Das grösste Problem der Diktatoren ist, dass man nie weiss, wo die Reise hingeht. *El Chino* Velasco und *el Chino* Fujimori sahen sich beide als Retter der peruanischen Nation. Der persönliche Reichtum interessierte sie beide nicht. In ihren Mitteln waren sie beide nicht wählerisch. Velasco war ein feuriger Idealist, er genoss bis zum bitteren Ende international viel Zuspruch und Wohlwollen; Fujimori dagegen war ein Pragmatiker oder, weniger nett formuliert, ein Opportunist, der im Ausland kaum Freunde hatte. *El Chino I* liess sich von dem leiten, was sein sollte, *El Chino II* von dem, was ist. Der erste führte ein aufstrebendes Land ins Elend, der zweite setzte die Grundlage für eine unverhoffte Blüte.

Pachamama

Ich verspürte ein mulmiges Gefühl auf dem Magen, als ich die düstere Militärkaserne von Puno betrat. Meine Erfahrungen mit den peruanischen Militärs waren nicht die besten. Doch Alejandro bestand darauf: Eine Visite bei Coronel[35] Alberto Pinto Cardenas, dem politischen Kommandanten der Region um den Titicaca-See, sei unausweichlich für meine Mission. Das war Anfang 1995. Auf den Strassen von Puno feierten die Aymara-Indianer in satanischen Masken die Stadtheilige *Virgen de la Candelaria* mit wilden Tänzen. Es fühlte sich nicht gerade nach einem guten Omen an.

Acht Jahre zuvor war ich im Zuge einer Reportage über die Karwoche in den Hochanden auf der gottverlassenen Naturstrasse zwischen Huancavelica und Ayacucho unverhofft in ein Scharmützel zwischen dem Heer und dem *Leuchtenden Pfad* geraten. Als sie die Terroristen vertrieben hatten, zogen die Soldaten bei den Passagieren des klapprigen Buses, in dem ich reiste, die »Kriegssteuer« ein: Jeder musste die Hälfte seines Barbesitzes abgeben. Keiner wagte es, sich zu widersetzen. Danach überliessen sie uns mit dem manövrierunfähigen Bus dem Schicksal. Ich war der einzige Weisse weit und breit, und ich wusste, dass meine Lebenserwartung massiv schrumpfte, wenn ich in die Hände der Terroristen geraten würde. Zusammen mit einem Lederhändler aus Huancayo, der von den maoistischen Truppen ebenfalls nichts Gutes zu erwarten hatte, setzte ich die

35 Coronel entspricht dem Grad eines Hauptmanns.

Reise zu Fuss fort. Wir befanden uns in der Gegend von Santa Inés, auf gegen 5000 Metern über Meer. Der Krieg hatte praktisch alle Bewohner aus der Gegend vertrieben. Wir wären wohl beide im Schneetreiben erfroren, wären wir in den Ruinen eines verlassenen Weilers nicht auf eine liebenswürdige alte Indiofrau gestossen, die uns am offenen Herdfeuer mit einer Flasche Anis-Schnaps neuen Mut einhauchte und uns ein Dach sowie Felle für die Nacht bot (sie hiess Eusebia, ich werde es ihr bis ans Ende meiner Tage verdanken). In den folgenden Jahren habe ich die Konfliktgebiete wie auch das peruanische Heer gemieden. Ich verspürte nie einen Drang zum Märtyrer.

Doch dann kam diese Anfrage von *Geo*. Das renommierte deutsche Magazin suchte einen Reporter, der die abgelegenen Hochebenen zwischen Puno und Cuzco bereisen würde. *Geo* verfügte über Fotos, welche Indio-Bauern in der Zeit des bewaffneten Konfliktes selber geknipst hatten und die man unbedingt veröffentlichen wollte. Die Bilder waren von einer urtümlichen Kraft und Eleganz. Das einzige, was fehlte, war ein Text dazu. Den sollte ich schreiben. Ich mochte diese Chance nicht an mir vorbeiziehen lassen. Es war meine erste grosse Reportage für *Geo*[36].

Völlig fremd war mir die Region nicht. Meine Schwiegermutter stammt ursprünglich aus Ayaviri, sie gab mir ein paar Tipps mit auf den Weg. Unsere Verwandten waren allerdings längst an die Küste abgewandert. Also heuerte ich in Puno Alejandro Marón an. Der Mestize, der damals für ein Entwicklungsprojekt der EU arbeitete, kannte sich erstens in der Gegend sehr gut aus. Zweitens hatte er in Puno Soziologie studiert, er war also mit dem Leuchtenden Pfad vertraut, der zwar militärisch besiegt war, im Untergrund aber immer noch sein Unwesen trieb. Und drittens besass Alejandro einen Ge-

36 »Bilder gegen die Sprachlosigkeit«, Geo Nr. 11/1995, Seite 40 bis 59

ländewagen, mit dem er mich in den entlegenen Dörfern absetzen und nach drei Wochen wieder abholen konnte.

Alejandro hatte darauf bestanden, dass ich den politischen Militärkommandeur über meine Reise vorgängig informieren sollte. Zu meinem Erstaunen bat mich Coronel Pinto Cardenas ohne Umschweife in sein Büro. Der Mann sah genau so aus, wie man sich einen südamerikanischen Militär vorstellt: untersetzt, bullig, mit einer grimmigen Visage und einer dröhnenden Stimme. Was er mir in den folgenden zwei Stunden erzählte, passte allerdings überhaupt nicht zu diesen Klischees. Ich fragte mich natürlich, warum er sich überhaupt die Mühe und die Zeit genommen hatte. Vielleicht wollte er mich testen, vielleicht war es ihm auch nur langweilig. Man sah in jener Zeit nicht so viele Fremde in der Gegend.

Als erstes holte Pinto zu einem langen Monolog über die Schriften von Marx, Lenin und Mao Zedong aus. Ich bin kein Spezialist in dieser Materie, aber ich hatte genug gelesen und gehört, um zu erkennen, dass es kein oberflächlich angelerntes Wissen war. Schon auf der Militärakademie, so erklärte mir der Haudegen, und vor allem während der Velasco-Diktatur habe man sich intensiv mit den Theorien von Marx auseinandergesetzt. Abgesehen davon, dass es im peruanischen Heer – anders als bei Marine und Luftwaffe – seit den 1960er Jahren einen einflussreichen marxistischen Flügel gab, sei es darum gegangen, einen potenziellen Feind zu studieren. Coronel Pinto ging im nahen Terroristen-Gefängnis von Yanamayo ein und aus, wie mir später ein Menschenrechts-Anwalt in Puno erzählte. Er sei geradezu besessen davon gewesen, mit den Köpfen der Guerillas zu debattieren. Mit einzelnen von ihnen habe er sogar ein recht freundschaftliches Verhältnis gepflegt.

Bis 1992 hatte Coronel Pinto den Nachrichtendienst des peruanischen Heeres geleitet. Nach dem Putsch schickte ihn der faktische Geheimdienst-Chef Vladimiro Montesinos – die beiden waren Jugendfreunde und gehörten derselben militärischen Promotion an – als politisch-militärischen Kommandeur nach Puno. Der Blitz-Sieg über den *Leuchtenden Pfad* und die *Tupac Amarus* im Süden Perus verbuchte er wohl zu Recht auf sein Konto. Gemäss Pinto war das Rezept simpel: »Wir brachten die Bevölkerung auf unsere Seite.« Der Militär, der in den Anden aufgewachsen war, beherrschte nicht nur die Sprache der Quechuas, er wusste auch genau, wie sie ticken.

Pinto hatte sich im Kampf gegen den Terrorismus die Tatsache zunutze gemacht, dass die Bauern ihre Söhne traditionell zum Heer in den obligatorischen Militärdienst schickten. Das Heer war lange die einzige Institution in Peru, in der die Indios überhaupt eine Aussicht auf eine Karriere hatten. Für viele war die Armee auch attraktiv, weil sie dort spanisch sprechen und schreiben lernten. Als erstes reaktivierte Coronel Pinto über den Nachrichtendienst die Kontakte zu den ehemaligen Rekruten, die in ihre Kommunen zurückgekehrt waren. So überspannte er die ganze Region mit einem Netz an Informanten, die sich später auch als Anführer der Bauernmilizen einsetzen liessen.

Seine Hauptgegner waren die Volksschullehrer. Der Bildungssektor befand sich seit den 1960er Jahren fest in den Händen der kommunistischen Parteien Perus, die sich nach dem Bruch zwischen Moskau und Peking in zwei heillos verfeindete Lager mit diversen Untergruppierungen aufgespalten hatten. Mit den Alphabetisierungskampagnen der 1960er und 1970er Jahre infiltrierten sowohl die *Pekinesen* wie die *Moskowiter* die Indio-Kommunen systematisch. Vor allem beim Leuchtenden Pfad spielte die Lehrer-Gewerkschaft *Sutep* eine Schlüsselrolle. Die Volksschul-Lehrer waren die einzigen Fremden in den zumeist abgelegenen Dörfern, und sie galten als Respektpersonen. Niemand konnte überprüfen, was sie im Unterricht trieben – ob sie Schulwissen vermittelten oder Kanonenfutter für ihren Klassenkampf heranzüchteten – am wenigsten die Eltern der Kinder, die oft selber nie zur Schule gegangen waren.

Selbstverständlich gehörten nicht alle Lehrer den klandestinen marxistischen Gruppen an. Die »Guten« von den »Bösen« zu unterscheiden, das war die erste Aufgabe des Nachrichtendienstes. Als die mutmasslichen lokalen Kader des Leuchtenden Pfades identifiziert waren, marschierte das Heer mit seinen Truppen ein – Dorf für Dorf, Weiler um Weiler. Es war stets dasselbe Prozedere. Die Militärs hissten die Landesfahne auf dem Dorfplatz und liessen alle Bewohner antreten, dann wurde die Nationalhymne gesungen. Anschliessend gab es »soziale Aktivitäten«. In mobilen Praxen wurden Zähne geflickt und gezogen, Hebammen unterrichteten die Frauen zu Themen wie Hygiene, Empfängnisverhütung oder Säuglings-Pflege. Suppe wurde ausgegeben. Gleichzeitig strömten die Truppen aus, um verdächtigen Kader des Leuchtenden Pfades zu verhaften, die bereits auf den Listen standen. Den Rest erledigten die von ehemaligen Rekruten angeführten Bauernmilizen.

Zweifellos wurden neben Schuldigen viele Unschuldige eingesperrt, einige wurden wohl kaltblütig erschossen. Aber die Strategie war sehr effektiv. »Wir wollten diesen Krieg nie«, rechtfertigte sich Pinto, »wir haben ihn nicht vom Zaun gerissen.« Brutal und effizient waren auch die Methoden des Leuchtenden Pfades. Die Gräueltaten der Guerilla, von denen mir die Bauern auf meiner Reise durch die abgelegenen Kommunen zwischen Santa Rosa, Nuñoa, Orurillo und Ayawiri berichteten, gehörten zum Niederträchtigsten, was mir je zu Ohren gekommen ist. Eine Praxis des *Leuchtenden Pfades* bestand etwa darin, angebliche Verräter in aller Öffentlichkeit an den Füssen aufzuhängen und mit dem Kopf so lange in siedendes Wasser zu tauchen, bis sich die Haut schälte und den Erstickenden die Augen aus dem Gesicht herausquollen. Bisweilen wurden den Todgeweihten Nägel in den Kopf geschlagen. Dass einer ein öffentliches Amt bekleidete oder etwas mehr Land besass als die andern, reichte mitunter für ein Todesurteil. Die Leichen hätten tagelang auf dem

Dorfplatz gehangen, erzählten mir Bauern, weil die *Onkel* – so nannten sie die Terroristen – es so befohlen hätten. Zur Abschreckung. Keiner wagte aufzumucken.

Anfänglich war das Misstrauen gross. Die Bauern, in deren Obhut mich Alejandro zurückgelassen hatte, rieten mir dringend, mich als Priester auszugeben. Als Weisser, der einen Akzent von der Küste und sehr schlecht Quechua sprach, hätte ich das typische Profil eines »Onkels«, erklärten sie mir. Nach anfänglichem Widerstreben fügte ich mich. Erst damals wurde mir richtig bewusst, wie fremd und verhasst die Guerillas den Indio-Bauern waren. Jahrelang hatten sie geschwiegen und sich hinter einer Fassade der Gleichgültigkeit geschützt, die nun allmählich bröckelte.

Im Grund war es logisch: Kein Mensch will einen Bürgerkrieg vor seiner Haustür. Der dialektische Materialismus der selbstberufenen Befreier stand in einem abgrundtiefen Widerspruch zum animistischen Kosmos der Quechuas, der von allerlei Geistern beseelt ist und jedem Stein eine Seele zubilligt. Doch Pachamama, die allmächtige Erdgöttin, hat schon viele Inquisitoren und Missionare überlebt. Die Erfahrung hat sie zu wahren Meistern der Anpassung und des passiven Widerstandes gemacht. Oberflächlich haben sie alle möglichen Lehren klaglos angenommen, doch bis ihre Herzen und Seelen sind diese nie vorgedrungen. Den Propheten des Kommunismus erging es nicht anders.

Das Leben der Indio-Bauern war von einer archaischen, ja betäubenden Schlichtheit. Es richtete sich nach dem Sonnenlicht und erschöpfte sich in der Arbeit auf dem Feld und gelegentlichen sozialen Anlässen: Hochzeiten, Taufen, Begräbnisse. Letztere wurden am ausgelassensten und mit kollektiven Besäufnissen gefeiert. Es gab weder Strom noch fliessendes Wasser in der Gegend.

Die meiste Zeit verbrachte ich mit Mauro Quispecondori und seiner Familie. Zusammen wanderten wir tagelang durch die verstreuten Weiler. Proviant hatten wir nie dabei. Wo die Bauern am Essen waren, luden sie uns mit der grössten Selbstverständlichkeit ein. Die Einladungen auszuschlagen, wäre ein Affront gewesen. In der Regel bestand das Essen aus einer kargen Kartoffelsuppe, die sie zweimal täglich über dem offenen Feuer kochten, bestenfalls mit einem zähen Stücklein Lamafleisch. Läden, in denen man etwas hätte kaufen können, gab es höchstens in grossen Dörfern. Der Handel fand an den sonntäglichen Märkten statt. In der Regel wurde in Naturalien abgerechnet.

Wenn sie überhaupt redeten, dann über alltägliche Dinge. Niemand schien das Schweigen zu stören. Alles drehte sich um die Familie, die Landwirtschaft und, ganz wichtig, die Schule. Ihr Sinn für Humor und Selbstironie, der in einem kuriosen Kontrast stand zu ihrem eher schwermütigen Charakter, kam mir indessen entgegen. Ich fühlte mich bald pudelwohl unter diesem Völklein. Die Bauern in den Anden hatten erstaunlich viel gemein mit den Hirten, die ich bei meinen Reportagen in den Alpen kennengelernt hatte. Meine lächerliche Priester-Camouflage, die sie ohnehin schnell durchschauten, legte ich bald ab. Die meisten Bauern waren wohl ungebildet – sie waren sich dessen bewusst und sprachen offen darüber – aber das heisst nicht, dass sie dumm waren. Abgesehen davon gehörten viele den in den Anden weit verbreiteten evangelischen Freikirchen an. Mit dem Priester-Nimbus war bei ihnen nicht zu punkten. Viel wichtiger war, dass ich alleine unterwegs war. Ich war damit keine Bedrohung. Als grösstes Problem erwiesen sich die oft recht zudringlichen Aufforderungen, eine Tauf-Patenschaft für ein Kind zu übernehmen. Ich war vertraut genug mit den Sitten und Bräuchen in den Anden, um dieser dornenvollen Ehre so elegant wie möglich auszuweichen. Der Pate hat in der Familienordnung der Quechuas bisweilen eine mächtigere Stellung als die Eltern. Sein Wort ist Gesetz, er trägt allerdings auch die volle Verantwortung für das Kind.

Als ich mich nach drei Wochen von ihm verabschiedete, hatte der schweigsame Mauro Tränen in den Augen. Er habe sich an meine Gesellschaft gewöhnt, murmelte er.

Das bukolische Ambiente hatte indes auch etwas Trügerisches. Hinter der friedlichen Fassade gährten uralte Konflikte zwischen rivalisierenden Dorfschaften, die jederzeit in blutige und bisweilen tödliche Kämpfe ausarten konnten. Eine Polizei oder gar eine Justiz, die schlichtend eingreift, gab es nicht. Diebe oder Vergewaltiger wurden im besten Fall windelweich oder auch zu Tode geprügelt. Es gab epische Zwiste um Land. Die Besitzverhältnisse waren kompliziert und oft in keinem Kataster verbürgt. In den *Comunidades Campesinas*, von denen viele erst nach dem Fiasko der Agrarreform entstanden waren, gab es einen Mix von privatem und kommunalem Besitz. Die besten Ländereien befanden sich fest und vererblich im Familienbesitz. Die weniger ergiebigen Lagen wurden von der Gemeinschaft jährlich in offenen Versammlungen, die mehrere Tage dauern konnten, in sogenannte *Topos* aufgeteilt und jenen zugesprochen, die sie am dringendsten nötig hatten. Dazwischen gab es riesige Ländereien, die unter dem Velasco-Regime in Genossenschaften überführt worden waren und nur noch sporadisch bewirtschaftet wurden. Die Kolchosen hatte nie richtig funktioniert, und was die Misswirtschaft davon übrigliess, sprengte in den 1980er Jahren der Leuchtenden Pfad in die Luft, im wörtlichen wie im übertragenen Sinn. Die Viehzucht und die Produktion von Alpaka-Wolle, einst ein blühendes Geschäft in den südlichen Anden, war völlig zusammengebrochen, Zuchten waren unwiderruflich verloren gegangen. Die meisten Bauern beschränkten sich auf die Selbstversorgung.

Den eigenständigen *Farmer*, den bäuerlichen Familienunternehmer also, wie wir ihn aus Europa oder Nordamerika kennen, hat es in den Anden nie gegeben, erst recht nicht unter der ziemlich brutalen Tyrannei der Inkas. Ebenso unsinnig ist es allerdings, die Kultur der Quechuas, von der bestenfalls noch Bruchstücke vorhanden sind, als autochthones indianisches Erbe zu verklären. Die bunten Kleider und Hüte der Indios – in Tat und Wahrheit spanische Landtrachten aus dem 16. Jahrhundert – stehen sinnbildlich für eine Mischkultur, die über die Jahrhunderte gewachsen ist und die mindestens so viele europäische Elemente enthält wie amerikanische. Mit den Inkas hat die heutige Bevölkerung in den Anden kaum mehr gemein als die heutigen Iren mit den Kelten. Wie die meisten Bauern dieser Welt sind sie ziemlich konservativ. Sie verschliessen sich dem Fortschritt keineswegs, akzeptieren ihn aber nur, sofern er ihnen ganz konkrete und greifbare Vorteile bringt.

Das vielleicht traurigste Kapitel war die hohe Kinder- und Müttersterblichkeit in den Indio-Kommunen. Ein Schutzalter gab es nicht. Sobald die Mädchen geschlechtsreif waren, wurden sie in der Regel schwanger. Danach folgte Jahr für Jahr ein Kind. Nur die kräftigsten überlebten. Spätestens nach der fünfzehnten Geburt, so die Faustregel, wurde es auch für die Mütter lebensgefährlich. Die ältesten Kinder waren dann gross genug, um für ihre Geschwister zu sorgen.

Die Hebamme und die kalbernde Kuh

Eine Familienplanung war bis Mitte der 1990er Jahre kaum ein Thema in Peru. Keine Regierung hatte es bis dahin gewagt, sich mit der immer noch mächtigen katholischen Kirche anzulegen. Diese lehnte jede künstliche Empfängnisverhütung strikte ab und empfahl stattdessen Enthaltsamkeit. Alberto Fujimori setzte sich als erster darüber hinweg. Unmittelbar nach seiner glanzvollen Wiederwahl startete er 1995 das von USAID und dem Bevölkerungs-Fonds der UNO (UNFPA) mitfinanzierte Programm *Salud Familiar.* Unbeeindruckt von der Verdammung durch die Kirche wurden fortan in ländlichen Gebieten und Armenvierteln neben den gängigen Verhütungsmitteln (Kondome, Pillen, Diaphragma) die Sterilisation und die Vasektomie im grossen Stil propagiert.

1999 reiste ich für eine längere Reportage[37] nach Ccasapata, einer Indio-Kommune in einer der ärmsten Gegenden im Departement Huancavelica, wo ich die Hebamme Delia Silva traf. Sie hatte in Lima studiert arbeitete seit einem Jahr im Rahmen von *Salud Familiar* im abgelegenen Weiler. Der Kontakt zu Silva war nicht über das Programm entstanden[38], ich war niemandem zu Rechenschaft verpflichtet. Die Geburtshilfe und die Betreuung der Säuglinge hatten in Ccasapata Priorität. Vorerst galt es die exorbitante Kinder- und

---

37 NZZ vom 16. Januar 2000, »Dem Himmel nah auf karger Erde«

38 Susana Chavez, eine in Lima bekannte und mit unserer Familie befreundete Feministin und Hebamme, hatte mich mit Delia Silva in Verbindung gebracht.

Müttersterblichkeit zu senken. Erst wenn man das Vertrauen der Menschen gewonnen hatte, so das Kalkül von *Salud Familiar*, konnte man mit ihnen auch über Familienplanung reden.

Der Anfang war harzig gewesen. Obwohl Delia Silva, selbst eine Quechua, mit den Einheimischen in ihrer Sprache kommunizieren konnte, blieb ihr Ambulatorium wochenlang leer. Nach drei Monaten wurde die Hebamme schliesslich in einen Stall gerufen, wo eine kalbernde Kuh im Sterben lag. Bar jeder Veterinär-Kenntnisse machte sich die zierlich gebaute junge Frau ans Werk. Das Kalb kam heil zur Welt, die Kuh erholte sich – Delia hatte den Test bestanden, das Eis war gebrochen. Die Frauen fassten nun allmählich Vertrauen zu ihr und suchten ihr Ambulatorium auf.

Salud Familiar stellte die Verhütungsmittel kostenlos zur Verfügung. Auch Unterbindungen und Vasektomie waren gratis, wurden aber nur Eltern empfohlen, die schon mindestens drei Kinder hatten. Die Frauen erkannten gemäss Delia Silva die Vorzüge der Familienplanung schnell. Schliesslich hatten sie die Lasten und Risiken einer Schwangerschaft zu tragen. Das Problem lag bei den Männern. Viele Frauen befürchteten, nicht mehr begehrt zu sein, wenn sie sich unterbinden liessen. Andere beklagten sich, ihre Gatten würden eifersüchtig, wenn sie keinen Nachwuchs von ihnen mehr haben wollten. Viele Sterilisationen wurden auf Bitte der Frauen deshalb heimlich und ohne Wissen und Einverständnis ihrer Partner vorgenommen. Das sollte sich später bitter rächen.

Der Erfolg von *Salud Familiar* lässt sich in Zahlen messen. Die Säuglingssterblichkeit in ganz Peru halbierte sich zwischen 1993 und 2017 praktisch, von 5,8 Prozent auf 2,7 Prozent[39], im rückständigen Huancavelica sogar von 11,4 Prozent auf 6 Prozent. Die Sterblichkeit bei den Müttern ging im selben Zeitraum um zwei Drittel zurück.

39 Quellen: Index Mundi und peruanisches Gesundheitsministerium

Die Fertilitätsrate sank um einen Drittel, in Huancavelica sogar um die Hälfte, von durchschnittlich 6,9 auf 3 Kinder pro Frau. Welcher Anteil dieser erfreulichen Entwicklung *Salud Familiar* anzurechnen und was dem Wirtschaftswachstum zu verdanken ist, wissen wir nicht. Wenn es den Menschen besser geht, das zeigt die weltweite Erfahrung, bringen sie in aller Regel auch weniger Kinder zur Welt[40]. Die staatlich geförderte Familienplanung hat aber zweifellos zum Erfolg beigetragen.

Während der zweiten Fujimori-Amtszeit liessen sich in Peru 331 600 Frauen und 25 590 Männer im Rahmen von *Salud Familiar* sterilisieren. Nach Fujimoris Abgang tauchten erstmals Gerüchte über angeblich erzwungene Sterilisationen auf. 2002 empfahl eine parlamentarische Kommission die Eröffnung einer Untersuchung wegen *Genozids* und *Verbrechen gegen die Menschlichkeit*. Diverse Hilfswerke haben seither unter diesem Titel eine ganze Reihe von Strafklagen gegen ehemalige Mitglieder der Fujimori-Regierung eingereicht. Namentlich die NGO *Demus* betreibt bis heute eine Dauerkampagne um die Opfer von angeblichen »Zwangssterilisationen«.

Gegen den Arzt Alejandro Aguinaga wurden seit 2006 über den Zeitraum eines Jahrzehnts sechs Strafverfahren wegen des angeblichen *Genozids* im Zusammenhang mit *Salud Familiar* eröffnet. Die Vorwürfe waren immer dieselben, nur, dass sie mit der Zeit immer extremer, aber nicht wahrer wurden. Alle Prozesse wurden nach einigen Jahren wieder eingestellt. Tatsächlich war Aguinaga nur kurze Zeit während der Endphase der Fujimori-Regierung (1999 bis 2000) als Gesundheitsminister mit *Salud Familiar* befasst. Später, als ihr Gründer längst von der Bildfläche verschwunden war, wurde Agui-

40 Das vermeintliche Paradox lässt sich dadurch erklären, dass Kinder in armen Ländern billige Arbeitskräfte und vor allem eine Art Altersversicherung für ihre Eltern sind.

naga allerdings zu einer wichtigen Figur in der Fujimori-Bewegung. Bei den Strafanzeigen, die mit sturer Regelmässigkeit im Vorfeld von Wahlen erfolgten, ging es nie um Gerechtigkeit, sondern ausschliesslich um Politik. Keiner der Beschuldigten wurde je verurteilt.

Zweifellos hat es Fälle gegeben, in denen Sterilisationen unter schlechten hygienischen Bedingungen durchgeführt oder Frauen falsch oder ungenügend informiert wurden. Alles andere würde in einem Land wie Peru erstaunen. Zweifellos liessen sich viele Frauen heimlich und ohne das Wissen ihrer Männer unterbinden. Die Vorstellung einer massenhaften Zwangssterilisierung, ja eines Genozids, ist jedoch absurd. Die Ausrottung einer Ethnie war nie Ziel des Programms. Die vermeintlichen Täter – in der Regel Hebammen wie Delia Silva – waren ebenso Indios oder Mestizen, wie gut zwei Drittel aller Peruaner. Wenn schon, müsste man von einem *Genosuizid* reden, doch das wäre so grotesk, wie es klingt. Trotzdem geistert der Heilige Hoax um die vermeintliche Ausrottung andiner Urvölker durch Fujimoris Familienplanung bis heute unwidersprochen durch vermeintlich seriöse internationale Medien. Vor allem wenn gerade wieder mal Wahlen anstehen.

Pilar im Monstertruck

Sechzehn Jahre nach meiner *Geo*-Reportage in Ayawiri besuchte ich Alejandro Marón in Puno. Er arbeitete inzwischen nicht mehr für die Entwicklungshilfe und war im Transportgeschäft tätig. Seine drei Töchter studierten an der Universität in Arequipa, Recht, Medizin und Mode-Design. Der Bau der *Transoceánica* – einer Strasse, welche Brasilien über die Anden mit dem Pazifik verbindet – und des Wasserkraftwerks von San Gabán hatten meinen Freund zu einem wohlhabenden Mann gemacht. Und nicht nur ihn. Die ganze südliche Region, einst das Armenhaus von Peru, boomte. Es lag vor allem am Bergbau, der nach Fujimoris Privatisierungen nachhaltig aufgeblüht war.

Stolz präsentierte mir Alejandro seinen fabrikneuen Geländewagen. Spontan lud er mich zu einer Spritzfahrt ein, aus der eine mehrtägigen Rundreise wurde durch die Gebiete, die ich 1995 bereist und beschrieben hatte. Als erstes besuchten wir die Tintaya-Antapacay-Mine, wo der Rohstoffgigant *Xstrata* (heute *Glencore*) auf 4200 Metern über Meer Kupfer und Gold abbaut. Alejandro hatte in der Mine zwei Muldenkipper im Einsatz. Er war damit einer von 30 000 Einheimischen, die gemäss Berechnungen der Regionalregierung direkt oder indirekt von der Mine lebten.

Glaubt man den Kampagnen von kirchlichen Hilfswerken und linken NGO, ist die Tintaya-Antapacay-Mine ein Schandmal von Ausbeutung, Umweltverschmutzung und Steuerbetrug. Während unseres Besuches fragte ich mich immer wieder, ob ich mich wirklich am selben Ort aufhielt, den die Dritte-Welt-Aktivisten so unermüdlich anprangern. Ausgemergelte Gestalten und russverschmierte Gesichter habe ich auf der Hightech-Baustelle auf jeden Fall nirgends gesichtet. Die meisten Ingenieure und Vorarbeiter, ja selbst der oberste Chef waren offenkundig Peruaner mit dem in den Anden typischen kupferfarbenen Teint und Mandelaugen.

Aus einer Laune heraus winkte ich während unserem Rundgang durch die Mine einem 450-Tonnen-Kipper zu, der gemächlich an uns vorbeizog wie ein Ozeandampfer. Ich gab dem Chauffeur zu verstehen, dass ich gerne mit ihm plaudern würde. Eigentlich galt mein Interesse vor allem dem Monstertruck, dessen Räder so gross waren wie Einfamilienhäuser. Zu meinem Erstaunen klettert eine zierliche Frau in einem blütenweissen Overall aus dem riesigen Gefährt. Sie stellte sich als Pilar Alfaro vor und war 39 Jahre alt. Wir kamen formlos ins Gespräch. Den Truck vergass ich schnell.

Pilar, eine alleinerziehende Mutter, stammte aus Arequipa. Als ihr Sohn an die Universität kam, reichten ihre Einkünfte als Krankenschwester nicht mehr aus. Nach einer enttäuschenden Reise nach Spanien, wo ihr das Glück verwehrt blieb, fand sie den Job in der Mine. Das sei für sie, sagte Pilar, so etwas wie ein *pollón* gewesen, ein Volltreffer im Lotto. Schon ihr Vater habe für die damals noch staatliche Mine geschuftet, zu bedeutend schlechteren Konditionen allerdings. Pilar arbeitete jeweils zehn Tage in der Mine, dann reist sie für fünf Tage nach Arequipa zu ihrem Sohn. Sein Studienziel: Bergbauingenieur natürlich. So viel zum Thema Ausbeutung.

In den letzten Jahren ist in Peru eine schlagkräftige Protestbewegung entstanden, die den Bergbau mit logistischer und finanzieller Unterstützung internationaler NGO-Netzwerke bekämpft. Die *Antimineros* haben ihre Wurzeln in den einst mächtigen Gewerkschaften, die in den 1990er Jahren zur Bedeutungslosigkeit verkommen waren. Den Antimineros gelang es mit Strassenblockaden, Besetzungen, Protestmärschen, aber auch auf juristischem Weg eine ganze Reihe von neuen Projekten und Investitionen in zweistelliger Milliardenhöhe zu verhindern. Die Aktivisten bezichtigen die transnationalen Rohstoffmultis, die Anwohner zu vergiften und die Reichtümer des Landes für ein Butterbrot zu plündern und ins Ausland zu transferieren. Neuerdings argumentieren die Bergbau-Gegner auch mit der UNO-Deklaration zum Schutz der Urvölker.

Tatsächlich gibt es keinen Bergbau ohne Kontamination. Die Belastung von Böden und Gewässern mit Schwermetallen ist, allen Auflagen und Bemühungen zum Trotz, nie ganz zu vermeiden. Was die *Antimineros* allerdings stets unterschlagen: In den Anden liegt der Metall-Gehalt fast überall über den in Industrieländern üblichen Grenzwerten. Wie viel davon auf die mineralienreichen Böden oder eben auf den Bergbau zurückzuführen ist, lässt sich schwer bestimmen. Die Krankheiten und Gebrechen, die dem Bergbau angelastet werden, haben in aller Regel ganz andere Ursachen. Fehlende sanitarische Einrichtungen und medizinische Betreuung, aber auch Mangelernährung sind für die Bauern eine vielfach höhere gesundheitliche Bedrohung.

Tatsächlich profitieren viele Bauern kaum direkt vom Bergbau. Aber das ist nicht die Schuld der Multis. Bei einem Anteil von 8 Prozent des Bruttosozialproduktes steuert der legale Bergbau (Hauptsächlich über Lohn- und Mehrwertsteuern) 35 Prozent[41] der Fiskaleinnahmen des Landes bei. Von jedem Dollar, der in peruanische Minen investiert wird, fliesst in zehn Jahren 30 Cents in die Staatskasse. Ein Teil davon kommt über den so genannten *Cano Minero* direkt der umliegenden Regionen zugute. Und wenn das Geld nicht bei denen ankommt, die es am meisten nötig hätten,

41 * *La tributación minera en el Perú,* Studie der *Sociedad Nacional de Minería.* www.snmpe.org.pe/ portal/ contenido/ 203/ la-tributacion-minera-en-el-peru/ id.203

liegt das Problem nicht bei den Multis sondern beim Staat und seinen korrupten Funktionären.

Was auch stimmt: Espinar, das Städtchen in der Nähe der Tintaya-Antapacay-Mine, ist als Destination für Touristen nicht mehr zu empfehlen. Der neue Reichtum hat vom alten Charme nicht viel übrig gelassen. Viele Frauen haben ihre bunten Trachten abgelegt und die Zöpfe geschnitten. Aus den Restaurants, Bars und Diskotheken wummert anstelle des schwermütigen *Huaynos* derselbe Sound, den man auch in New York oder Tokyo hört. Statt mit Lehm und Stroh bauen sie ihre Häuser aus Stahl und Beton, Wellblech hat die schönen Ziegel verdrängt; wo die Menschen einst aus kleinen Fenstern äugten, glimmen heute Spiegelglasfassaden in der Sonne. Romantisch ist das nicht. Doch ist es etwa die Pflicht der Indios, für zivilisationsmüde Touristen und Helfer Spalier zu stehen? Immerhin gibt es in Espinar auch ein Technikum für Bergbauingenieure, Schulen und ein modernes Spital – alles gesponsert von der Mine, freiwillig notabene.

Unser Streifzug führte von Espinar über Santa Rosa, Ayawiri und Orurillo nach Azangaro. In der Gegend, über die ich sechzehn Jahre zuvor berichtet hatte, hat sich einiges getan. Wo einst ab und an ein schwer beladenes Lama oder ein Maultier über die sumpfigen Naturpfade torkelte, rollten nun Kleinbusse und Lastwagen über asphaltierte Strassen. In den Dörfern fanden wir Ambulatorien und Schulen, selbst abgelegene Gehöfte waren ans Stromnetz angeschlossen. Und wenn wir fragten, wer das alles finanziert hat, bekamen wir stets dieselbe Antwort: »*El Cano Minero*«.

Wir statteten auch Mauro Quispecondori einen Besuch ab. Sein voller Haarschopf hatte mittlerweile graue Einsprengsel, seine alte Kamera lag verstaubt im Regal. Mauro fotografierte längst digital. Ansonsten hatte sich in seinem Leben nicht viel verändert. Die Hochzeiten, Taufen und Begräbnisse, zu denen er gelegentlich gerufen wurde, brachten ihm nicht mehr als ein Beibrot. Hauptsächlich lebte Mauro von ein paar Kühen und Schafen, die ihm ein karges Auskommen bescherten. Es schien, als wäre auf seinem Hof die Zeit stillgestanden. Beim Abschied hatte er Tränen in den Augen.

Die moderne Infrastruktur kann nicht darüber hinwegtäuschen: Die Entwicklung in den Anden schreitet zäh voran. Der Boden auf 4000 Meter über Meer wird immer karg bleiben, das Wetter launisch. Der nächtliche Frost schert sich leider kaum um die Klimaerwärmung und macht jede Investition zur Lotterie. Einer Lösung harren auch die Konflikte um das fruchtbare Land. Der neue Wohlstand der einen weckt den Neid der andern. Wo es Gewinner gibt, sind immer auch Verlierer, die im Wettbewerb nicht mithalten konnten. Das ist hart, führt zu sozialen Spannungen. Doch sollten sie deshalb alle in der Armut verharren?

Die letzte Etappe unserer Reise führt uns nach Rinconada, eine Barackenstadt am Fuss des Ananea-Gletschers auf rund 5400 Meter über Meer. Gegen 40 000 Menschen sollen hier leben. So genau weiss es niemand. Denn offiziell existiert Rinconada, was man mit »der versteckte Winkel« behelfsmässig übersetzen könnte, gar nicht. Auf dieser Höhe dauerhaft zu leben gilt als ungesund. Dass trotzdem so viele Menschen die Mühsal auf sich nehmen, hat nur einen Grund: Gold.

Die archaischen Sitten, die wir in Rinconada antreffen, spotten jeder Menschenwürde. Bevor wir die erste Hütte sehen, empfängt uns eine riesige Müllhalde, die das Dorf grossflächig umsäumt. Im Permafrost verrottet nichts. Doch eine Müllabfuhr fehlt, ebenso wie eine Kanalisation. Zwischen den Abfallsäcken erinnern windschiefe Kreuze an jene namenlosen Glücksritter, die es nicht geschafft haben. Die Arbeitsbedingungen in den gefährlichen und illegalen Stollen sind prekär. Gearbeitet wird an sieben Tagen pro Woche. Es herrscht das Gesetz der *Encomienda* aus der Kolonialzeit. Löhne werden keine bezahlt. Während der Woche wird für den *Patrón* geschuftet, dafür dürfen die Arbeiter die Ausbeute des Sonntags für sich behalten. Sozial- und Krankenversicherungen oder gar einen Rechtsschutz gibt es in diesem System nicht. Was Gesetz ist, bestimmen hier mafiöse Gruppen.

Wenn es ein Problem gibt mit dem Bergbau in den Anden und vor allem auch im Amazonasbecken, dann sind es die illegalen Schürfer. Zusammen mit den Drogenschiebern und ehemaligen Guerillas haben sie einen mafiösen Staat im Staat gebildet, von dem Hunderttausende Menschen leben. Sie nehmen keine Rücksicht auf Umweltnormen, Gesetze oder die Rechte von Ureinwohnern. Die ökologischen und sozialen Schäden, die sie hinterlassen, sind gewaltig. Der von diesen Mafias längst infizierte Staat ist nicht in der Lage, diese Armee des Elends in den Griff zu kriegen.

Der illegale Bergbau wird von den *Antimineros* seltsamerweise verschont. Gegen die Mafias gibt es keine Protestmärsche, keine Strassenblockaden und Landbesetzungen. NGO, klerikale Kreise und Linksaktivisten bekämpfen stattdessen multinationalen Unternehmen, die sich als legale Alternative anbieten. Sie sind damit treue Verbündete der Gesetzlosen.

Die Sache mit dem Lagerfeuer

Auf Dutzenden von Reportagen, die mich über die Jahrzehnte von Mexico bis nach Argentinien durch Lateinamerika führten, habe ich zahllosen Entwicklungsprojekte gesehen. Ob in Venezuela, Kuba, Kolumbien, Honduras, Chile, República Dominicana, Panama oder Bolivien, es war immer wieder dasselbe Lied: viel guter Wille, aber keine greifbaren Resultate.

Wer etwas Gutes tun will, der spendet am besten für Spitäler oder Schulen. Gesundheit und Bildung sind universal, es besteht ein echter Bedarf in diesem Bereich, und es gibt hervorragende Projekte. Voraussetzung ist immer, dass die lokale Bevölkerung mit eingebunden ist und ihren Anteil leistet. Eine der schönsten Reportagen, die ich je geschrieben habe, drehte sich um eine Blindenschule in einem Armenviertel von Lima[42]. Eine Woche lang quartierte ich mich bei den Blinden ein, ich liess mir von den Jugendlichen ihre Geschichten erzählen, spielte Schach mit ihnen (in der Regel hatte ich keine Chance gegen sie) oder liess mich von ihnen durch die Stadt führen. Es waren oft tragische Geschichten, und trotzdem habe ich selten so viel gelacht. Die meisten Jugendlichen arbeiteten und verdienten ihren Lebensunterhalt selber. Mit bewundernswerter Kraft und Lebensfreude hatten sie ihre Not zur Tugend gemacht und eine produktive Nische in der Gesellschaft gefunden. Angehörige von erblindeten Kindern hatten die Schule selber gegründet, aus purer

42 *Betrachtungen eines Monsters von innen*, NZZ, 1./2. April 2000, Seiten 61 bis 63

Not, sie verwalten diese bis heute selber. Einige der Lehrer – bis zum Direktor fast ausnahmslos Blinde – hatten selber die Schule durchlaufen. Der Staat stellt das Lehrpersonal, Spenden machen lediglich einen geringen Teil des gesamten Aufwandes aus und beschränken sich auf die Infrastruktur.

Beindruckt hat mich auch eine Landwirtschaftsschule in Fernheim mitten im Chaco von Paraguay[43]. Diese Schule wurde von deutschsprachigen Mennoniten finanziert und geführt. In den 1930er-Jahren hatten die ursprünglich aus Friesland stammenden Zuwanderer weitab von der Zivilistaion die Kolonie Fernheim gegründet und die unwirtliche Dornbuschsavanne zum Blühen gebracht. Die meisten Schüler stammten aus nomadisierende Indianer-Clans, die verstreut im Chaco leben und sich erst im letzten Jahrhundert halbwegs der westlichen Zivilisation angeschlossen haben. Neben einem (allerdings ziemlich diskreten[44]) missionarischen Motiv hatten die wohlhabenden Mennoniten ein handfestes Interesse, dass sich die prekären Lebensumstände ihrer Nachbarn verbessern. Die strohblonden Deutschen waren seit jeher um eine friedliche Koexistenz besorgt, von der letztlich beide Seiten profitieren. Im Dauerzwist standen die frommen Friesen dagegen mit Ethnologen, welche gelegentlich aus der Hauptstadt Asunción anreisten, um die Indianerstämme zu erforschen. Sie wollte diese möglichst frei von zivilisatorischen Einflüssen konservieren.

---

43 *Die Frommen Friesen im Herzen des Chaco*, NZZ 24./25. Juli 2004, Seiten 53 bis 55

44 Die Mennoniten von Fernheim führen ihre religiösen Wurzeln auf die Reformation im 16. Jahrhundert zurück; weil sie jegliche Zwangs- oder Kindertaufe wie auch jeglichen Kriegsdienst ablehnen und auf einer strikten Trennung von Kirche und Staat beharren, wurden sie immer wieder verfolgt. Im 18. Jahrhundert wanderten sie nach Russland aus, wo ihnen Zarin Katharina II Glaubensfreiheit garantierte; nach den Zwangskollektivierungen unter Stalin flohen sie Anfang der 1930er Jahre nach Paraguay.

Doch Schulen und Spitäler sind in der NGO-Branche völlig out. Man hat sich höhere Ziele gesetzt, will die Gesellschaft und die Wirtschaft von den Wurzeln her umbauen. Das riecht zwar nach Ideologie und Politik – und das ist es auch –, doch davon ist selten und nur im Kreise Eingeweihter die Rede. Verkauft werden die Projekte stets unter Labeln wie *Naturnah*, *Fairtrade* oder *Nachhaltig*. In der Theorie sieht das immer ganz toll aus. Wo man genauer hinschaute, tut sich aber fast immer ein *Gap* zwischen dem hehren Anspruch und der ernüchternden Realität auf.

Qori-Q'oncha[45] ist eines von Tausenden NGO-Projekten, welche die Not lindern und die Bevölkerung von Peru auf die richtige Spur bringen sollten. Ich habe *Qori-Q'oncha* zufällig herausgepickt, doch das Projekt steht stellvertretend für viele. Das Grundkonzept erscheint bestechend einfach: Weil die Indios in ihren Lehmhütten auf dem offenen Holzfeuer kochen, atmen sie tagaus und tagein den giftigen Rauch ein. Die einfachen Herde und Kamine von *Qori-Q'oncha* sollten Abhilfe verschaffen. Sie würden nicht nur den Rauch aus den Räumen abführen, sondern auch den Verbrauch an Holz halbieren. Klingt vernünftig. Schaut man sich das ganze jedoch in der Praxis an, tun sich Abgründe auf, die geradezu klassisch sind für derartige Hilfsprojekte.

Angeblich 106 056 Holzherde wurden zwischen 2009 und 2014 bei armen Bauern in den peruanischen Anden unter dem Label *Qori-Q'oncha* eingerichtet. Insgesamt 16,5 Millionen Dollar, also rund 155 Dollar pro Herd, hat die Stiftung *MyClimate*[46] für das Projekt eingesammelt. Die NGO erhält das Geld unter anderem vom

---

45 *Qori-Q'oncha* bedeutet in der Quechua-Sprache »Goldenes Heim«

46 Im Patronat von *MyClimate* fanden sich zur fraglichen Zeit unter anderen die Namen der Schweizer Umweltministerin Doris Leuthard, des ehemaligen Bundestags-Abgeordneten Ernst Ulrich von Weizsäcker sowie des Friedensnobelpreisträger Muhammad Yunus.

Schweizer Staat. Die Beamten und Politiker, die in der Welt herumjetten, entrichten einen festen Betrag zur Kompensation des verursachten CO_2-Ausstosses an *MyClimate*. Natürlich bezahlen sie diese Negativmeilen für den Klimafrevel nicht aus der eigenen Tasche. Die Rechnung begleicht der Steuerzahler. Doch fürs Gewissen ist es allemal entlastend. Und es dient erst noch der Gesundheit der Indios, wenn sie für eidgenössische Staatsfunktionäre CO_2 sparen.

Gemäss den Berechnungen von *MyClimate* sollte *Qori-Q'oncha* den Ausstoss von mehreren hunderttausend Tonnen CO_2 verhindern. Schon hier beginnt der Betrug. In den peruanischen Hochanden gibt es kaum noch natürliche Wälder, die man schützen könnte. In aller Regel pflanzen die Bauern für ihren täglichen Energiebedarf schnell wachsende Eukalyptus-Bäume an, die einst aus Australien importiert wurden. Brauchen sie weniger Brennholz, pflanzen sie einfach weniger an. Doch die Bewirtschaftung von Holz ist klimaneutral. Beim Wachstum der Bäume wird so viel CO_2 gebunden, wie bei deren Verbrennung wieder freigesetzt wird. Mit anderen Worten: Die neuen Kochnischen mögen gut sein für die Lungen der Hausbewohner – doch CO_2 lässt sich damit nicht einsparen. Und das ist bloss der Anfang einer Kette von Schummeleien, die sich durchs ganze Projekt fortsetzen.

Ende 2009 reiste ich mit Jaime Olave nach Umanes, um mir die *Qori-Q'oncha*-Kocher vor Ort anzusehen. Der Weiler liegt 40 Kilometer von der alten Inka-Hauptstadt Cuzco entfernt, auf halber Strecke nach Urubamba, knapp 4000 Metern über Meer. Der 37-jährige Jaime arbeitete für die lokale NGO *Pro Peru* und installiert mit sechs Volontären, zumeist junge Amerikaner, die *Qori-Q'oncha*-Kocher. In Umanes beteiligt sich rund die Hälfte der Dorfbewohner am Projekt. Damit erhielten sie auch Zugang zum Gesundheitsprogramm von *Pro Perú*. 42 Herde waren bislang installiert worden.

Wie sich bei meinem Besuch vor Ort herausstellte, wurde mindestens ein Drittel der Öfen aber gar nicht benutzt. Es gab Hütten, in denen die Bewohner neben dem kürzlich installierten neuen Herd die alte Feuerstelle neu aufgebaut hatten. Etwa bei Eusebia. Die Indio-Frau lächelte verschämt: »Heute hatte ich es eilig, die Kinder mussten zur Schule, aber morgen werde ich den *Qori Q'oncha* sicher benutzen.« Jaime, selber ein Quechua, der nur zu gut wusste, dass *mañana* eher *vielleicht* oder auch *niemals* bedeutet, versuchte die skeptische Eusebia vom neuen Kochherd zu überzeugen: »Der Rauch vom offenen Feuer, das ist, wie wenn du zwei Schachteln Zigaretten am Tag rauchen würdest.« Sie nickte eifrig. »Wenn die Hälfte der *Qori-Q'oncha*-Herde in einem Jahr noch da ist«, seufzte Jaime später, »ist das ein Erfolg.«

Die Holzherde, die *MyClimate* als Innovation anpreist, gehören in Wahrheit zu den Ladenhütern des peruanischen NGO-Business. Seit den 1970er Jahren werden sie unter verschiedenen Titeln propagiert – Armut, Frauen, Kinder oder eben Klimawandel, was halt gerade so Mode ist. »Wären die Projekte erfolgreich gewesen, würden heute in jeder Lehmhütte ein halbes Dutzend Herde stehen«, meinte Jaime während unserer Rückkehr nach Urubamba. In der Regel verschwänden die meisten Herde spätestens, wenn die Hilfsgelder aus dem Ausland versiegten.

Woran liegt es, dass die Indios in den Anden partout nicht auf das offene Lagerfeuer in ihren kargen Hütten verzichten mögen? Fragt man sie, bekommt man ausweichende Antworten. Das offene Feuer spendet Licht und Wärme, sagen die einen, der Rauch vertreibe das Ungeziefer, meinen andere. Vielleicht mögen sie einfach den süssen Duft nach Eukalyptus. Bei strohgedeckten Häusern besteht zudem die Gefahr eines Funkenwurfs. Wegen der Kamine, so erzählen Bauern, seien schon ganze Dörfer niedergebrannt. Weil sie das harzige Brennholz in der Regel nicht trocknen, kann es zu Kaminbränden kommen. Dann gibt es auch ganz profane, aber unüberwindbare Probleme: Die Herde sind nur für eine bestimmte Grösse und Art von Pfannen ausgelegt, die Bauern kochen aber mit allen möglichen Gefässen.

Die *Qori-Q'oncha*-Herde wurden von der Firma *Microsol* entwickelt. Die *GmbH* mit Sitz in Lima und Paris installiert die Kochnischen aber nicht selber. Sie hat die Herde lediglich entworfen und besorgt die Koordination zwischen *MyClimate* und den lokalen *NGO*. Dafür verlangt *Microsol* rund 30 Prozent des Umsatzes, den branchenüblichen Tarif.

Nach meinen Erkundungen in Umanes traf ich Arthur Laurent, den Direktor von *Microsol*, in Cuzco. Der 26-jährige Franzose hatte an der Elite-Universität *Paris Dauphine* Ökonomie studiert und eine Doktorarbeit über den Handel mit Öko-Zertifikaten verfasst. Zusammen mit einem Partner gründete Laurant nach Abschluss des Studiums die *Microsol* als gewinnorientiertes Startup. *Microsol* – eine Kombination der französischen Begriffe für *klein* und *Sonne* – liefert massgeschneiderte Klima-Projekte für Stiftungen wie *MyClimate*. Während sein Partner die Kundschaft in Europa betreuen sollte, machte sich Arthur Laurent auf nach Südamerika. Mit einem Offroader fuhr er kreuz und quer durch die Anden in Peru und Bolivien, um nach geeigneten Projekten Ausschau zu halten.

Laurent empfing mich in einem kleinen Büro, das er mit anderen NGO-Aktivisten im *Centro Fray Bartolomé de las Casas* in Cuzco teilte. Das Centro steht unter der Schirmherrschaft der katholischen Kirche und gilt als Sammelbecken der linksalternativen Helfer-Szene von Cuzco. Während meines Besuchs wurde gerade eine Protestaktion gegen einen Ausbau des Inambari-Staudamms vorbereitet, ein milliardenschweres Projekt, das den ganzen Süden Perus mit fast CO_2-freiem Strom versorgen würde. In der NGO-Szene werden derartige Grossprojekte aber grundsätzlich abgelehnt. Stattdessen will man naturnahe Technologien fördern, welche die Konsumenten selber kontrollieren.

Arthur Laurent setzte zuerst auf Solarkocher, wie sie auch im Sortiment von *MyClimate* zu finden sind. Die Sonnenküchen hatten sich aber als Flop erwiesen, räumt er offen ein: zu umständlich, zu langsam, unzuverlässig. Kein normaler Mensch richtet seine Essgewohnheiten nach den Launen der Witterung. Im Hochland von Cuzco fand er schliesslich das geeignete Objekt: *Qori-Q'oncha*. Der Franzose setze sich mit mehreren lokalen NGO in Verbindung, die das Projekt umsetzen sollten. Noch verdiente er damit damals kaum Geld. Doch wenn die Kochnischen einmal zertifiziert wären, liesse sich das Konzept beliebig vervielfältigen. Dann käme für *Microsol* der grosse Zahltag.

1200 Herde sollten Jaime Olave und seine Helfer im Vorjahr für *MyClimate* angeblich bereits gebaut haben. Für das laufende Jahr waren weitere 800 budgetiert. Bei aller Sympathie für sein Engagement – die Zahlen konnten nicht stimmen. Berücksichtigt man das Programm der Volontäre, schafften sie bestenfalls vier Kochnischen pro Woche. Da das Jahr auch in Peru bloss 52 Wochen hat, resultieren im allerbesten Fall 200 Herde. Artur Laurent hörte sich meine Rechnungen etwas irritiert an. Der Start solcher Projekte sei halt harzig, erwiderte er ausweichend, mit Rückschlägen sei immer zu rechnen. Es sei falsch, von einzelnen Problemen auf das Ganze zu schliessen. Die Umsetzung der Projekte werde von zwei externen Kontrollstellen – die Firmen *Gold Standard* und *TÜV Nord* – streng kontrolliert und zertifiziert.

Auch *MyClimate* legt Wert darauf, dass einer ihrer Mitarbeiter mindestens einmal pro Jahr (klimaneutral) nach Peru fliegt und die Projekte vor Ort begutachtet. Doch was heisst schon Kontrolle in einer rudimentär erschlossenen Weltgegend, wo die Wege keine Namen, die Häuser keine Nummern und viele Menschen nicht einmal einen Geburtsschein haben. Was will ein von Jetlag und Höhenkoller geplagter Besucher aus Europa, der die Sprache der Indios kaum versteht, denn konkret untersuchen. Er ist auf die Angaben der lokalen Partner angewiesen. Und genauso ist es auch mit den externen Kontrolleuren von *Gold Standard* und *TÜV Nord*. Die Zertifizierung ist in erster Linie ein bürokratischer Aufwand, der sich auf die Daten stützt, welche die ausführenden NGO selber erheben und via *Microsol* in den bürokratischen Kreislauf einspeisen.

Knapp fünf Jahre später, im März 2014, kehre ich mit Jaime Olave nach Umanes zurück, um vor Ort zu sehen, was aus den Kochern von *MyClimate* geworden ist[47]. Wir beginnen unseren Rundgang beim Hof von Celia Auccapuma, die sich noch gut an uns erinnert. Man sehe ja nicht jeden Tag einen *Misti*[48] in dieser Gegend, spöttelt sie in der kehligen Sprache der Quechuas. Die Familie Auccapuma lebt in einer strohbedeckten Lehmhütte. Im Hof tummeln sich allerlei Haustiere – Meerschweinchen, Lämmer, Hühner, Hunde, Katzen – in friedlicher Eintracht. Celia vertreibt gestikulierend ein Ferkel aus ihrer offenen Küche und gewährt uns Einlass.

Vom *Qori-Q'oncha*-Kocher ist leider nichts mehr vorhanden. Der vermeintliche Qualitätsherd sei nach einem halben Jahr in Brüche gegangen, erklärt uns Celia Auccapuma entschuldigend. An dessen Stelle steht nun ein robusteres Modell, das der Bürgermeister den Bauern von Umanes vor den letzten Wahlen in ihre Küchen stellte. Jaime Olave greift an das Ofenrohr der neuen Kochnische. Es ist kalt, obwohl im Ofen ein Feuer brennt. Der Rauch dringt durch ein grosses Loch im hinteren Teil des Herdes direkt in die Küche. Wie eh und je.

---

47 *Sündenmeilen*, Weltwoche Nr. 19/2014, Seite 38

48 *Misti* bedeutet »weisser Herr«.

Neben den Auccapumas besuchen wir an jenem Tag ein Dutzend weitere Familien im Dorf, die vor vier Jahren mit einem *Qori-Q'oncha*-Kocher beglückt wurden. Es ist überall dasselbe Bild: Da und dort sind noch Überreste des Herdes vorhanden, anderswo wurde der Ofen des Bürgermeisters gleich auf das Fundament von *Qori-Q'oncha* aufgebaut. Agrippina Quispe kocht wieder auf dem offenen Feuer, bei Elaria Abaz nisten Hühner auf den Ruinen des eingestürzten Klima-Ofens. In einer einzigen Hütte finden wir einen funktionierenden Kamin.

Jaime Olave wirkt ziemlich niedergeschlagen nach unserem zweiten Besuch in Umanes. Er arbeitet mittlerweile für die Stadtverwaltung von Urubamba. Von *Pro Perú* hat er sich 2011 im Streit getrennt. Schon damals hatte er die Kochnischen von *Microsol* kritisiert. Als Beleg übergibt er mir einen mehrseitigen E-Mail-Verkehr mit seinen Vorgesetzten. Jaime hatte erfolglos die Prüfung der Kocher nach den Kriterien der staatlichen peruanischen Fachstelle *Sencico* verlangt.

Um den Wildwuchs von unsinnigen Projekten einzudämmen, hat die *Sencico* einfache und praktische Kriterien entwickelt: Eine Kochnische gilt dann als effizient, wenn man darauf mit drei Kilo Brennholz innerhalb von 35 Minuten fünf Liter Wasser während fünf Minuten zum Sieden bringen kann. Das sollte eigentlich keine Hexerei sein. Gemäss Jaime Olave hatte er die *Qori-Q'oncha*-Herde selber einem Test unterzogen. Sie scheiterten kläglich. Und das verwundert auch nicht: Der Entwickler Arthur Laurent mag ein beschlagener Ökonom sein, doch vom Ingenieurwesen hat er kaum eine Ahnung. Vielleicht war der passive Widerstand der Bauern auch darin begründet, dass die Öfen schlicht unbrauchbar waren.

Erneut suchte ich den Öko-Broker Arthur Laurent auf, um ihn mit meinen Recherchen zu konfrontieren. *Microsol* residierte inzwischen in Lima, an nobelster Adresse, gleich beim *Parque Kennedy* im schicken Miraflores-Viertel. An seiner Stelle empfing mich eine lokale Angestellte. Meine Beobachtungen vor Ort beeindrucken sie nicht. Sie halte sich an die offiziellen Zahlen, erklärte sie. Die Öfen wurden in der Zwischenzeit mit dem Label *Gold Standard* zertifiziert und vom *TÜV* kontrolliert. Für Laurent läuft das Geschäft seither rund. Nach eigenen Angaben kassiert *Microsol* rund 15 Dollar pro Tonne CO_2, die bei *MyClimate* für 28 Dollar zu haben ist. 10 Dollar pro Tonne gab *Microsol* an lokale Partner weiter, 5 Dollar landeten in der eigenen Kasse. Eine formidable Marge für heisse Luft.

Natürlich konfrontierte ich später auch *MyClimate* in Zürich mit meinen Recherchen in Umanes. Auch Pressesprecherin Kathrin Dellantonio verwies auf die »strengen Kriterien« des *Gold-Standard*-Labels. Das Resultat der Zertifizierung habe die Erwartungen in allen Punkten erfüllt, erklärt sie stolz: »Gemäss dem letzten Monitoring-Report lag die Ausfallrate bei 3,5 Prozent.« So steht es in ihren Papieren, alles säuberlich ausgerechnet und abgestempelt. Also muss es auch so sein.

Bliebe noch anzumerken, dass meine Recherchen in einem Verfahren der *Schweizerischen Lauterkeitskommission* in zwei Instanzen vollumfänglich bestätigt wurden. *MyClimate* durfte in der Folge mit *Qori-Q'oncha* keine CO_2-Werbung mehr machen[49]. Doch die Millionen waren zu jenem Zeitpunkt längst geflossen. Sie wurden nie zurückgefordert.

Die *Qori-Q'oncha*-Kocher waren für die Stiftung *MyClimate* selber und eine ganze Kette von nachgelagerten Organisationen ein einträgliches Geschäft. Für die die 106 056 potemkinschen Holzherde in den Anden kassierte *MyClimate* 16,5 Millionen Dollar.

49 Dazu Weltwoche Nr. 48/2011, »Unlautere Klima-Propaganda« www.weltwoche.ch/ausgaben/2011–48/artikel/unlautere-klima-propaganda-die-weltwoche-ausgabe-482011.html

20 Prozent davon zweigte die Klima-Stiftung gemäss eigenen Angaben für die Verwaltung ab. Es blieben 13,2 Millionen. Davon beanspruchten die Controller und Zertifizierer je 10 Prozent. Es blieben 10,5 Millionen. Von diesem Geld ging ein Drittel an *Microsol*, der Rest an lokalen NGO wie *Pro Peru*.

Man kann die Rechnung auch von der anderen Seite her machen. Ein *Qori-Q'oncha*-Kocher kostet rund 20 Dollar. Wenn tatsächlich 106 056 Herde installiert worden wären, hätten diese einen Wert von 2,1 Millionen Dollar gehabt. Das wären 12 Prozent von den ursprünglich gesammelten 16,5 Millionen Dollar. Der Rest versickerte auf den verschlungenen Pfaden durch die NGO-Industrie. Und es gibt keinen Grund zur Annahme, dass es bei den anderen Projekten, ob Solarkocher oder Biogasanlagen, von *MyClimate* oder anderen NGO, in Afrika oder Asien anders wäre.

Auch die Vermarktung der Armut ist ein Geschäft, das vor allem die Reichen noch reicher macht. Für die Armen bleibt am Ende nicht mehr viel übrig.

Milliardär im Armenhaus

Carlos Rodríguez-Pastor ist einer der reichsten Männer von Peru. In der Öffentlichkeit war sein Name kaum bekannt, bis *Bloomberg Markets* ihn 2001 unter dem Titel »Die sieben geheimen Milliardäre« outete. Viel mehr erfuhr man aber auch seither nicht über Rodríguez-Pastor. Es gibt keine Skandale, keine Klatschgeschichten, kaum Interviews und nur wenige Bilder.

Hinter dem Namen steht eine Familiengeschichte, die typisch ist für die weisse Mittelschicht in Lima. Der Urgrossvater von Rodríguez-Pastor war Ende des 19. Jahrhunderts aus Spanien nach Peru gekommen, um einen Kirchturm zu reparieren, den ein Erdbeben beschädigt hatte. Schon nach kurzer Zeit starb er. Der Aufenthalt hatte gerade ausgereicht, um einen Jungen zu zeugen, Carlos Antonio. Dieser wuchs in bescheidenen Verhältnissen auf und brachte es letztlich zum Senator, Bildungsminister und Rechtsprofessor, der noch im Alter von 90 Jahren regelmässig Vorlesungen hielt. Damit wurde er zwar nicht reich, aber er erwarb sich ein respektables Ansehen. Auch sein Stammhalter wurde Jurist und machte sich als Präsident der Notenbank einen Namen.

Nach dem Velasco-Putsch 1968 musste die Familie Hals über Kopf aus dem Land fliehen, sie verlor ihr gesamtes Hab und Gut. Carlos Rodríguez-Pastor Senior machte die Not zur Tugend. Bei der *Wells Fargo International* Bank absolvierte er in den USA eine steile Karriere bis hinauf in die Konzernleitung. Nach dem Ende der Militärdiktatur kehrte er 1982 gleichwohl nach Peru zurück und war zwischendurch kurz Finanzminister in der Regierung Belaunde.

1990 wurde Carlos Rodríguez-Pastor Senior zu einem der eingangs erwähnten *sieben Samurai* von Präsident Fujimori. Zusammen mit dem Ökonomen Hernando de Soto hatte er zuvor das liberale Reformprogramm von Mario Vargas Llosa entwickelt; zusammen mit de Soto wechselte er nach der Wahlniederlage des Schriftstellers ins gegnerische Lager, um die Liberalisierung der Wirtschaft umzusetzen; zusammen mit de Soto verliess er nach zwei Jahren die Regierung, als sich Fujimoris Putsch abzeichnete. Danach kehrte er in die Privatwirtschaft zurück und gründete mit Partnern eine eigene Bank, die *Interbank*.

Carlos Rodríguez-Pastor Junior lebte damals in den Vereinigten Staaten, wo er seit seinem neunten Lebensjahr aufwuchs. Nach seinem Studium an der öffentlichen Berkeley-Universität legte er wie sein Vater eine rasante Laufbahn hin, als Investment-Banker an der Wall-Street, wo in den 1980er Jahren die Bäume in den Himmel wuchsen. Wenig verband ihn mit Peru, bis 1995 sein Vater unverhofft starb. Nun kehrte Carlos Rodríguez-Pastor Junior in die Heimat seiner Eltern zurück und übernahm die *Interbank*. Innert weniger Jahre entwickelte er die damals kleinste Bank im Land zum multinationalen Konzern. Das Unternehmen katapultierte den Mittelklasse-Sprössling Rodríguez-Pastor in die Klasse der Multimilliardäre.

Seine Dachgesellschaft *Intercorp* mit ihren Ablegern in Ecuador, Chile, El Salvador und Schanghai besitzt und kontrolliert heute diverse Banken, Versicherungen, Immobilienfirmen, Einkaufszentren, Supermärkte, Hotel-, Fastfood-, Kino- und Pharmaketten sowie Dutzende von Privatschulen. Allein in Peru beschäftigt der Konzern rund 60 000 Mitarbeiter. Die Marken von Rodríguez-Pastor sind allgegenwärtig im Alltag von fast jedem Peruaner, obwohl es die meisten kaum wissen.

Wer ist dieser Unbekannte? Was treibt ihn? Wie lebt es sich als Multimilliardär in einem Land, in dem fast 20 Prozent der Bevölkerung unter der Armutsschwelle darben?

Es brauchte einige Anläufe, bis ich den »geheimen Milliardär« zu einem Interview überreden konnte. Am Rande des Weltwirtschaftsforums in Davon sagte Rodríguez-Pastor im Januar 2017 schliesslich zu. Auf seinen Wunsch treffen wir uns im *Waldhuus,* einem Mittelklasse-Restaurant etwas abseits vom Rummel. Per SMS kündigt er fünf Minuten Verspätung an. Dann trifft der Mann aber auf die Minute genau im Foyer des *Waldhuus* ein – zu Fuss, ohne Begleitung, ein unscheinbarer Mittfünfziger mit einem Rucksack und Wanderschuhen, asketisch, direkt im Umgang: »Hi, I'm Carlos.« Vereinbart war eine halbe Stunde, die schliesslich in ein zweieinhalbstündiges Gespräch mündete.

Nachfolgend ein paar Auszüge aus dem Protokoll:

Carlos, Du*[50] wohnst in New York und arbeitest in Lima. Was geht dir durch den Kopf, wenn du auf dem Weg vom Flugplatz zur Arbeit durch die Armenviertel fährst?
Ich arbeite für diese Menschen. Die aufstrebende neue Mittelklasse in Peru, also meine wichtigste Kundschaft, kommt heute aus genau diesen Vierteln. Wir haben eine sehr junge Bevölkerung, doch die Jungen sind hungrig nach Wissen und Fortschritt.

Hast Du kein schlechtes Gewissen, mit dieser aufstrebenden Unterschicht Milliarden zu verdienen?

50 Wie in den USA hat sich das Du in der peruanischen Geschäftswelt eingebürgert; im Sinne der Transparenz wurde bei der Übersetzung auf die im deutschen Sprachraum übliche Höflichkeitsform verzichtet. Das Interview wurde im 2. Februar 2017 in der *Weltwoche* in voller Länge veröffentlicht.

Nein, unsere Strategie ist langfristig und mithin nachhaltig. Ich glaube an das Konzept des »Shared Value«, wie es der Ökonom Michael Porter postuliert. Das Streben nach Gewinn ist nichts Anrüchiges, im Gegenteil, es ist etwas Gutes, sofern möglichst viele daran teilhaben. Business kann ein guter Katalysator für viele gute Dinge sein. Aktionäre wollen einen guten Profit, Kunden gute Preise für ein gutes Produkt, davon profitiert die ganze Gesellschaft.

Du hast in den USA studiert und warst ein erfolgreicher Wall-Street-Banker – warum bist du nach Peru zurückgekehrt?
Vier Monate nachdem mein Vater die Interbank übernommen hatte, starb er überraschend. Ich musste nach Lima fliegen, um den Nachlass zu regeln. Es hört sich vielleicht komisch an, aber wenn ich an jene Zeit denke, kommt mir immer nur ein Song in den Sinn: »Should I Stay or Should I Go« von The Clash. Tagelang kreiste der Ohrwurm in meinem Kopf. New York wäre bequemer gewesen, ich war etabliert. Keiner dachte, dass ich in Peru bleiben würde, das ärgerte mich, weckte eine rebellische Kraft in mir. In Peru war ich auch näher am realen Leben, das Business hier ist sehr real, ich sah hier mehr Sinn, wollte etwas tun für dieses Land, das ich liebe. Hier musste ich alles neu lernen, ganz von unten neu anfangen. Ich habe viele Fehler gemacht, musste Niederlagen einstecken.

Was war nach Deiner Meinung der Schlüssel zum Erfolg?
Es ist mir gelungen, eine neue, für Peru ungewohnte Betriebskultur einzubringen. Am Anfang haben wir viele Mitarbeiter aus dem Ausland geholt. Die Peruaner in Schlüsselpositionen habe ich zur Ausbildung ins Ausland geschickt. Heute versuchen wir zusehends, diese in der eigenen Kaderschule auszubilden. Das Humankapital ist das Allerwichtigste in jeder Firma, alles Weitere ergibt sich daraus. Auch eine gewisse Demut ist in einem Land wie Peru etwas ganz Wichtiges. Ich hasse Arroganz.

Du wohnst nach wie vor in New York und arbeitest in Lima. Wie passt das zur Demut?
Unser Wohnsitz in den USA hat praktische Gründe. In New York können wir uns frei und anonym bewegen, es gibt sehr gute Schulen für die Kinder, wir kennen die Stadt, aber kaum jemand erkennt uns auf der Strasse. Meine beiden Söhne können in New York aufwachsen wie ganz normale Kinder. Das wäre in Lima unmöglich. Aber vielleicht kommen wir eines Tages zurück.

Und was fehlt, damit Peru zu einem Paradies für alle seine Bewohner wird?
Erziehung und Infrastruktur, das sind die zwei Herausforderungen. Wir haben 25 goldene Jahre hinter uns, die nächsten 25 Jahre werden schwierig. Sobald die Menschen Erfolg haben, werden sie bequem. Wir geben Geld aus, das wir nicht haben, versprechen Dinge, die wir nicht einhalten können. Wir müssen von der einseitigen Abhängigkeit von Rohstoffen wegkommen, das geht nur mit Innovation. Das ist nur möglich, wenn sich alle zusammenraufen und am gleichen Strick ziehen.

In Peru bauen private Firmen sogar öffentliche Autobahnen. Wie soll das gehen?
Hier gibt es für Firmen die Möglichkeit, Steuern in Form von öffentlichen Bauten zu bezahlen, natürlich in Absprache mit der Regierung. So haben wir zusammen mit der Bierbrauerei Backus und der Bergbaufirma Southern Peru bei Arequipa an einem berüchtigten Nadelöhr ein Autobahnkreuz gebaut, ein 120-Millionen-Dollar-Projekt. Fünfzig Jahre lang hatte der Staat versucht, das Nadelöhr zu beseitigen, doch er scheiterte immer wieder an politischen und bürokratischen Hürden. Wir konnten das Projekt in Rekordzeit durchziehen und ersparen damit täglich Tausenden von Automobilisten stundenlange Staus.

Das dient wohl auch euren Betrieben. Allein der Wert Eures Landes hat sich mit der Autobahn vervielfacht, steuerfrei.
Aber sicher. Was ist schlecht daran, wenn alle profitieren? Es gibt keine bessere, keine nachhaltigere Entwicklung.

Zu deinem Imperium gehören Privatschulen, die Innova Schools, mit Dutzenden von Ablegern im ganzen Land nach einem Franchising-Prinzip. Auch diese Schulen richten sich primär an die unteren Volksschichten. Privatschulen für Arme – ist das moralisch vertretbar?
Mein Vater musste nach seiner Flucht aus Peru 1968 wieder ganz unten anfangen, wir gingen an öffentliche Schulen. Ich bekam eine exzellente Bildung in den USA, dafür bin ich dankbar. Ich konnte mich nie damit abfinden, dass nicht jeder Peruaner die Chance auf eine gute Ausbildung hat. Ohne gute Bildung ist es sehr schwierig, ein gutes und produktives Leben zu haben.

Du sagst es selber: Volksschulen sollten gratis sein.
In einer idealen Welt wäre die Bildung kostenlos und von höchster Qualität. Die unperfekte Realität in Peru ist eine andere. Bei den Pisa-Erhebungen stehen wir ganz am Ende. Realität ist auch: Ein Viertel aller Kinder gehen in Privatschulen, weil die öffentlichen Schulen sehr schlecht sind. Doch diese Privatschulen sind – ein paar Eliteschulen ausgenommen – so lausig wie die öffentlichen. Das ist moralisch verwerflich! Die Innova School garantiert hohe Qualität zu einem erschwinglichen Preis.

Darf eine Schule für Arme Gewinn machen?
Ich sage: Ja, sie muss sogar Gewinn machen.

Aber Du hast das Geld gar nicht nötig.

Darum geht es nicht. Karitative Projekte sind in der Regel nicht nachhaltig, sie funktionieren höchstens so lange, wie die Spenden fliessen. Unser Schulsystem dagegen ist ein Selbstläufer, es wird immer weiter expandieren, wird sich den Bedürfnissen anpassen, es wird sich so lange selber finanzieren, bis kein Bedarf mehr besteht. Erinnerst du dich an den Hype um Mikrokredite und Mikrounternehmen vor ein paar Jahren? Heute redet kein Mensch mehr davon. Neunzig Prozent der Projekte sind gescheitert. Wir können uns solche Leerläufe nicht leisten. Wir können nicht auf den Staat oder milde Gaben warten, wir müssen das Bildungsniveau massiv und schnell verbessern.

Deine Unternehmen reichen inzwischen bis in die hinterste Provinz. Das ist neu für Peru, wo sich früher alles auf Lima konzentrierte. Rentiert das wirklich?
Wir haben 2004 mit der Expansion in die Provinzen angefangen, mit einem Multiplex-Kino in Piura. Die Marktstudien prophezeiten ein Fiasko – doch wie soll man wissen, ob eine Nachfrage besteht für etwas, was die Leute gar nicht kennen? Also haben wir es einfach versucht. Am Anfang stand die Rolltreppe im Zentrum des Interesses. Die lokalen Zeitungen brachten das ganz gross: Die erste Rolltreppe in Piura! Viele Leute kamen anfänglich nur, um mit der Rolltreppe zu fahren, rauf und runter, den ganzen Tag. Doch das Kino wurde bald zum Erfolg, sonst hätten wir aufgehört. Als wir in Trujillo wenig später das erste Einkaufszentrum eröffneten, erschienen 15 000 Menschen zum Richtfest. Heute haben wir über das ganze Land verstreut rund 2000 Geschäfte aller Art.

Anstelle des traditionellen Marktes gibt es heute auch in Kleinstädten Supermärkte und Ladenketten. Du hast damit Abertausende von Kleinhändlern aus dem Markt verdrängt.

Es war an der Zeit. Nehmen wir das Beispiel von Juliaca, der Hauptstadt des Schwarzhandels am Titicacasee. Wir rechneten mit Widerstand, als wir dort das erste Einkaufszentrum bauten. Die positiven Reaktionen überraschten uns selber. Es gibt ja nicht nur Strassenhändler, die leben wollen, sondern auch Konsumenten – und diese wussten unsere tieferen Preise zu schätzen. Der informelle Handel ist ineffizient, es gibt viele Zwischenhändler, die alle mitverdienen wollen. Wir verkürzten den Weg vom Produzenten zum Konsumenten, und wir zahlen erst noch Steuern. Auch wir kaufen bei den lokalen Produzenten. Das grösste Problem war, diesen beizubringen, dass wir nur offiziell und mit Quittung abrechnen. Doch sie lernten es schnell zu schätzen, dass sie ihr Geld pünktlich auf ihrem Konto hatten. Im Schwarzmarkt ist der Produzent nie sicher, ob er sein Geld überhaupt bekommt.

In Europa geht der Trend wieder zum kleinen Quartierladen und zu Märkten.
Aber nur für jene Schichten, die sich diesen Luxus leisten können.

Was ist mit all den Strassenhändlern, die ihre Existenzgrundlage verlieren?
Jede Veränderung hat ihre Kehrseite, aber ohne Veränderung gibt es keine Entwicklung – alte Modelle verschwinden, neue entstehen. Es gibt in Peru so viele Chancen, etwas Neues zu kreieren. Wir liegen in der Entwicklung immer noch weit zurück.

Das grösste Problem in ganz Lateinamerika sind Korruption und Nepotismus. Kann man in diesem Land ohne korrupte Praktiken überhaupt Geschäfte machen?
Man muss. Wir bezahlen einfach nicht, Punkt. Das ist manchmal schwierig, es gibt frustrierende Momente. Wir haben Projekte, die seit zehn Jahren auf Eis liegen, weil wir uns geweigert haben, Schmiergelder

zu zahlen. Intern nennen wir solche Projekte im Scherz »Monumente des Anstands« (monumento de decencia). Wir tun das auch in unserem eigenen Interesse: Wenn du die rote Linie überschreitest, kannst du nicht mehr zurück, wirst du erpressbar. Wenn die Staatsfunktionäre aber wissen, dass du nicht zahlst, dann fordern sie kein Geld mehr. Die Regierung kann die Korruption bekämpfen, indem sie die Prozesse entbürokratisiert, durch klare und einfache Gesetze. Und dann müssen wir auch sehen: Nicht alle Politiker und Funktionäre sind korrupt. Vor allem auf kommunaler Ebene gibt es viele enthusiastische Bürgermeister und Beamte, die ihre Gemeinde vorwärtsbringen und Gutes tun wollen. Aber ja: Es ist ein grosses Problem.

In deiner Firma bist du sehr präsent, ausserhalb bist du der grosse Unbekannte – keine Interviews, keine Skandale, kein Klatsch, keine Society-Bilder, nix. Ist dein Leben wirklich so unspektakulär, oder versteckst du dich einfach gut?
Mein Leben pendelt zwischen Arbeit und Familie, das sind meine beiden Leidenschaften, für viel mehr habe ich kaum Zeit. Ich verspüre kein Bedürfnis nach Cocktailpartys oder Social Dinners, das würde auf Kosten entweder meiner Familie oder meiner Arbeit gehen. Ich bin kein Workaholic, ich arbeite einfach gerne. Das WEF gehört zu den wenigen Anlässen, an denen ich seit siebzehn Jahren regelmässig teilnehme. Es ist eine gute Gelegenheit, um ins neue Jahr zu starten, man trifft interessante Leute, kann sich etwas zurücklehnen. Das Spannendste sind eigentlich die Begegnungen, die nichts mit meinem Business zu tun haben. Ich komme gerade von einem Vortrag eines Professors aus Alabama, der mit Hilfe von Satelliten archäologische Forschung betreibt. Das ist einfach faszinierend. Und nun habe ich auch mal mit einem Journalisten gesprochen.

Mein Interview mit Carlos Rodríguez-Pastor irritierte einige meiner Journalisten-Kollegen. Das sei doch alles viel zu nett, um wahr zu sein, spottete ein alter Freund, ob mir der Milliardär wenigstens einen fetten Job oder ein Aktienpaket angeboten hätte. Nein, hat er nicht. Ich habe sogar meinen Tee selber bezahlt. Ich kannte den Mann vor dem Gespräch nicht persönlich, und ich hatte danach nie mehr etwas mit ihm zu tun. Bei meinen Vorrecherchen hatte ich die Redaktionsstuben von halb Lima abtelefoniert, um mich nach allfälligen Leichen im Keller von Rodriguez-Pastor zu erkundigen. Doch ich habe nichts gefunden, das ich ihm hätte vorhalten können.

»Dann hast du zu wenig recherchiert«, wandte mein Freund ein, »ohne krumme Touren und Tricks wird kein Mensch Milliardär, schon gar nicht in einem Land wie Peru.«

»Und wie willst du das wissen«, erwiderte ich.

Er glaubte es einfach zu wissen. Doch wer glauben muss, der weiss nicht.

Vorweihnächtliche Wiederauferstehung

Im November 2005, fünf Jahre nach seiner Flucht aus Peru, flog Alberto Fujimori im Privatjet von Tokyo nach Santiago de Chile. In Peru standen Präsidialwahlen an. Vom benachbarten Chile aus wollte er sein politisches Comeback lancieren. Unter normalen Umständen wäre das Kalkül vielleicht aufgegangen. Zwar lag ein internationaler Haftbefehl gegen Fujimori wegen einer Reihe von Amtsdelikten vor. Doch dieser war derart lausig abgefasst, dass der Schluss nahe lag: In Peru wollte man *el Chino* gar nicht ausgeliefert bekommen, sondern bloss vom Land fernhalten.

In der Regel mischen sich südamerikanische Regierungen nicht in die politischen Interna ihrer Nachbarn ein. Der Form halber empört man sich ein wenig, aber nicht mehr. Nur zu gut wissen die Machthaber, dass der Buhmann von heute der Partner von morgen sein kann. Doch in diesem Fall hatte sich der Politfuchs Alberto Fujimori – ein gewiefter Taktiker aber kein grossartiger Stratege – sträflich verrechnet. Nicht nur in Peru, sondern auch in Chile standen Wahlen an. *Chinochet* riss in Chile alte Wunden auf und wurde zur Belastung für die sozialdemokratische Regierung von Ricardo Lagos. Die chilenische Justiz setzte Alberto Fujimori alsbald unter Hausarrest, verlangte ein neues Auslieferungsgesuch und schaffte ihn zwei Jahre später nach Peru aus.

Am 7. April 2009 wurde Alberto Fujimori in Lima zu 25 Jahren Haft verurteilt. In der Hauptsache legte man ihm zwei Massaker zur Last, die am Anfang seiner ersten Amtszeit vom berüchtigten *Grupo*

Colina verübt worden waren. Eine direkte Verbindung zwischen dem Staatsoberhaupt und dem Mörder-Kommando konnte zwar nie nachgewiesen werden. Dass Fujimori je einen Einsatzbefehl erteilt hatte, erscheint sogar höchst unwahrscheinlich. Um ihn trotzdem zu verurteilen, erfanden die Richter die legalistische Formel der *mittelbaren Urheberschaft* (autoría mediata): Selbst wenn er den Befehl nicht erteilte, habe der Präsident doch das politische Umfeld zu verantworten, in dem die schweren Menschenrechtsverletzungen möglich waren.

Würde man dieses Rechtskonstrukt konsequent durchsetzen, müsste man viele lateinamerikanische Präsidenten einkerkern. Der *Grupo Colina* war aus dem Heer heraus entstanden, das kaum je einen Befehl aus dem Präsidentenpalast entgegennahm (es war wohl eher umgekehrt). Das Urteil war politisch motiviert. Es sollte den autoritären Alberto Fujimori, der immer noch über eine breite Anhängerschaft verfügte, daran hindern, je wieder an Wahlen teilzunehmen. Wegen seines kalten Staatsstreichs von 1992 wurde Alberto Fujimori dagegen nie angeklagt.

Neben Fujimori wurde eine ganze Reihe seiner Gefolgsleute in jahrelange Prozesse verwickelt. Einige landeten im Gefängnis, unter ihnen auch Coronel Alberto Pinto. Der Haudegen, der mir seinerzeit in Puno Vorträge über Marx, Lenin und Mao gehalten hatte, wurde 2008 in erster Instanz zu einer langjährigen Strafe verurteilt, aber nicht etwa wegen seinem Kampf gegen den Terrorismus in Puno, sondern im Zusammenhang mit dem *Grupo Colina*. Vier Jahre später hob das höchste Gericht das Urteil auf. Der Hauptmann lebt seither als freier Mann.

Der korrupte Vladimiro Montesinos sitzt seit seiner Verhaftung und Auslieferung aus Venezuela im Jahr 2001 in Haft – in einem Hochsicherheitsgefängnis, das er einst selber bauen liess, in der Zelle neben den Terroristen-Capos Abimael Guzmán und Victor Polay, die er einst hinter Gitter brachte. Wegen des blutigen Terrors des *Grupo Colina*, der zweifellos auf sein Konto ging, wurde Montesinos hingegen nie belangt. Schliesslich war der faktisch allmächtige Geheimdienstchef offiziell nie mehr als ein Berater mit einem kläglichen Monatslohn von 200 Dollar, eine kleine Nummer ohne Befehlsgewalt. Auf diese Formalitäten legte die peruanische Justiz dann doch wert.

Kurz vor dem Heiligen Abend 2017 wurde der angeblich todkranke Alberto Fujimori nach zehn Jahren Haft und einem dramatischen Showdown zwischen seiner Tochter Keiko und seinem Sohn Kenji im Kongress vom amtierenden Präsidenten begnadigt. Gemäss offizieller Version war er todkrank und sollte in Ruhe zu Hause sterben dürfen. Kaum hatte er das Gefängnis hinter sich gelassen, meldete sich der 79jährige mit einer Videobotschaft putzmunter zu Wort. Während einige Demonstranten, begleitet von ebenso vielen Reportern, protestierend durch die Strassen von Lima zogen, feierten seine Anhänger die wundersame vorweihnächtliche Wiederauferstehung ausgelassen. Obwohl kein Mensch glaubt, dass Fujimori todkrank war, billigte gemäss Umfragen eine Mehrheit der Peruaner die Begnadigung. Sie waren der Meinung, der Gerechtigkeit sei Genüge getan.

Gute Nachrichten aus Afrika

»Zwei Dinge sind unendlich, das Universum und die menschliche Dummheit; aber bei dem Universum bin ich mir noch nicht ganz sicher.« *(Albert Einstein)*

Der Menschheit und dem Planeten geht es viel besser, als die meisten denken. Noch nie standen die Chancen besser, Armut und Elend zu überwinden. Doch ausgerechnet die Hilfe aus dem Norden bringt den Entwicklungsländern oft mehr Schaden als Nutzen. Statt sich an das zu halten, was ist, und die Marktkräfte walten zu lassen, orientieren sich die Helfer an dem, was nach ihren Vorstellungen sein sollte. Die Hilfsgelder versickern nicht nur in sinnlose Projekte, sie zementieren Missstände, schaffen neue Abhängigkeiten und hindern damit die Betroffenen daran, ihre eigene Kreativität und Produktivität zu nutzen.

1898 veröffentlichte der amerikanische Schriftsteller Morgan Robertson den Roman *Futility* (Sinnlosigkeit). Er handelt vom Untergang des Dampfers *Titan,* welcher auf der Reise von New York nach Liverpool vor der Küste Neufundlands mit einem Eisberg kollidiert. Da die *Titan* – das grösste und modernste Passagierschiff seiner Zeit – dank ihren wasserdichten Schotten als unsinkbar gilt, führt sie viel zu wenig Rettungsboote mit sich. Die meisten der 3000 Passagiere ertrinken in den eisigen Fluten. Der beschwipste Matrose auf dem Ausguck hatte den Eisberg zu spät erkannt.

Vierzehn Jahre später erschütterte der reale Untergang der Titanic die Welt. Die Parallelen zur Romanvorlage waren frappant, ja fast gespenstisch. Sogar der Zeitpunkt der Katastrophe – es geschah im April – stimmte mit der Fiktion überein. Alle möglichen Motive, vom Orchester bis zur Klassen-Gesellschaft, waren in *Futility* bereits drin.

Verfügte Morgan Robertson etwa über hellseherische Fähigkeiten? War das Schicksal der Titanic und ihrer Passagiere göttlich vorbestimmt? »Nein«, erwiderte der Schriftsteller trocken, »ich weiss, worüber ich schreibe. Das ist alles«.

Morgan Robertson war eher ein kühler Rechner denn ein Prophet. Der Sohn eines Kapitäns war in jungen Jahren selber zur See gefahren, bevor er sich dem Kunsthandwerk und der Schriftstellerei zuwandte. Das Szenarium von *Futility* war für ihn ganz einfach das naheliegendste. Die Strecke zwischen England und New York galt als Klassiker der Schifffahrt schlechthin, ebenso die Anlehnung an die Titanen bei der Namensgebung der Dampfer, die nie gross genug sein konnten. Dass im April die Gefahr einer Kollision mit einem Eisberg vor der Küste Neufundlands am grössten ist, wusste man. Die bittere Erfahrung hatte auch gelehrt, dass es unsinkbare Schiffe nicht gibt und dass der Mann auf dem Ausguck stets ein Risikofaktor ist. Das alles war bestens bekannt – und trotzdem brauchte es die Katastrophe, bis man die nötigen Lehren daraus zog.

Wie kommt es, dass Menschen das Naheliegendste nicht sehen wollen? Ihre Wunschvorstellungen und Träume über die Realität stellen? Sich selber und ihre Mitmenschen betrügen mit Beschwörungen, logischen Zirkelschlüssen und Mythen, die jeglicher Empirik widersprechen?

Die meisten Menschen sind eher konservativ. Sie halten sich an das Bewährte, sind erst einmal skeptisch gegenüber Neuerung. Die grossen Figuren, welche die Entwicklung der Menschheit vorantrieben, waren meist Einzelkämpfer, oft Fanatiker und galten als Querulanten; sie nahmen Risiken in Kauf, wagten auch mal das scheinbar Unmögliche und sahen sich mit grossen Widerständen konfrontiert. Dafür gibt es gute Gründe. Für jeden Pionier, der sich mit einer grandiosen Innovation unsterblich gemacht hat, sind Legionen von namenlosen Idealisten an der unerbittlichen Realität gescheitert. Von der Genialität zur Torheit ist ein kurzer Weg. Würde die Welt nur von Visionären regiert, herrschte ein unerträgliches Chaos.

Umso mehr erstaunt es, wie leichtfertig Widersprüche und Gefahren bisweilen ignoriert werden – und mit welcher Nonchalance Irrläufer und Hochstapler die Massen doch immer wieder begeistern, in einen kollektiven Wahn versetzen und zu halsbrecherischen Abenteuern verleiten können. Je abstruser der Zirkelschluss, so lehrt uns die Geschichte, desto grösser die Gefahr. Wenn der Zug der allgemeinen Verblendung einmal rollt, dann hält ihn oft nichts mehr auf – bis zum bitteren Ende, bis zum Crash, dem harten Erwachen.

Strafprozesse sind in dieser Hinsicht Fundgruben. Die Geschichten um Nepper und Deppen sind unterhaltsam, sie verkaufen sich gut, verblüffen durch Phantasie und Mutterwitz, geben Anlass zu Schadenfreude. Sie vermitteln uns das erhabene Gefühl, dass uns ein derart dämlicher Reinfall nie passieren würde. Doch im Rückblick sind auch die meisten Opfer klüger, fragen sich haareraufend, wie sie nur auf die stupiden Lügengeflechte hereinfallen konnten. In aller Regel ist es jedoch keinesfalls ein Problem der Intelligenz. Akademiker sind sogar besonders gefährdet. Ihnen fällt es erst recht schwer, den Irrtum einzugestehen und die Notbremse zu betätigen, wenn sie einmal auf dem falschen Gleis rollen. Wenn sie den Köder geschluckt haben, zappeln sie wie der Fisch an der Angel, der mit jeder Bewegung den Haken nur noch tiefer in sein eigenes Fleisch treibt.

Betrüger haben ein feines Sensorium für die geheimen und verleugneten Sehnsüchte und Schwächen ihrer Opfer. Oft ist es die Eitelkeit. Aber auch Habgier und Begierde, Ehrgeiz oder, nicht zu unterschätzen, ein schlechtes Gewissen bieten Angriffsflächen. Im Grunde ist es immer wieder dasselbe Muster: Die Betrüger erzählen ihren Opfern das, was diese hören wollen, selber aber oft kaum zu sagen getrauen. Instinktsicher kitzeln und flattieren sie an diesen wunden Zonen herum. Die erfolgreichsten Betrüger machen ihre Opfer zu Komplizen, die ihnen beim Bau der Luftschlösser aktiv zur Hand gehen. Nicht selten sind es die Verführten selber, die sich bei Unstimmigkeiten die verrücktesten Ausreden ausdenken, nur um das Gesicht zu wahren, um den bitteren Moment der Ernüchterung hinauszuzögern. Je fadenscheiniger die Ausflucht, desto verzweifelter klammert man sich daran, wie ein Ertrinkender an den Stein, der ihn in die Tiefe reisst.

Die grossen Demagogen arbeiten mit den Mitteln der Hochstapler. Je komplexer die Probleme, desto simpler ihre Erfolgsrezepte. Ihr braucht Geld? Nehmen wir es von den Reichen! – Die Mieten sind zu teurer? Der Staat setzt die Preise fest und verbietet Kündigungen! – Es gibt zu wenig Wohnungen? Wählt mich, dann baue ich euch welche! – Der Staat ist bankrott? Dann leihen wir uns eben Geld von der Bank! – Wir können die Schulden nicht mehr zahlen? Enteignen wird einfach die Bank! – Ihr fühlt euch verunsichert und entfremdet? Die Fremdlinge sind schuld! – Das Land geht vor die

Hunde? Schuld sind die andern! – Arbeitslose? Kein Problem, verbieten wir einfach Entlassungen! – Euch plagen Zukunftsängste? Zurück in die Vergangenheit, zurück ins Paradies!

Die Preisfrage lautet: Wie unterscheidet man den Hochstapler vom echten Visionär? Eine simple Formel gibt es nicht, allerdings eine aparte Faustregel: Wenn Einwände und die Gegenrede unterdrückt werden, wenn Kritiker niedergeschrien, Skeptiker mit Verunglimpfungen, Hohn und sozialer Ächtung zum Schweigen gebracht werden, ist immer etwas faul. Wer wasserdichte Argumente auf seiner Seite hat, greift nicht zu den Mitteln des Mobs. Er sucht vielmehr den Widerspruch, um die Schwachstellen seiner eigenen Überzeugung auszuloten.

Natürlich ist nicht jede Verschwörungstheorie diskussionswürdig. Es ist mühsam mit Leuten zu streiten, welche die Mondlandung für eine Hollywood-Inszenierung halten und die teuflischen Chemtrails für eine geheime Vernichtungsstrategie. Spätestens wenn die Terror-Anschläge von New York, Paris, London oder Madrid dem ewigen Juden untergeschoben werden – und warum auch nicht noch gleich die Shoa, alles vorausgesagt in »Protokolle der Weisen von Zion«! – sinkt der Appetit auf eine Auseinandersetzung rapide. Es ist immer auch eine Frage des gesunden Menschenverstandes, für welche Debatten wir unsere Zeit verwenden und verschwenden. Wir müssen uns nicht mit allem auseinandersetzen, doch das freie Wort zu verbieten ist immer falsch und einer offenen Gesellschaft unwürdig.

Zwischen einer haltlosen Verschwörungstheorie und berechtigten Zweifeln an einer vermeintlich unumstösslichen Wahrheit ist oft ein schmaler Grat. Binsenwahrheiten erweisen sich bisweilen als Irrtümer. Die Mehrheit hat – ausser bei der Mode und, mangels einer besseren Alternative, in demokratischen Abstimmungen – nicht immer recht. Ein Argument wird durch millionenfache Wiederholung nicht besser. 1931 unterzeichneten zahlreiche Wissenschaftler, welche die Relativitätstheorie für eine gefährliche Irrlehre hielten, eine Streitschrift mit dem Titel »Hundert Autoren gegen Einstein«. Albert Einstein reagierte gelassen: »Warum einhundert? Wenn sie Recht hätten, würde ein Einziger genügen.«

In den 1930er Jahren etwa herrschte in Deutschland ein weit verbreiteter *Common Sense*, gemäss dem die *arische Rasse* allen anderen überlegen sei. Die Slawen wurden zum Sklaventum verdammt, die Juden gehörten als »Schädling im Volkskörper« eliminiert. Der Rassenwahn ging so weit, dass an deutschen Universitäten die *jüdische Physik* abgelehnt und Einsteins Relativitätstheorie verboten wurde. Die meisten jüdischen Physiker wanderten in die USA aus, was insofern eine glückliche Fügung war, als die Atombombe sonst vielleicht in den Händen der Nazis gelandet wäre[51].

Aus heutiger Sicht baute der Nationalsozialismus auf klassische Verschwörungstheorien. Doch damals war es umgekehrt: Wer nicht in der Masse mitmarschierte, war der Wirrkopf. Unter Muslimen dürfte die Überzeugung heute noch mehrheitsfähig sein, wonach eine zionistische Weltverschwörung die Wurzel allen Übels sei und die Juden, wenn nicht eliminiert, zumindest unterjocht gehören. Nimmt man die Resolutionen des UNO-Menschenrechtsrates in Genf zum Massstab, könnte man meinen, Antisemitismus sei bis heute weltweit die Norm.

Bei der Definition der Verschwörungstheorie kann man sich an den Wortlaut halten: Wo eine grosse Konspiration als Mutter allen Übels angeprangert wird, ist Skepsis angebracht. Die Realität hält sich selten an komplizierte Masterpläne. Je mehr Mitwisser invol-

51 Thomas Powers, Heisenberg's War: The Secret History of the German Bomb. Knopf, 1993. Das Buch enthält zwar auch umstrittene Thesen, doch die Aufarbeitung des Themas *arische Physik* erscheint solide.

viert sind, desto geringer wird die Wahrscheinlichkeit, dass der Komplott geheim bleibt; je undurchsichtiger die Quellen, desto dünner der Wahrheitsgehalt. Wer partout behauptet, er stelle nur Fragen, ohne wenigstens in den zentralen Punkten solide Antworten zu liefern, der scheut in der Regel eine ernsthafte Auseinandersetzung. Mehr als Indizien sind das allerdings nicht. Es hat immer wieder verrückte und unglaubliche Verschwörungen gegeben. Allerdings kam es dann oft anders heraus, als ursprünglich geplant.

Der Vorwurf der Verschwörungstheorie kann auch als Killerargument missbraucht werden, um unliebsame Debatten abzuwürgen. Ein Beispiel liefert der bereits erwähnte Klimawandel. Wer das Ausmass des menschlichen Einflusses auf die globale Temperatur in Frage stellt, landet schnell in der Schandecke der Böswilligen. Man kann das ganze natürlich auch umdrehen: Gewisse Klimaskeptiker neigen dazu, den globalen Temperaturanstieg generell als Verschwörung korrupter Wissenschaftler, Politiker und Ideologen zu diskreditieren.

Für Journalisten sind solche Kontroversen besonders unangenehm. Instinktiv lassen wir uns im angesagten Mainstream treiben. Wir wollen unsere Artikel und Reportagen schliesslich verkaufen. Wer sein Publikum mit ungewohnten Thesen konfrontiert und mit komplexen Hintergründen überfordert, macht sich angreifbar und landet schnell selber in der Schmuddelecke.

Wer dagegen vor der ultimativen Katastrophe oder einem bösen Übeltäter warnt, steht immer auf der sicheren Seite. Apokalyptische Stories und Bösewichte, das haben schon die Verfasser der Bibel erkannt, verkaufen einfach gut. Sollten sich die düsteren Prophezeiungen nicht bewahrheiten, erinnert sich kein Mensch mehr daran, schwappt bereits das nächste Endzeit-Szenarium über den Planeten, wird der nächste Teufel gejagt. Nichts ist älter als eine Zeitung von gestern. Das Waldsterben wurde durch die Klimakatastrophe ersetzt, George Bush durch Donald Trump, Aids durch Ebola, Gaddafi durch Erdogan, die Vogel- durch die Schweinegrippe, der DDT-Krüppel durch das Impf-Opfer, Marc Rich durch Ivan Glasenberg, die Rothschilds durch Soros, der Gentech-Zombie durch das Nanotech-Monster.

Eine Geschichte über eine erfundene Katastrophe, die nie stattfinden wird, oder über einen angeblichen Menschenfeind, der vielleicht zu Unrecht verfemt wurde, ist dagegen keine Geschichte. Es ist schwierig, etwas zu beschreiben, was nicht ist. Abgesehen davon nimmt man damit stets das Risiko des Irrtums in Kauf. Man kann ja nie wissen, ob vielleicht nicht doch ein Körnchen Wahrheit am Mythos dran ist. Wer gegen den allgemeinen Trend schreibt, schafft sich viele erbitterte Gegner, die nur darauf warten, ihm seine Fehleinschätzung um die Ohren zu schlagen. Wer dagegen die finale Katastrophe heraufbeschwört, kann später immer sagen, dass man halt – vielleicht dank seiner Warnung! – noch einmal mit einem blauen Auge davongekommen sei.

Wie steht es wirklich um unsere Welt? In jahrzehntelanger Kleinarbeit hat der renommierte schwedische Mediziner und Professor Hans Rosling ein Tool entwickelt, das die wichtigsten messbaren Indikatoren des Fortschritts aus anerkannten Quellen weltweit sammelt und auswertet. Dabei entstand der *Gapminder*[52], ein Recherche-Tool, das ständig weiterentwickelt wird. Der *Gapminder* ist sicher nicht fehlerlos. Aber er liefert doch belastbare Anhaltspunkte zur Entwicklung von Armut, Gesundheit und Lebenserwartung, Ernährung, Bildung oder Opfer von Naturkatastrophen und Kriegen über längere Zeiträume. Das Gesamtbild ist eindeutig und stimmt zuversichtlich: Die Welt wird immer besser!

52 www.gapminder.org

Lebten 1966 noch weltweit die Hälfte der Menschen in extremer Armut, sind es heute noch 9 Prozent. Im gleichen Zeitraum hat sich der Ernteertrag pro Hektare Kulturland vervierfacht. Dass einige wenige immer mehr und die grossen Massen immer weniger hätten, ist ein haltloser Mythos; am kräftigsten ist die Mittelklasse in den letzten Jahrzehnten gewachsen. Litten 1970 noch 28 Prozent der Menschen an Hunger, sind es heute 11 Prozent. Zehn Mal weniger Kinder sterben vor dem fünften Lebensjahr als noch vor 200 Jahren, dafür stieg die Alphabetisierungsrate im gleichen Zeitraum von 10 auf 86 Prozent, während sich die Lebenserwartung von 31 auf 72 Jahre verdoppelte. Heute sterben zehn Mal weniger Menschen an Naturkatastrophen als in den 1930-er Jahren. Die Zahl der HIV-Neuinfektionen ging in den letzten zwei Jahrzehnten um mehr als die Hälfte zurück. Wurden 1980 erst 20 Prozent der Kinder geimpft, sind es heute 88 Prozent. Standen vor hundert Jahren bloss 0,03 Prozent der Weltoberfläche unter Naturschutz, sind es heute 14,7 Prozent. Die Liste der erfreulichen Entwicklung liesse sich verlängern. Und das Beste: All die erwähnten weltweit positiven Trends entwickeln sich erstaunlich konstant.

Irritiert Sie dieser Befund? Keine Sorge, Sie befinden sich in bester Gesellschaft. Zahlreiche Umfragen belegen, dass die Mehrheit der Menschen die Weltlage viel pessimistischer einschätzt, als sie effektiv ist. Professor Hans Rosling selber hat über Jahrzehnte Tausende von Menschen in einfachen Tests, die, wie er betont, »keine Fangfragen« enthielten, um ihre Einschätzung der weltweiten Entwicklungs-Indikatoren gebeten[53]. Vorgegeben waren jeweils drei Antworten, von denen eine richtig war. Sein Befund: »Jede Gruppe, die ich befragte, glaubt, die Welt sei weitaus bedrohlicher, gewalttä-

53 Hans Rosling u.a.: Factfulness. *Wie wir lernen, die Welt so zu sehen, wie sie wirklich ist.* Ullstein Verlag

tiger und hoffnungsloser – in einem Wort: dramatischer – als sie in Wirklichkeit ist.«

So stellte Rosling etwa die Frage, wie sich der Anteil der in extremer Armut lebender Menschen an der Gesamtbevölkerung in den letzten zwei Jahrzehnten entwickelt hat. Die drei Optionen: Er hat sich verdoppelt; er ist etwa gleichgeblieben; er hat sich mehr als halbiert. Lediglich sieben Prozent der Befragten tippten richtig, also auf letzteres. Hätte Rosling den Test einer Gruppe von Schimpansen vorgelegt, wäre gemäss Zufallsprinzip und statistischer Wahrscheinlichkeit mit einer Trefferquote von 33 Prozent zu rechnen gewesen. Doch mit Intelligenz und Bildung ist das Resultat nicht zu erklären. Selbst Nobelpreisträger erwiesen sich als notorische Schwarzseher. Offensichtlich sind wir nicht nur schlecht, sondern, viel schlimmer, falsch informiert.

Liegt es an den Medien – oder an ihrer Kundschaft? *Only bad news are good news*, lautet ein journalistisches Bonmot: *Nur schlechte Nachrichten sind gute Nachrichten*. Was paradox anmuten mag, lässt sich anhand der Unterhaltungs-Branche aufzeigen. Kriegs- und Katstrophenfilme laufen immer gut, egal wie simpel und absehbar der Plot gestrickt ist, Hauptsache es kracht. Der Krimi ist mit Abstand das beliebteste literarische Genre, und ein Krimi kommt bekanntlich selten ohne Leiche aus. Das Böse fasziniert, wir messen an ihm unser eigenes Wohlbefinden. Abgesehen davon ist es auch sinnvoll, dass wir uns um jene Dinge sorgen, die inakzeptabel erscheinen und geändert werden müssen. Was gut funktioniert kümmert uns weniger; es sollte der Normalfall sein.

Zum Problem wird das erst, wenn vermeintliche oder tatsächliche Missstände oder Gefahren derart übertrieben, verzerrt und einseitig dargestellt werden, dass ein falsches Gesamtbild zu falschen Schlüssen und Reaktionen führt. Die gutgemeinte Übertreibung wird zur Falle, welche die Lösung der Probleme erschwert oder gar verhindert, statt echte Alternativen aufzuzeigen.

Der Kontinent, der am meisten Sorgen bereitet, ist zweifellos Afrika. Während sich das Wachstum der Bevölkerung weltweit deutlich abgeflacht hat, rechnen die Statistiker mit einer Vervierfachung von rund einer Milliarde auf vier Milliarden Afrikaner noch in diesem Jahrhundert. Wollte man nur das heutige Lebensniveau halten, müsste die Wirtschaft mindestens im gleichen Mass wachsen. Von einer industriellen und wissenschaftlichen Revolution, wie sie zuletzt in Asien stattgefunden hat, ist Afrika indes um Welten entfernt. Realistischerweise bieten sich Rohstoffe, mit denen der *schwarze Kontinent* reichlich gesegnet ist, zurzeit als einzige Option an. In diesem Bereich ist immerhin bereits ein Knowhow vorhanden, auf das man aufbauen kann. Sowohl in Bezug auf die Landwirtschaft wie auch auf den Bergbau schlummert in Afrika ein gewaltiges Potential.

Afrika ist heute ein Dorado für Entwicklungshelfer, NGO und Hilfswerke. Die schrecklichen Bilder von weinenden Kindern mit Wasserbäuchen, Kriegsopfern und Ebola-Toten wühlen nicht nur auf, sie öffnen auch die Brieftaschen. Spendentechnisch ist Afrika ein Selbstläufer. Ungleich schwieriger ist es, diese Gelder vor Ort sinnvoll zu investieren. Weil das Problem nicht bei ihnen selber liegen kann, sind die Helfer dazu übergegangen, die Industrienationen für die Missstände in der Subsahara verantwortlich zu machen. Die milliardenschweren transnationalen Rohstoffmultis sind seit Jahren Zielscheibe von NGO-Kampagnen. Ob Kinderarbeit, Hungerlöhne, Umweltzerstörung, Krieg oder Korruption – die Milliardäre sind an allem Elend schuld.

So führt die einflussreiche NGO *Public Eye* (vormals *Erklärung von Bern*) seit einem Jahrzehnt eine international vernetzte und orchestrierte Dauerkampagne gegen transnationale Rohstofffirmen, die in Entwicklungsländer investieren. Es geht dabei nicht um eine punktuelle Kritik, sondern um eine Fundamentalopposition gegen den so genannten *Rohstoff-Fluch*[54], der einer gesunden Entwicklung Afrikas im Wege stehe.

Die Schweiz gehört zu den weltweit wichtigsten Drehscheiben für den Rohstoffhandel. Bei Metallen und Kaffee beträgt der Weltmarktanteil der zumeist in Zug und Genf domizilierten Multis wie *Cargill*, *Trafigura*, *Mercuria*, *Gunvor*, *Vitol* oder *Vale*, rund 60 Prozent[55]. Je rund ein Drittel des globalen Handels mit Erdöl und Getreide wird über die Schweiz abgewickelt. Der Grund dürfte in der politischen Stabilität des Landes, den einigermassen liberalen Regulierungen, der Rechtssicherheit, der politischen Neutralität sowie in der relativ moderaten Steuerbelastung zu suchen sein (in dieser Reihenfolge; tatsächlich ist die Schweiz alles andere als eine Steueroase).

Besonders hartnäckig sind die Angriffe von *Public Eye* gegen die Firma *Glencore* und namentlich deren Gründer und Hauptaktionär Ivan Glasenberg, ein gebürtiger Südafrikaner mit jüdischen Wurzeln. Denn *Glencore* handelt nicht nur mit Rohstoffen, der Multi betreibt auch über die halbe Welt verteilt Minen. Einige davon befinden sich in Südafrika und im so genannten *Copper-Belt* an der Grenze zwischen Kongo und Sambia. Rund die Hälfte des weltweit bekannten Vorrats an Kobalt – ein unverzichtbarer Stoff für Akkubatterien – schlummert im afrikanischen Copper-Belt.

Im Fadenkreuz der Kritik steht seit Jahren die Mopani-Kupfermine in Sambia wegen angeblicher Luftverschmutzung, Kinderarbeit, Hungerlöhne, Korruption – das volle Programm. Anwohner der Mopani-Minen klagten angeblich über giftige Luft, mysteriöse Todesfälle und »Asthma-Babys«. Reporter des öffentlich-rechtlichen

---

54 Mit dem Bestseller »Rohstoff – Das gefährlichste Geschäft der Schweiz« eröffnete *Public Eye* 2012 eine Kampagne gegen die Rohstoff-Multis, welche seither andauert.

55 *Swiss academies factssheets*; file:///D:/Downloads/afactsheetrohstoffeDEweb.pdf

Schweizer Fernsehen *SRF* haben in Zusammenarbeit mit *Public Eye* Messgeräte eingeflogen, die eine hohe Schadstoffbelastung auswiesen. Auch über mögliche Steuerumgehungen wurde orakelt, die Hilfswerke aufgedeckt haben wollen.

Was ist an diesen Vorwürfen dran? Ist die Mopani-Mine wirklich ein Fluch für Sambia, wie uns *Public Eye* im Chor mit Fernsehen *SRF* glauben machen will?

Im Mai 2018 bin ich für gut eine Woche nach Mufulira und Kitwe gereist, um mir vor Ort ein Bild zu machen. Eine Woche ist nicht viel Zeit. Aber ich hatte doch die Gelegenheit, mit Dutzenden von direkt betroffenen Menschen zu reden: Mineure, Ärzte, Anwohner, Lehrer, Vertreter der Mine und der Behörden. Fast alles, was sie mir erzählten und was ich sah, stand in einem grotesken Kontrast zu den Anklagen von *Public Eye*. Weder in Mufulira noch in Kitwe, wo 15 000 Angestellte der Mopani-Minen täglich rund 400 Tonnen Kupfer fördern, habe ich Hinweise auf Elend oder Armut gefunden, die mit *Glencore* in Zusammenhang gebracht werden könnten. Vielmehr fand ich mich in einer prosperierenden Gegend.

Wem sollte ich nun glauben? Und vor allem: Würde man mir glauben? Gute Nachrichten aus Afrika sind schwer vermittelbar.

Vorweg eine Klarstellung: Glencore hat mir nach einigem Zögern zwar grosszügig Zugang zur Mine gewährt, finanziert habe ich die Reise aber selber. Niemand stellte Bedingungen, mit einer Ausnahme: *Actionaid*, der lokale Partner von *Public Eye*. Ich hatte Vertreter des Hilfswerks um ein Treffen gebeten. Es erschien mir wichtig, auch ihre Sicht in Erfahrung zu bringen. Brian Moyowanyamane, der mir von *Public Eye* empfohlene Verbindungsmann, wollte vorweg wissen, was denn der »benefit« meiner Reportage für *Actionaid* sei. Vorteile könne ich keine versprechen, antwortete ich freundlich, da ich mich grundsätzlich nicht an Kampagnen beteilige; das Einzige, was ich garantiere, sei Fairness. Trotz mehrerer Anläufe hörte ich in der Folge nichts mehr von *Actionaid.* So begab ich mich halt auf eigene Faust auf die Suche.

Auf dem Flughafen von Ndola und später auf dem Markt von Kitwe engagierte ich auf gut Glück Max und Isaac. Das Glück war mir hold. Die beiden Fahrer, mit denen ich vor dem Besuch der Mine zwei Tage lang durch die Umgebung streifte, erwiesen sich als wache und offene Gesprächspartner. Sie zeigten mir nicht nur die Shopping-Malls und Fussballstadien, welche die Chinesen hier in den letzten Jahren aus dem Boden gestampft haben. Max machte mich mit der Realität in den ärmeren Vierteln bekannt, wo er sich bestens auskennt. Isaac führte mich zu den Schutthalden, in denen ein Heer von Schwarzarbeitern in der Schlacke nach Resten von Kupfer sucht. Es ist ein gefährliches Metier, das von mafiösen Clans kontrolliert wird. Ihre Ausbeute verkaufen die illegalen Mineure an chinesische Firmen weiter. Nur hat das alles nichts mit *Glencore* zu tun.

Die Chinesen sind, wie fast überall in Afrika, auch in Sambia ein Thema. Seit der Jahrtausendwende hat die rohstoffhungrige und boomende Volksrepublik den halben Kontinent aufgekauft. Anders als die westliche Konkurrenz kümmern sich die Chinesen allerdings weniger um ethische Standards. Sie behandeln die Afrikaner als mündige Verhandlungspartner, die selber wissen müssen, was ihnen nützt. Nachhaltig ist aus chinesischer Sicht, was den eigenen Interessen dient. Dies stört in Sambia kaum jemanden, mit einer Ausnahme: Die Chinesen würden, so heisst es allenthalben, ihre eigenen Leute einfliegen, um sich die Ausbildung lokaler Arbeitskräfte zu ersparen. Das verübeln viele Einheimische den Asiaten.

In Mufulira erinnern feudale Villen, ein olympischer Swimmingpool, der Golfplatz, grosszügige Tenniscourts und das Rugby-Stadion an jene Zeiten, als die Briten hier das Sagen hatten. Mit Unterstützung der Mopani-Minen-Gesellschaft wurden die zwischendurch zerfallenen Reminiszenzen der Kolonie in den letzten Jahren zu neuem Glanz erweckt. Sie werden auch genutzt, allerdings nicht mehr von bleichen Briten, sondern von einer aufstrebenden schwarzen Mittelschicht. Das Rugby-Team von Mufulira gilt als Topmannschaft, die sogar mit den Profis aus Südafrika mithalten könne.

Vom Bahnhof ist derweil nur noch eine Ruine geblieben. Sie wird von einem einsamen Beamten bewacht, der sich in einem Fahrkartenschalter häuslich eingerichtet hat. Theoretisch ist die staatliche Bahnlinie zum Tiefseehafen von Daressalam im benachbarten Tansania zwar noch befahrbar, wie er uns erzählt. Doch Banditen, welche die Züge zum Entgleisen bringen, um die Fracht abzuräumen, hätten den Transport auf der Schiene in Verruf gebracht. Die meisten Rohstoffe werden deshalb auf dem beschwerlichen Landweg über Südafrika exportiert.

Man findet in Mufulira durchaus Einheimische, vor allem ältere Leute, die der Kolonie nachtrauern. 1964 wurde Sambia unabhängig. Die weissen Herrscher wurden durch einen schwarzen Diktator ersetzt. Für die breite Bevölkerung blieb vieles beim Alten, bis Diktator Kenneth Kaunda 1973 den Bergbau verstaatlichte. Das sozialistische Regime trieb das Land an den Rand des Bankrotts. 1991 musste Kaunda abdanken und einem Mehrparteiensystem weichen. Eine Demokratie im westlichen Sinn ist Sambia bis heute nicht. Und wenn das Konterfei des derzeitigen Machthabers Edgar Lungu in jeder Kneipe, jeder Schule, in jedem Büro und an jeder zweiten Strassenecke hängt, heisst das nicht, dass ihn alle toll finden. Max definierte es so: »Wir wählen alle paar Jahre einen neuen Diktator.« Die Entwicklung geht zäh voran. Aber wenigstens stimmt die Richtung.

Der Aufschwung begann Ende der neunziger Jahre mit der Reprivatisierung des Bergbaus. *Glencore* stieg im Jahr 2000 in die völlig heruntergekommenen Mopani-Minen ein. Die Umwelt war unter dem Staatsregime kein Thema gewesen. Der Ausstoss von Schwefeldioxid hatte ganze Landstriche vergiftet. Am billigsten und einfachsten wäre es gewesen, die Schmelzöfen und Raffinerien von Mufulira niederzureissen und neu aufzubauen. Für die damals 10544 Angestellten, die gegen 100000 Menschen ernährten, wäre es eine Katastrophe biblischen Ausmasses gewesen.

Glencore einigte sich mit der Regierung, die Anlagen innerhalb von fünfzehn Jahren schrittweise zu sanieren. Insgesamt rund 4,2 Milliarden Dollar wurden seither in die Aufrüstung der Mopani-Minen investiert, eine halbe Milliarde davon entfiel auf die umwelttechnische Sanierung. Bis 2007 gelang es, die Schwefeldioxid-Emissionen auf die Hälfte zu reduzieren, zwei Jahre später folgte der nächste Meilenstein. Ende 2014 war der Schadstoffausstoss zu 95 Prozent eliminiert. Die Versprechen wurden damit sogar vorzeitig erfüllt.

Doch von alldem war in der anklagenden Enthüllung so gut wie nichts zu erfahren, die das Schweizer Fernsehen *SRF* in Zusammenarbeit mit *Public Eye* kurz vor der längt geplanten Inbetriebnahme der letzten Ausbauphase lancierte. So viel zur Nachhaltigkeit beim öffentlichen TV und bei der NGO-Szene.

Der offizielle Teil meines Mopani-Besuchs beginnt beim *Malcolm Watson Hospital* in Mufulira. Der weitläufige und mit grosszügigen Rasenflächen eingesäumte Bau war einst von den Briten errichtet worden und bis nach der Unabhängigkeit den zumeist weissen Expats vorbehalten. Nach der Privatisierung wurde daraus eines von zwei Spitälern mit insgesamt 210 Betten, die von der Mine gesponsert werden. Das Angebot – von der Zahnbehandlung bis zur Geburtshilfe – steht seither der ganzen Bevölkerung offen; bloss sechzehn Prozent der behandelten Patienten arbeiten für die Mine.

Der grösste Teil der Arbeit wird gemäss Chefarzt Ronny Cheelo allerdings ausserhalb des Spitals geleistet. 40 000 Haushaltungen wurden gemäss seinen Angaben allein letztes Jahr mit Insektiziden gegen Malariafliegen geschützt. Mit einem Programm zur Wasserhygiene soll der Typhus bekämpft werden. Aids-Prävention und Geburtenkontrolle bilden den dritten Schwerpunkt. In Zusammenarbeit mit der US-Regierung versorgten die Mopani-Spitäler letztes Jahr 17 264 HIV-Infizierte mit kostenloser Medizin.

Die Erfolgsstatistiken, die mir Cheelo präsentiert, sind eindrücklich. Glaubt man den Zahlen, sind die Neuansteckungen mit Malaria-, Typhus- und Aids-Erregern in der ganzen Region in den letzten Jahren dramatisch zurückgegangen. Ich kann diese Daten nicht überprüfen. Aber ich sehe keinen Grund, *Public Eye* aus Bern mehr Glauben zu schenken als dem lokalen Arzt, der in Cardiff studiert hat und mir stolz die internationale ISO-Zertifizierung seines Spitals präsentiert.

Gerne zeigt die Mopani-Company den Besuchern auch ihre beiden Schulen, in denen insgesamt 1850 Primar- und Sekundarschüler ausgebildet werden. Es gilt das Gleiche wie für die Spitäler: Bis *Glencore* die Mopani-Minen übernahm, waren diese Schulen hauptsächlich den Kindern vom Kader der Mine vorbehalten gewesen. Diese sind zwar nach wie vor willkommen, doch sie sind längst in der Minderheit. Trotz eines bescheidenen Schulgeldes gibt es lange Wartelisten.

Für afrikanische Verhältnisse gar einzigartig, so habe ich mir von aussenstehenden Fachleuten versichern lassen, sei die Mopani-Schulung für das eigene Personal. Ob Mineur, Sprengmeister, Mechaniker, Sanitäter oder Maschinenführer – keiner wird zur Arbeit zugelassen, wenn er diese Ausbildungsstätte nicht durchlaufen hat. Für Spezialisten bietet die Company eine zweieinhalbjährige, praxisorientierte Ausbildung an, welche in etwa einer Schweizer Berufslehre entspricht.

Unter dem wachsamen Blick des Betriebsleiters Anton Lemmer büffeln, fräsen, hämmern, schweissen und schrauben täglich 500 Lernende im Musterbetrieb. In den herausgeputzten Werkhallen herrschen eine fast preussisch anmutende Disziplin und Sauberkeit. Lemmer hatte zuvor 25 Jahre lang eine südafrikanische Mine geleitet. Als der Betrieb geschlossen wurde, fand er trotz bester Qualifikationen keinen Job mehr. Rassenquoten, welche die weissen Bewerber auch in der Privatwirtschaft benachteiligen – eine Art Fortsetzung der Apartheid mit umgekehrten Vorzeichen – haben Lemmer wie viele Südafrikaner ins Exil getrieben. In Sambia wurde er mit offenen Armen empfangen.

Es war die vielleicht erstaunlichste Beobachtung meiner Reise nach Mufulira: In der Mine scheinen Herkunft, Geschlecht, Religion oder Hautfarbe keine Rolle zu spielen. Die meisten Mitarbeiter, bis hinauf in die Chefpositionen, sind Sambier. Im Gespräch hinterliessen sie durchs Band weg einen sehr selbstbewussten, freundlichen aber ernsthaften Eindruck. Der Umgang unter den Mineuren erschien mir gelassen und respektvoll. Nirgends waren laute Worte zu hören. Die wenigen Weissen stammten vor allem aus Südafrika. Auch die Ingenieure aus Peru und Indien waren aufgrund ihrer Physiognomie unschwer zu verorten. Doch sie trugen alle, unbesehen der Hierarchie, den gleichen Overall, die gleichen Schuhe und die gleichen Helme.

In der Mine herrscht ein strenges Regiment. Wer das Gelände betritt, vom Hilfsarbeiter bis zum CEO, muss sich einem Atemlufttest unterziehen. Ausnahmen gibt es keine, in Bezug auf Alkohol gilt Nulltoleranz. Wer betrunken zur Arbeit erscheint, ist gefeuert. Die Jobs in der Mine sind trotzdem sehr begehrt. Unfälle sind sehr selten. Der Mindestlohn von monatlich 5000 Kwacha für ungelernte Arbeiter befindet sich weit über dem landesüblichen Schnitt. Umgerechnet sind das rund 500 Dollar. Für einen Europäer mag das bescheiden anmuten, doch viele Sambier würden auch für die Hälfte arbeiten. Denn eine geregelte Arbeit ist nach wie vor ein Privileg in diesem Land. Mopani ist der wichtigste Arbeitgeber in der Region. Danach kommt lange, lange nichts mehr.

Mag sein, dass das soziale Engagement für *Glencore* in finanzieller Hinsicht einen Klacks bedeutet, gemessen an den Milliardenbeträgen, welche der Weltkonzern umsetzt. Zweifellos: Der Multi ist kein karitativer Verein, sondern eine börsennotierte Aktiengesellschaft, die sich in einem knallharten Markt behauptet. Ivan Glasenberg und seine Mitaktionäre finanzieren die Schulen und Spitäler nicht, weil sie sich einen Friedensnobelpreis oder einen Orden vom Papst erhoffen. Sie brauchen dafür auch den Druck aus Bern, Berlin, London oder New York nicht. Die Mopani-Minen lancierten ihre sozialen Projekte, lange bevor die NGO-Branche das Rohstoffgeschäft entdeckte. Zufriedene Mitarbeiter und der soziale Frieden mit den Anwohnern liegen im ureigenen Interesse des Konzerns.

Der Bergbau ist ein extrem kostenintensives und vor allem langfristiges Geschäft in einem ausgesprochen unsicheren Umfeld. Eine Mine kann man aber nicht so einfach ins Ausland verlegen, wenn ein neuer Diktator an die Macht kommt und die Spielregeln über Nacht ändert. Doch niemand schützt die Investition besser und effizienter als ein Heer von Arbeitern und Anwohnern, die *ihre* Mine verteidigen.

Ist das soziale Engagement deshalb weniger wertvoll? Die Erfahrung lehrt das Gegenteil: Gerade weil die Geldgeber ein Eigeninteresse an einem messbaren Erfolg ihrer sozialen Projekte haben, funktionieren sie, nicht nur als Power-Point-Präsentation, sondern auch in der Realität.

Es ist auch nicht so, dass die Minen die Bodenschätze zum Nulltarif ausbeuten. Der Bergbau steuert in Sambia mehr ans Gemeinwohl bei als alle anderen Branchen. Die Minen sorgen für 87 Prozent der Auslandinvestitionen, 80 Prozent der Exporteinnahmen und

25 Prozent des Staatsbudgets[56]. Das gilt nicht nur für Sambia. In vielen afrikanischen Ländern herrschen ähnliche Verhältnisse. Die Abgaben beschränken sich nicht auf Schürflizenzen, Royalties und Unternehmenssteuern, sondern beinhalten eine ganze Reihe von indirekten Steuern. Auf der anderen Seite sind die vermeintlichen Schätze – das Erdöl ist in dieser Hinsicht eine Ausnahme – wertlos, solange sie im Boden liegen. Der Mehrwert wird, wie in der Landwirtschaft, durch arbeits- und energieintensive Prozesse erst erarbeitet. Über die Zulieferer, die indirekt vom Bergbau profitieren, verteilt sich der Ertrag über das ganze Land.

An einem abschliessenden Nachtessen mit dem Mopani-CEO Chris Vermeulen treffe ich die Anwältin Senga Chitoshi. Beiläufig erzählt mir die 47-jährige Juristin die Geschichte ihrer Familie. Es ist ein Generationenepos, der untrennbar mit der Entwicklung dieses Landes verwoben ist. Eigentlich möchte Senga lieber übers Geschäft reden. Nach einigem Insistieren empfängt sie mich am nächsten Morgen aber doch in ihrem Büro. Es liegt gleich neben jenem von Vermeulen.

Senga gehört dem Topmanagement der Mopani-Minen an. In Lusaka hat sie als Staatsanwältin gearbeitet, bevor sie in die Privatwirtschaft wechselte. Sengas Grosseltern waren einfache Bauern aus der Region von Solwezi im Nordwesten des Landes. 1938 verliess ihr Grossvater väterlicherseits, Belina Vundamina, seinen Stamm. In Mufulira heuerte er in der Kupfermine an und stieg zum *Boss Boy* auf. Für die Briten blieb er ein *Boy* bis zu seiner Pensionierung.

Sengas Vater Teta Vundamina studierte Mitte der 1960er Jahre in Lusaka Chemie. Wegen Aktivitäten in der Studentengewerkschaft wurde er aus der Universität verbannt. Bei der Mufulira-Mine

56 Copper Mining in Sambia – History and Future. The Southern African Institute of Mining and Metallurgy, 2016

brachte er es in der Folge bis zum *Senior Personal Officer.* Seine Frau arbeitete als Krankenschwester für die Company. Bei der Verstaatlichung wurde Teta Vundamina 1974 für ein paar Jahre nach England versetzt, wo Senga die Primarschule absolvierte. Nach seiner Rückkehr opponierte Sengas Vater mit anderen Dissidenten gegen das herrschende Regime und verbrachte einige Monate im Gefängnis. Nach dem Ende der Kaunda-Diktatur wurde er ins Übergabe-Team berufen, das die Privatisierung der Minen organisierte. Danach zog sich Teta Vundamina wieder in sein Stammesgebiet nach Solwezi zurück, wo er bis heute eine Farm betreibt. Kürzlich hat er im Alter von 71 Jahren sein Studium mit dem Mastertitel abgeschlossen, auf dem Korrespondenzweg, bei der Universität Liverpool.

Senga Chitoschi hat in London studiert. Sie hätte auch in Europa Karriere machen können. Doch Sambia bot ihr mehr. Dass auch sie bei den Mopani-Minen landete, habe nichts mit ihrem Vater zu tun, versichert sie. Bei der Company habe man sich gar nicht an ihren Vater erinnert, als man ihr eine Stelle anbot. Senga nahm den Job, weil die Firma ihr eine interessante Perspektive und einen guten Lohn bot. Und weil ihr Mann, ein Anwalt und Journalist, in Kitwe eine Lizenz für eine Radiostation in Aussicht hatte. Und weil es hier gute Schulen für die gemeinsame Tochter gibt.

Acht Jahrzehnte sind ins Land gegangen, seit Sengas Grossvater seinen Stamm verliess und bei den Briten als *Boy* anheuerte. Eigentlich ist das eine kurze Zeitspanne, wenn man sich vor Augen hält, was sich alles getan hat. Das wiederum hat viel mit dem Bergbau zu tun. Vielleicht, schiesst mir nach meinem Rückflug über Johannesburg durch den Kopf, wird man Ivan Glasenberg eines Tages eine Statue neben Nelson Mandela widmen. Immerhin hat Glencore doch einiges zum Fortschritt und zur Überwindung des Rassismus im südlichen Afrika beigetragen, auf jeden Fall mehr als all die Hilfswerke und NGO, die unser schlechtes Gewissen gewinnbringend bewirtschaften. Und vielleicht wird man dereinst auch im fernen Norden zur Kenntnis nehmen, dass es in Afrika nicht nur Elend, Korruption und Hunger gibt.

Meine Visite in Sambia war sicher viel zu kurz für eine umfassende und abschliessende Beurteilung. Es war nicht mehr als eine Momentaufnahme, die sich allerdings mit vielem deckte, was ich über die Jahrzehnte in so genannten Entwicklungsländern beobachtet hatte. Zweifellos, der Reichtum an Rohstoffen kann auch zum Fluch werden. Ein abschreckendes Beispiel dafür liefert Venezuela, wo eine relativ kleine politisch-militärische Kaste das Erdölmonopol an sich gerissen und mit den Petro-Milliarden seine Macht zementiert hat. Doch das Problem ist nicht das Erdöl, sondern das staatliche Monopol. Genauso muss man nicht den Rohstoffabbau bekämpfen, um Umwelt und Anwohner vor den damit verbundenen Belastungen zu schützen. Sondern die schädlichen Emissionen.

Während diese Zeilen geschrieben werden, lanciert *Public Eye* bereits die nächste Kampagne gegen Glencore. Es geht um Millionenbeträge, welche der israelische Tycoon Dan Gertler dem korrupten Regime von Joseph Kabila in der *Demokratischen Republik Kongo* (DRC) für Schürfrechte und Steuererlasse bezahlt haben soll. Mittlerweile ermitteln amerikanische Staatsanwälte gegen Gertler, die USA belegten ihn mit einem Embargo. Direkt war *Glencore* vom Verfahren zwar bis zu diesem Zeitpunkt nicht betroffen. Da die Firma aber seit Jahren mit Dan Gertler geschäftet und auch vertraglich an diesen gebunden ist, betrifft der US-Bann indirekt auch *Glencore.* Der Multi setzte in der Folge die Verträge und alle Zahlung an Gertler aus, worauf dieser in London und im Kongo eine Klage einreichte. Diese brachte *Glencore* in eine fast ausweglose Lage. Hält sich der Multi an das US-Embargo, riskiert er Schadenersatzforderungen von Gertler in Milliardenhöhe; die Chinesen dürften zudem in die Lücke springen und das Kobalt-Geschäft an sich reissen. Setzt sich aber *Glencore* über die Order aus Washington hinweg, läuft die Firma Gefahr, von den Amerikanern gegroundet zu werden. Die *Glencore*-Aktie verlor in der Folge innerhalb weniger Tage rund einen Viertel ihres Wertes.

Die Hintergründe der Affäre, bei der auch die Chinesen die Hände mit im Spiel haben und bei der es um nicht weniger als um die Kontrolle des Kobalt-Marktes geht, sind schwer zu durchschauen. Klar ist hingegen: Im Rohstoffgeschäft kann man nicht nur schnell Milliarden verdienen, sondern auch verlieren. Neben den Schwankungen der Weltmarkpreise ist die Rechtsuntersicherheit das grösste Risiko. Wer das kritische Volumen und die Reserven nicht hat, um auch schwere Rückschläge wegzustecken, überlebt nicht lange in dieser Branche.

Ist *Glencore* im Fall Gertler Opfer oder Täter? Eine abschliessende Antwort wird es vermutlich nie geben. Wer in einer Weltgegend investiert, in der korrupte Politiker, Richter oder Funktionäre die Regel und nicht die Ausnahme sind, steht immer mit einem Fuss im Gefängnis. Börsenkotierte Firmen können sich direkte Bestechungszahlungen heute zwar kaum noch leisten. Das ist auch gut so. Es gibt allerdings einen Graubereich – etwa Kooperationsverträge mit lokalen Firmen – welche der internationalen Kontrolle entgleitet und ohne den in der Regel nichts läuft. Sollten westliche Firmen sich deshalb zurückziehen und Afrika seinem Schicksal beziehungsweise den Chinesen überlassen?

Gerade die Gertler-Affäre zeigt, dass die Korruption den Rohstoffmultis höchstens kurzfristig Vorteile, längerfristig aber nur Nachteile bringt. Eine Regierung kann man vielleicht kaufen. Doch sobald sie weg ist – was in Afrika sehr schnell gehen kann – beginnt der Schacher von neuem. Wer bezahlt hat, ist erpressbar. Solche Unwägbarkeiten sind Gift für jede Firma, die auf Jahrzehnte hinaus investiert, und sie sind damit auch Gift für das betroffene Land.

Die Korruption ist der ärgste Feind jeder Entwicklung. Mangelhafte Infrastruktur und fehlendes Knowhow sind ebenfalls Hindernisse, doch man kann solche Lücken über die Jahre kontinuierlich schliessen. Die Unkultur der Bestechung dagegen ist wie ein Krebsgeschwür, das tief sitzt, grossflächig Metastasen bildet und das Immunabwehrsystem ausser Kraft setzt. Wo Politiker und Funktionäre bestechlich sind, sind es in der Regel auch Staatsanwälte und Richter.

Während den Jahren in Lateinamerika wurde ich immer wieder mit korrupten Beamten konfrontiert. Es wäre ein fataler Irrtum, die Korruption als Laster der Reichen und Mächtigen zu verharmlosen. Die Unsitte durchdringt alle sozialen Schichten. In den unteren Chargen sind die Bakschisch-Forderungen tendenziell sogar noch unverschämter und unverblümter. Oft muss man nicht etwa zahlen, um etwas Unrechtes zu bewirken, sondern, im Gegenteil, um zu seinem Recht zu kommen und Willkür abzuwenden. Oft geht es eher um Erpressung denn um Bestechung.

Die tiefen Löhne der Beamten mögen die Korruption begünstigen, doch das Problem liegt viel tiefer. Die Idee, dass man sein Leben und Wirken in den Dienst eines abstrakten sozialen oder gar staatlichen Gebildes stellt, ist eine ziemlich neuartige zivilisatorische Errungenschaft. In der Stammeskultur, wie sie in den meisten Entwicklungsländern immer noch vorherrscht, ist das soziale Prestige eine Art Grundwährung. Im Hinterkopf wird sehr pingelig Buchhaltung geführt. Für nichts gibt es nichts. In der Not können die Menschen zwar sehr grosszügig untereinander sein. Früher oder später aber wird abgerechnet. Die Gastfreundschaft wird wohl hochgehalten, doch sie bedarf stets einer persönlichen Verbindung. Einem Unbekannten einen Dienst ohne Gegenleistung zu erweisen, wird als Verstoss gegen die Weltordnung empfunden. Wer ohne Eigennutz für die Allgemeinheit etwas leistet, gilt eher als Idiot und Ketzer denn als Held. Von den Mächtigen wird zwar erwartet, dass sie sich spendabel zeigen. Aber sie tun das nicht selbstlos, sie sichern sich damit Unterstützung und Prestige für die Zukunft. Wer in ein Amt gewählt wird, der muss sich dafür erkenntlich zeigen und seinen Helfern Privilegien gewähren. Sonst wird das als Verstoss gegen Treu und Glauben gewertet und geahndet.

Ich bin über die Jahre und einige bittere Erfahrungen hinweg zum Schluss gelangt, dass man die Korruption am besten bekämpft, indem man einen möglichst schlanken und transparenten Staat auf seine technischen Kernaufgaben beschränkt. Es wäre schon einiges erreicht, wenn die Funktionäre und Politiker die Kühe nicht gleich schlachten, die ihnen die Milch liefern. Das geht am besten, indem man für möglichst viel Wettbewerb sorgt und alles, was nicht unbedingt staatlicher Hoheit bedarf, dem freien Markt überlässt. Denn Unternehmer haben ein ureigenes Interesse, die Vetternwirtschaft und Kungeleien im eigenen Betrieb zu unterbinden. Aus purem Eigennutz belohnen sie den Erfolg. Wenn die Anreize stimmen, auch das habe ich erlebt, können die Latinos mit bewundernswertem Engagement, Effizienz und Zuverlässigkeit arbeiten. In Afrika ist es nicht anders, wenngleich wohl noch etwas ausgeprägter.

Hier liegt denn auch die Erklärung für das notorische Versagen der Entwicklungshilfe. Die wenigsten Menschen sind auf Selbstlosigkeit programmiert. Das gilt nicht nur für die Nehmer, sondern ebenso für die Geber. Auch sie werden letztendlich ihren eigenen Interessen folgen, unbesehen aller noblen Absichtserklärungen. Die Vermarktung der Armut ist ein Business, von dem die vermeintlichen Helfer selber am meisten profitieren. Haben sie wirklich ein Interesse daran, dass die Armut verschwindet?

Selbstverständlich müssen wir uns in der Not, etwa bei Naturereignissen oder Seuchen, gegenseitig beistehen. Kaum jemand wird etwas gegen Katastrophenhilfe einwenden. Doch es ist wie beim Morphin: Im Notfall ist die Droge ein Segen, doch wehe der Konsum wird zur Gewohnheit. Auf die Dauer schafft jede Hilfe Abhängigkeiten und verhindert eine nachhaltige Entwicklung. Das haben zwar auch viele Helfer erkannt. Man legt deshalb grossen Wert darauf, nur noch von *Entwicklungs-Zusammenarbeit* zu sprechen. Doch die gut gemeinte neue Etikette kann nicht darüber hinwegtäuschen, dass sich am Inhalt nichts geändert hat – und sich auch nicht ändern lässt. Das Machtgefälle ist schlicht zu gross, als dass von einer gleichberechtigten Zusammenarbeit die Rede sein könnte. Wer das Geld gibt, sagt wo es lang geht, und mag er es noch so sanft tun.

Nichts spricht gegen den freien Austausch von Gütern, Knowhow und Technologien. Im Gegenteil, hier liegt der Schlüssel einer friedlichen globalen Entwicklung. Wenn Menschen in der Fremde arbeiten und studieren, Freundschaften schliessen und Erfahrungen sammeln, hilft das allen weiter. Doch dafür braucht es keine milliardenschweren Budgets und ausgeklügelte Masterpläne, sondern lediglich vernünftige Rahmenbedingungen, welche den Handel und die Eigeninitiative begünstigen.

Die Rhetorik um die angebliche kollektive Erbschuld der einstigen Kolonialmächte, die es nun zu begleichen gelte, ist so hohl und falsch wie die Formel, wonach es den Armen besser ginge, wenn die Reichen weniger hätten. Es gibt Entwicklungsländer, die nie kolonialisiert waren. Japan schaffte den Sprung vom Agrarstaat ins Industriezeitalter bereits Ende des 19. Jahrhunderts, im benachbarten China dauerte es hunderte Jahre länger. Es gibt ehemalige Kolonien, allen voran die USA, die zu prosperierenden Grossmächten wurden. In den meisten afrikanischen Ländern verschlechterte sich der Lebensstandard der Einheimischen derweil nach der Unabhängigkeit über Jahrzehnte[57].

57 Siehe dazu *Dead Aid: Why aid is not working and how there is another way for Africa*, Dambisa Moyo, Penguin, 2009

Kanada blieb bis nach dem Ersten Weltkrieg eine britische Kolonie und hält der britischen Monarchie bis heute treu die Stange. Haiti dagegen entledigte sich als erstes Land Lateinamerikas seiner Kolonialherren, und zwar radikal. 1804 sagte sich eine neue Herrscherkaste von Mulatten von Frankreich los. Sie schlachteten sämtliche Weissen ab, führten die im Zuge der Französischen Revolution abgeschaffte Sklaverei wieder ein und besetzten die Dominikanische Republik vorübergehend. Zweihundert Jahre später gilt Haiti, einst der reichste Inselstaat in der Karibik, als Armenhaus Lateinamerikas. Das Land trödelt ohne Perspektiven dahin und ist auf unabsehbare Zeit auf Hilfeleistungen angewiesen. Sind etwa die Franzosen daran schuld? Auch die benachbarte, auf der gleichen Insel gelegene Dominikanische Republik war eine Kolonie. Die Dominikaner zeigten unter fast denselben Rahmenbedingungen, dass es anders ging.

Es gibt viele Gründe, die Länder zu dem machen, was sie sind. Oft gaben historische Zufälle und Leitfiguren den Ausschlag. Es wäre absurd, die Haitianer von heute für den Genozid an den Weissen vor zweihundert Jahren zur Rechenschaft zu ziehen. Nicht minder idiotisch ist es, die Europäer von einst für das heutige Elend in Afrika verantwortlich zu machen. Es nützt auch niemandem. Gerade das Beispiel von Haiti zeigt: Die Hilfe aus dem Ausland kann die Probleme nicht lösen und auf die Dauer sogar verschärfen. So lange die Hilfsgelder aus dem Ausland sprudeln, besteht für die haitianischen Herrscher wenig Anlass, etwas zu ändern. Die Hilfe wird damit zur tödlichen Falle.

Man kann sich auch fragen: Wer gibt all den Helfern und ihren Vordenkern eigentlich das Recht, den Menschen in Entwicklungsländern den Weg der Tugend zu weisen, so als wären sie unmündige Kinder? Verbirgt sich dahinter nicht gerade jener kolonialistische Impetus, den wir so sehr verdammen? Was befähigt uns dazu, besser zu wissen als die Betroffenen selber, was für sie sinnvoll und gut sein soll? Wie würden wir reagieren, wenn Ölscheichs uns Helfer schicken würden, die uns schonungsvoll beibringen, wie wir unsere Frauen und Kinder wieder unter Kontrolle bringen?

Das schlechte Gewissen mag die Geldschatullen der Reichen öffnen, doch es ist selten ein guter Ratgeber. Wollten die Heilsbringer wirklich Gutes tun, würden sie ihr Handeln nicht nach ihren Idealvorstellungen richten, sondern stets am konkreten Erfolg messen. Wer sich mit dem eitlen Schein des guten Vorsatzes begnügt, denkt vor allem an sich selbst. Die vermeintlich selbstlose Tat verleiht ihm das grossartige Gefühl, ein besserer Mensch zu sein; was er effektiv bewirkt, ist ihm gleichgültig. Der Fluch des Guten.

Fromme und Frömmler

Meine Grossmutter war eine ausgesprochen liebenswürdige und bescheidene Frau, gesegnet mit einer Engelsgeduld und einem grosszügigen Mass an gesundem Menschenverstand. Doch es gab zwei Sorten von Menschen, die sie nie ausstehen konnte und die sie ihre Verachtung spüren liess: Die »Stündeler«, wie sie die einen nannte, und die »Frömmler«. Erstere – gemeint sind die Sektierer, die von Tür zu Tür pilgern, um die nahende »letzte Stunde« anzukündigen – fertigte sie jeweils in einer für sie völlig untypischen Schroffheit ab. Die Überfrommen aber – also jene religiösen Eiferer, die ihre eigene Güte gerne zur Schau stellen, um allen anderen vorzuführen, wie bibeltreu sie doch seien – bedachte sie mit beissendem Spott.

Die Zeiten haben sich geändert. Die Religion, die christliche zumindest, ist in den abendländischen Gefilden am Erodieren wie die Alpengletscher. Doch die Menschen sind in ihrem Wesen dieselben wie eh und je. Die »Stündeler« und »Frömmler« klopfen nur noch selten an fremde Türen. Aber sie haben sich nicht in Luft aufgelöst. Sie haben bloss ihr Outfit gewechselt. Natürlich würden sie sich selber nie als Eiferer oder Heuchler bezeichnen. Aber das taten sie auch früher nie.

Die modernen Stündeler und Frömmler weisen die Religion weit von sich. Sie berufen sich lieber auf die Wissenschaft und die Vernunft. Schaut man sich diese unumstösslichen Gewissheiten etwas genauer an, entpuppen sie sich allerdings schnell als Glauben. Man erkennt die Täuschung am Fehlen von Zweifeln, Unwägbarkeiten und Widersprüchen, welche die Wissenschaften auszeichnen. Sie predigen wohl die Freiheit, die sie in Wahrheit aber fürchten wie der Teufel das Weihwasser. Denn Freiheit kann auch eine Last sein, die viele nur schwer ertragen. Wer eigenständig denkt und auch nach seiner Einsicht handelt, übernimmt die volle Verantwortung für sein Tun. Er kann damit seine Fehler und Irrtümer nicht mehr auf andere abschieben. Das kann mitunter bitter sein.

Der 18. März 2011 etwa war einer jener Tage, an denen ich mir wünschte, ich wäre nie geboren worden. Exakt eine Woche war vergangen seit dem verheerenden Erdbeben und Tsunami in Japan. Die Lage in den Atommeilern von Fukushima, so wurde in den Frühnachrichten berichtet, sei ausser Kontrolle geraten; zehntausende von Menschen befänden sich auf der Flucht vor der nuklearen Pest; weitere Explosionen würden erwartet. »Die letzte Schlacht um Fukushima«, schrie mir die Zeitung beim Morgenkaffee entgegen. In der Verzweiflung, so war zu lesen, schickten die Japaner Kamikaze-Kommandos – Rentner und Randständige – in die AKW-Ruinen. Bei der Verabschiedung der Todgeweihten sei es zu erschütternden Szenen gekommen. Die Zahl der Opfer steige stündlich.

Mein Artikel zu Fukushima – er stand auf der Titelseite der *Weltwoche* – war gerade drei Tag alt. Man konnte ihn auf folgenden Nenner bringen: Der GAU sei ein medialer Hype, die Gefahren würden masslos aufgebauscht, noch sei kein Mensch an den Folgen der Strahlung gestorben oder ernsthaft verletzt worden, voraussichtlich würde dies auch nie der Fall sein. Meine These stützte sich auf eine Reihe von Gesprächen mit ausgewiesenen Fachleuten, von denen sich allerdings nur zwei pensionierte ehemalige Direktoren von, zwei weitgehend baugleichen Schweizer Kernkraftwerken (Mühleberg und Gösgen) zitieren lassen wollten. Ich rief die Herren nach meiner morgendlichen Zeitungslektüre an. Inzwischen wirkten selbst diese Experten, die drei Tage zuvor noch von einer

Massenhysterie geschimpft hatten, arg verunsichert und deprimiert.

An jenem Freitagmorgen wäre ich am liebsten in mein Bett zurückgekrochen und tief in den Federn versunken, auf immer und ewig. Vor meinem geistigen Auge defilierten all die Feinde, die ich mir über die Jahre angelacht hatte (es sind einige); mit genüsslicher Häme schlugen sie mir meine kapitale Fehleinschätzung um die Ohren. Am Vortag hatte ich noch in der deutschen Talksendung *Kerner Live* über verantwortungslose Politiker und Medienleute gelästert, weil sie sich auf imaginäre Fukushima-Opfer stürzten und dabei die 18 000 realen Toten des Tsunami vergassen. Meine Statements waren im Internet abrufbar. Man würde sie nun gnadenlos gegen mich verwenden. Tröstlich war einzig, dass meine Kinder schon erwachsen waren und ich keine Familie mehr zu ernähren hatte. Vielleicht fände ich ja, wie in meiner Studienzeit, einen Job als Taxifahrer.

Aus der Distanz kann ich lachenden Auges auf meinen Panikanfall zurückblicken. Meine Experten haben recht behalten: Nach wie vor ist kein einziger Mensch wegen der Strahlung nach der Kernschmelze von Fukushima Daiichi physisch zu Schaden gekommen, und alles weist darauf hin, dass es so bleiben wird[58]. Anders als der konventionelle Giftmüll, der im Schwemmgebiet des Tsunami lauert, waren die radioaktiven Hotspots um Fukushima herum einfach mit einem Geigerzähler zu orten. Die gefährlichen Stellen wurden gereinigt, die meisten Evakuierten durften längst in ihre Häuser zurückkehren, auch wenn darüber kaum berichtet wurde.

58 Diese Aussage stützt sich auf die ausführlichen Reporte der WHO aus dem Jahr 2016 sowie der UNSCEAR, die 2013 einen Bericht veröffentlichte, der seither mit jährlichen Zwischenberichten aufdatiert wurde. Beide UNO-Institutionen legen sich zwar in Bezug auf denkbare Langzeitfolgen von niedrigen Strahlendosen nicht fest, schliessen aber akute, lebensbedrohliche Verstrahlungen als Folge der Kernschmelze von Fukushima aus.

Doch die Geschichte ist nie zu Ende geschrieben. Es wird immer Wissenschaftler geben, die das ganz anders sehen. Und das ist auch gut so. Man soll alles hinterfragen. Vielleicht findet die Wissenschaft eines Tages tatsächlich den Beweis, dass die Strahlengefahr unterschätzt wurde und neu definiert werden muss. Aber auch das wäre nur eine provisorische Zwischenbilanz, die so lange gilt, bis sie widerlegt wird.

Vielleicht entdeckt man eines Tages eine völlig neuartige Speichertechnologie, an die keiner gedacht hatte und welche die Solar- und Windenergie plötzlich zu einer realistischen Option macht (vielleicht aber auch nicht). Nichts garantiert mir, dass Polizeichef Erwin Sperisen 2006 nicht doch in einen geheimen Komplott verwickelt war, der womöglich ganz anders von statten ging, als alle dachten. Es gibt keine Gewissheit, dass mich der sanftmütige General Efraín Rios Montt beim Interview in seinem bescheidenen Reihenhaus neben der Tortilla-Bäckerei nicht als naives Sprachrohr missbrauchte. Wer weiss ob die Historiker dereinst die Liberalisierung des *Chino Fujimori* in Peru als Jahrhundert-Irrtum entlarven und dem *Chino Velasco* ein Monument setzen werden (das später vielleicht wieder gestürzt wird). Nichts in der Welt kann mir garantieren, dass es in Peru keine geheime Truppe gab – eine Art *Pishtacos*, wie die bösartigen Gnome in der Mythologie der Quechuas heissen – welche Indio-Frauen nachts heimlich entführten, betäubten und sterilisierten. Niemand kann ausschliessen, dass eines Tages Dokumente auftauchen, die Carlos Rodrigues Pastor als Bernie Madoff entzaubern. Ob Präsident Trump nicht doch plötzlich auf den ominösen roten Atomknopf drückt?

Ich lasse mich gerne belehren, wenn ich mich geirrt habe. Doch bis zum Beweis des Gegenteils bleibe ich dabei: Die grössten Gefahren gehen heute selten von den gemeinhin bekannten und verteufelten Bösewichten aus – sondern von jenen, die im Namen des Guten die Weltrettung predigen. Ihre wohlfeilen Verheissungen wirken wie ein süsses Rauschgift, das vom Wesentlichen ablenkt. Dieses vorlaute Heer der moralisch Selbstgerechten verhindert nicht nur die Lösung von Problemen, es ist ein Teil davon und schafft neue Probleme.

Die kritische Distanz zum Gutgemeinten entlässt uns keineswegs aus der Verantwortung. Im Gegenteil. Die Fähigkeit des Mitfühlens macht das Tier erst zum Menschen – doch das Mitleiden macht ihn nicht automatisch zu einem besseren Menschen.

Danksagung

Der Autor dankt den vielen unbekannten und bekannten Menschen aus aller Welt, die ihm bei seinen Recherchen ihr Vertrauen geschenkt und ihn oft grosszügig und ohne Eigennutz unterstützt haben. Ohne ihre Hilfe wäre das vorliegende Buch nicht möglich gewesen. Dieser Dank gilt insbesondere auch der Weltwoche sowie seiner Familie.